La Mythologie

POUR LES NULS

La Mythologie POUR LES NULS

Dr Christopher W. Blackwell
Professeur de lettres classiques

Amy Hackney Blackwell
Auteur free-lance spécialiste d'histoire et de droit

Gilles Van Heems
Professeur de latin
pour l'adaption française

FIRST
Editions

La Mythologie pour les Nuls
Titre de l'édition américaine : Mythology for Dummies

Publié par
Wiley Publishing, Inc.
111 River Street
Hoboken, NJ 07030 – 5774
USA

ISBN 2-75400-025-9
Dépôt légal : 2e trimestre 2005
Nous nous efforçons de publier des ouvrages qui correspondent à vos attentes et votre satisfaction est pour nous une priorité. Alors, n'hésitez pas à nous faire part de vos commentaires :

Éditions Générales First
27, rue Cassette
75006 Paris – France
e-mail : firstinfo@efirst.com
Site internet : www.efirst.com

Traduction : Jean-Luc Rostan
Adaptation : Gilles Van Heems
Production : Emmanuelle Clément
Mise en page : KN Conception
Imprimé en France

Sommaire

Introduction

Ce livre traite de mythologie, c'est-à-dire d'histoires qui comptent et que les gens racontent. On peut dire que raconter des mythes, c'est l'une des choses les plus importantes que fassent les hommes. Tout le monde raconte des mythes. N'importe quelle culture de n'importe quelle époque produit des mythes. Chaque culture invente les siens, qu'ils soient écrits ou oraux. Mettez ensemble tous ces mythes, et vous obtenez la discipline qu'on appelle « mythologie », un vaste ensemble d'histoires de héros, de dieux, de monstres et de forces de la nature.

Comprendre la mythologie, c'est comprendre les hommes. C'est pour cela que les mythes valent la peine qu'on y réfléchisse. Comme les hommes, les mythes peuvent être passionnants, inspirants, drôles et magnifiques. Ils peuvent en revanche être tout autant compliqués, cruels, violents, sanguinaires même, obscènes, ou simplement absurdes (en apparence, du moins).

Ce livre propose des explications chaque fois que c'est possible, mais si vous aimez des réponses rapides et sans ambiguïté, la mythologie risque de vous faire devenir chèvre (ou plutôt chimère, tant qu'on y est). Car voyez-vous, les mythes existent afin de répondre aux questions des hommes auxquelles il n'existe pas de réponses rapides et sans équivoque.

Il faut être bien conscient que la mythologie, c'est de la religion, de la religion populaire en tout cas. Certains des mythes racontés dans ce livre sont des histoires issues de religions aujourd'hui disparues. D'autres proviennent de religions pratiquées actuellement par des millions de gens dans le monde.

Pourquoi ce livre ?

Ce livre est destiné à servir de référence facile à consulter à tous ceux qui souhaitent apprendre l'essentiel du monde de la mythologie. Il est organisé en chapitres consacrés à des sujets spécifiques. Si vous avez un centre d'intérêt particulier, vous pouvez simplement lire le chapitre pertinent et ne pas vous occuper du reste du livre. Vous pouvez aussi choisir de lire l'ouvrage tout entier, mais dans l'ordre que vous souhaitez.

Les conventions employées dans ce livre

Nous employons généralement le terme *divinités* pour désigner les dieux et les déesses, et occasionnellement le terme " dieux " à la même fin.

Ce livre est traduit et adapté de l'anglais en français, mais la plupart des mythes qu'ils présentent n'ont été à l'origine racontés dans aucune de ces deux langues. Nous avons souvent dû choisir parmi plusieurs noms de divinités différents, mais tout aussi corrects les uns que les autres. Par exemple, le nom du fondateur du taoïsme est *Laozi* ou *Lao-tseu*. Ces deux noms sont tous aussi valables l'un que l'autre. Nous avons essayé de prendre de bonnes décisions, mais ne soyez pas surpris de trouver les mêmes personnages avec des noms à l'orthographe différente dans d'autres livres.

Le plan de ce livre

Ce livre est divisé en quatre parties, dont chacune contient plusieurs chapitres. La première partie propose une vue d'ensemble de la mythologie. Chacune des parties suivantes se concentre sur une zone géographique particulière et sur sa mythologie : la Grèce, l'Empire romain. Chaque chapitre est long d'environ 10 à 14 pages et traite de sujets spécifiques, concernant par exemple les déesses grecques, les poèmes homériques ou les grandes tragédies grecques.

Première partie : La mythologie et le berceau de la civilisation

Cette partie survole l'ensemble du sujet de la mythologie. Le chapitre I décrit ce qu'est la mythologie, certaines des théories formulées à son sujet, et les types courants de mythes et de figures mythiques. Le chapitre II traite de certaines des formes qu'ont prises les mythes dans la culture à travers les âges et jusqu'à l'époque actuelle.

Deuxième partie : La mythologie grecque, c'est là que tout commence

Quand on pense à la mythologie, on pense le plus souvent, et à juste titre d'ailleurs, immédiatement à la mythologie grecque. Les dieux, les déesses et les monstres de la mythologie de la Grèce antique sont particulièrement vivants dans notre esprit. Les Grecs ont produit une littérature abondante et excellente, dont la plupart sur des sujets mythologiques, et des versions captivantes de mythes grecs de l'Antiquité survivent encore aujourd'hui. En outre, les artistes et penseurs de la Renaissance sont tombés amoureux de ces mythes grecs, et ils ont contribué à ce que ces histoires survivent. Cette partie décrit les dieux et les déesses grecs et leurs origines (ce qui n'est pas une bien jolie histoire...). Elle raconte les aventures des héros les plus célèbres de la mythologie grecque – Héraclès (appelé *Hercules* par les Romains), Persée, Thésée, et Jason. Elle raconte aussi la longue histoire compliquée de la guerre de Troie, et présente le corpus des mythes qui ont servi de sujets à certaines des tragédies grecques les plus célèbres.

Troisième partie : La mythologie romaine, ce butin culturel de l'Empire

Il est bien connu que les Romains ont adopté la plupart des dieux et des déesses grecs en ne procédant qu'occasionnellement à un changement de nom. Cette partie explique pourquoi, elle raconte qui étaient les dieux romains, et comment les Romains ont intégré ces divinités empruntées à leurs propres croyances. Vous y trouverez aussi un chapitre consacré aux mythes de la fondation de Rome, tels que les présente *L'Énéide*, et la légende de Romulus et de Remus. En outre, vous y trouverez aussi un chapitre sur les récits mythologiques populaires romains.

Quatrième partie : La partie des Dix

Ces listes font partie intégrante de tout ouvrage de la collection ...pour les Nuls. Voyez si vous y retrouvez votre monstre ou votre lieu légendaire préféré.

Les icônes de ce livre

Au fil de l'ouvrage, nous avons ajouté au texte principal des informations supplémentaires en les signalant à l'aide de quatre icônes. Ce livre devrait ainsi toujours rester compréhensible, même si vous l'écrémez en sautant chacun des passages balisés par ces icônes, mais il vous procurera davantage d'agrément de lecture si vous les lisez.

Cette icône marque des passages dans lesquels nous associons des éléments de théorie mythologique à des mythes, en signalant quel type de mythe nous étudions.

Les anecdotes restent des anecdotes, c'est-à-dire des détails sans importance, des questions futiles en soi mais qui peuvent faire la différence lorsqu'il s'agit de gagner un quiz ou d'avoir l'air vraiment très intelligent après les avoir racontées. Les mythes tendent à engendrer beaucoup d'anecdotes.

Il s'agit ici d'informations historiques ou spécifiques à un domaine de connaissances, donc de choses qui sont importantes pour les spécialistes de ces domaines.

Enrichissez votre vocabulaire ! Les mythes et leurs personnages ont fourni des tas de mots et d'expressions à la langue française.

Et maintenant ?

Ce livre n'est pas organisé de façon linéaire, et il restera compréhensible même si vous ne commencez pas au début. Si vous brûlez d'intérêt pour les mythes romains, vous pouvez sans risque sauter la partie sur les mythes de la Grèce antique.

Quelques chapitres au début du livre pourront vous être utiles, car ils donnent une vue d'ensemble destinée à permettre de comprendre la mythologie. Les chapitres I à III sont des présentations générales du domaine de la mythologie et du rôle que les mythes ont joué à travers les âges. C'est là que vous devriez commencer si vous voulez savoir de quoi il retourne. Mais vous pouvez aussi commencer par la fin et lire la quatrième partie, elle constitue aussi une bonne introduction, légère et amusante, pour ceux qui s'intéressent aux mythes en raison avant tout de leur aspect divertissant. Ou encore, commencez n'importe où et naviguez d'une partie à l'autre selon vos envies.

Première partie

La mythologie et le berceau de la civilisation

« Bien sûr, ce n'est qu'un mythe. »

Dans cette partie...

D'abord, qu'est-ce que c'est que la mythologie ? Et pourquoi s'en occuper ? Eh bien, outre le fait qu'elle apporte une aide aux écoliers lorsqu'ils écrivent leurs rédactions, ou encore qu'elle permet aux jeunes cadres d'avoir l'air d'être très cultivés lors de réceptions mondaines et des dîners professionnels, la connaissance de la mythologie peut aider les gens à comprendre leur propre culture, et les cultures d'autres régions de la planète. Enfin, ces récits vous donneront une foule d'idées pour raconter des histoires à vos enfants afin de les endormir. Cette partie du livre couvre les principes fondamentaux de la mythologie en tant que branche de la connaissance, et quelques-uns des effets qu'elle a eus sur le monde.

Chapitre 1

La vérité sur les mythes

Dans ce chapitre :

- Voyons ce qui constitue un mythe
- Les thèmes mythiques communs à différentes cultures
- Les différents types de personnages mythiques
- Deux mythes nord-américains célèbres

Commençons par le début. Avant que vous n'entamiez la lecture de ce livre, nous voulons que vous sachiez la chose suivante : nous prenons les mythes très au sérieux. Ce ne sont pas des histoires fantaisistes, fruits de l'imagination débridée de quelques poètes allumés !

Mais nous ne disons pas pour autant que les mythes ne sont pas drôles, car de nombreux le sont réellement et, d'ailleurs, ils sont censés l'être. Nous ne disons pas non plus que tout notre propos au sujet des mythes va être sérieux, parce que ce n'est pas le cas. Ce livre se veut engageant et divertissant : nous avons l'intention de nous amuser en parlant de mythologie, et nous espérons que vous trouverez cette lecture distrayante.

Mais lorsque nous écrivons que telle chose est un mythe, nous *ne disons pas* que cette chose est vraie ou fausse. En d'autres termes, nous ne pensons pas que la science et l'Histoire ont raison et que la mythologie a tort. En fait, nous n'avons rien contre la science ni contre l'Histoire, car ces disciplines enseignent au monde des tas de choses dont nous profitons chaque jour. Nous ne pensons simplement pas que les gens devraient les élever au-dessus des mythes simplement parce qu'elles énoncent des faits qui paraissent plus vérifiables.

Alors que nous étions enfants, on nous a enseigné que les gens se servaient de mythes pour expliquer le monde avant que la science ne devienne un domaine de connaissance reconnu. On supposait que, lorsque les gens seraient devenus rationnels, ils n'auraient plus besoin de mythes. Depuis, on en est revenu.

La mythologie est un outil pour comprendre le monde, une grille de lecture pour mieux embrasser la culture grecque et romaine et cet outil est tout aussi important et tout aussi " vrai " que les moyens scientifiques ou historiques. En fait, la science, l'Histoire et d'autres méthodes de raisonnement logique ne décrivent tout simplement pas certaines choses qui sont très importantes et que nous savons vraies. Les mythes, eux, peuvent le faire.

Le père de Chris a eu le bonheur de faire la connaissance de Paul Tillich, un penseur chrétien qui s'était enfui de l'Allemagne nazie et s'était retrouvé à l'université de Harvard. Tillich, qui connaissait la vie, avait coutume de dire : « ne dites pas que quelque chose *n'est qu'un* mythe. Dites plutôt : ce n'est *rien de moins* qu'un mythe. »

Et nous en sommes convaincus : les mythes sont importants, et ils valent la peine qu'on les prenne au sérieux. Nous pensons de plus que tout ce qui vaut la peine d'être pris au sérieux devrait aussi être amusant lorsqu'on y réfléchit. Donc, voilà...

Un mythe se repère de loin

Un mythe, c'est une histoire. Le mot grec *mythos* signifie « récit, fable ». C'est l'idée de base. Mais, bien sûr, n'importe quelle vieille histoire ne pourra pas forcément devenir un mythe. Amy (coauteur de ce livre) s'est vu servir en Thaïlande une tête de porc entière pour le dîner : c'est une bonne histoire qu'on aime bien raconter, mais ce n'est pas un mythe. Chris (l'autre coauteur) s'est fait un jour tirer dessus par un fou dans les bois : autre bonne histoire, mais pas l'une de celles qui satisfait aux critères de la mythologie. Vous savez sans doute que vous avez affaire à des mythes lorsque vous y êtes exposé, mais il est quand même nécessaire d'en avoir une définition de base avant de pouvoir pleinement et réellement les apprécier.

Les experts adorent se disputer sur des sujets épineux et difficiles à définir, et la mythologie constitue l'un de ces domaines depuis plus de deux siècles. Les spécialistes se chamaillent volontiers sur ce qui constitue un mythe « véritable » et le distingue d'autres types d'histoires ou de légendes. Ils insistent pourtant sur le fait que personne ne devrait faire la confusion entre les mythes et d'autres types d'histoires semblables, comme les légendes, les sagas et les contes populaires.

Définition de ce qui fait un mythe

Alors, qu'est-ce qui fait qu'un mythe est une chose si spéciale ? Eh bien, les mythes sont des histoires de dieux, de déesses, de héros et d'entités surnaturelles et de leurs relations avec des êtres humains. On peut élargir cette définition pour ajouter que ce sont des histoires qui expliquent des vérités ou des valeurs universelles qui peuvent aider des groupes de personnes (comme les Français, par exemple) à s'identifier et à définir leurs valeurs. Les mythes contribuent à valider l'ordre social, comme celui des royautés héréditaires ou des structures de classes sociales. Ils peuvent aussi fournir à un royaume une « histoire » qui semble le rendre inévitable.

Comme les mythes parlent d'humains et de dieux, cela implique qu'ils traitent aussi toujours de religion. Chacun des mythes que vous trouverez dans ce livre a fait ou fait encore partie d'une religion sérieusement pratiquée.

Le terme « mythe » a pris dans certains contextes le sens d'une construction de l'esprit qui ne repose sur aucune réalité. On dit « ce n'est qu'un mythe » d'une chose si celle-ci n'est fondée sur aucune base factuelle. De même, le mot *mythomane* désigne une personne qui présente une tendance pathologique à fabuler (« inventer des histoires ») et à mentir. Pourtant, les véritables mythes recèlent des vérités qui leur sont propres. Ils fournissent aux hommes une vue du monde et un ensemble de valeurs qui peuvent être aussi importantes que tout fait scientifiquement vérifiable. (Pour quelques exemples, rendez-vous au chapitre III).

Les légendes

Les *légendes* sont semblables aux mythes, mais elles sont fondées sur l'Histoire. Il n'est point nécessaire que cette base historique soit bien solide, et beaucoup de légendes ne collent qu'à peine à la réalité historique. Pourtant, une légende ou une saga doit inclure quelque chose qui s'est peut-être véritablement produit. Par exemple, l'histoire du roi Arthur est une légende parce qu'il a probablement existé un homme de chair et d'os qui a servi de base à la légende du roi Arthur que nous connaissons aujourd'hui.

Les contes populaires

Un *conte populaire* est un conte traditionnel qui est avant tout une forme de divertissement ou qui, dans certains cas, sert à instruire. Les contes populaires relatent des aventures de héros et des événements magiques, mais ils n'essaient pas habituellement d'expliquer les relations des hommes avec le divin.

La plupart des histoires connues comme mythes possèdent des éléments de légende ou de conte populaire et *vice versa*. Ces termes sont utiles pour aider à distinguer un mythe d'une autre histoire, mais souvent il ne faut pas être trop strict.

Les contes de fées ressemblent aux mythes et aux contes populaires, mais ils sont un peu différents. Ils sont issus du mouvement romantique du XIXe siècle, durant lequel les frères Grimm et d'autres auteurs s'en allèrent recueillir des histoires régionales auprès de conteurs locaux, pour les réécrire ensuite et en faire des versions romanesques. Les originaux des contes de fées des frères Grimm n'ont pourtant rien à voir avec les versions modernes aseptisées. Les versions d'origine sont sanglantes et brutales.

Qu'est-ce qui a d'abord existé, les hommes ou les mythes ?

Les hommes n'ont pas toujours eu accès aux grands ouvrages de la mythologie grecque ou mondiale pour s'y référer en matière de mythologie. Pourtant, ces mythes ont été transmis à travers les âges par les récits oraux et par l'art. Une fois l'écriture inventée, les hommes ont conservé leurs mythes par écrit. Et que pouvait-il y avoir de plus intéressant – pour des auteurs de l'Antiquité ou même pour ceux d'hier – que d'écrire des histoires à partir de mythes ?

La tradition orale

Les mythes sont des histoires, et les histoires se racontent. Les histoires qui sont transmises d'une génération à la suivante sont des histoires de la tradition orale.

Aux endroits et aux époques où les hommes ne se servent pas de l'écriture, la tradition orale constitue l'une des deux seules manières de transmettre le savoir d'une génération à la suivante (nous allons parler de la seconde dans une minute).

Dans les cultures de tradition orale, les hommes ont tendance à avoir une meilleure mémoire. Dans les cultures qui écrivent leurs connaissances, les gens n'ont pas besoin de mémoire particulièrement bonne car ils ont des livres, des papillons adhésifs et d'autres moyens de se souvenir des choses sans lesquels ils les oublieraient peut-être. Les sociétés avec des traditions orales transforment souvent des histoires en poèmes ou en chansons, dont on se souvient et qu'on répète plus facilement mot à mot.

C'est la façon la plus traditionnelle dont se forme un mythe, et selon laquelle il se met à se diffuser et à se développer. Comme chaque génération qui raconte un mythe a des besoins et des expériences qui lui sont propres, les mythes ont tendance à évoluer avec le temps et à exister sous plusieurs versions différentes.

Les histoires qui sont transmises d'une personne à une autre par *e-mail* constituent un équivalent moderne de la tradition orale. Ce sont des histoires qui peuvent se transmettre à travers le monde d'un utilisateur à un autre, avec au passage de légères modifications effectuées par ceux qui les transmettent. Certains de ces contes pourraient devenir des mythes du XXIe siècle.

Les preuves archéologiques

Les gens qui ne savent ni lire ni écrire savent raconter des histoires, et ils peuvent aussi être en mesure de créer des œuvres d'art. L'art est un autre vecteur qui permet aux mythes de survivre de génération en génération, même s'ils ne sont pas écrits.

Les œuvres d'art peuvent survivre longtemps après la disparition de leurs créateurs, ce qui permet aux archéologues de les découvrir et de les restaurer. L'art qui permet de conserver les mythes n'est pas forcément sophistiqué. Des objets ménagers ordinaires présentent souvent des décorations qui peuvent apprendre aux archéologues modernes des tas de choses au sujet d'une société ancienne.

La littérature

Finalement, bien sûr, les hommes écrivent aussi les mythes. La poésie d'Homère, qui constitue l'une des grandes sources de la mythologie grecque, trouve ses origines dans la tradition orale des chansons que les aèdes chantaient en public. Ces poèmes finirent par devenir des textes écrits afin que les gens puissent les lire. (Dans le cas d'Homère, les spécialistes n'en finissent plus de se disputer au sujet de la manière dont le contenu oral a été conservé par écrit dans telle ou telle version.)

Les *mythographes* existaient déjà dans l'Antiquité. Ils transcrivaient des mythes pour les générations futures.

Les mythes peuvent servir d'inspiration à d'autres styles littéraires. Les tragédies grecques, qui étaient les textes écrits de pièces de théâtre destinées à être jouées, empruntent souvent leur intrigue à la mythologie grecque. William Shakespeare s'est servi de thèmes mythologiques pour beaucoup de ses pièces, notamment de la mythologie du monde méditerranéen et de la mythologie nordique. *Le Songe d'une nuit d'été*, par exemple, se déroule dans la cour du héros grec Thésée lors de son mariage avec la reine des Amazones, Antiope (vous en apprendrez plus sur Thésée au chapitre VII) ; et *Roméo et Juliette* se fonde sur l'histoire de Pyrame et Thisbé des *Métamorphoses* d'Ovide (reportez-vous au chapitre XII pour en savoir plus).

À une époque plus récente, les gens ont recherché des traditions orales qu'ils puissent consigner par écrit afin de pouvoir les étudier. C'est ainsi que des anthropologues pourraient bien rendre visite aux populations indigènes du Brésil ou aux membres de la communauté de Sea Island, en Caroline du Sud (États-Unis), afin d'écouter leurs histoires et de les transcrire. Cette documentation écrite contribue à protéger la culture des ethnies concernées, et elle peut fournir un éclairage sur la manière dont les mythes évoluent.

Examinons différents types de mythes

Les mythes du monde entier, qu'ils soient très anciens ou récents, se ressemblent souvent. La plupart des mythes semblent appartenir à telle ou telle catégorie, que les cultures auxquelles ils sont rattachés aient quelque chose à voir les unes avec les autres ou non. Comment cela se fait-il ?

L'abc de la mythologie comparative

Chaque fois que des chercheurs trouvent plusieurs facteurs qui semblent suivre un schéma, ils essaient de déceler les règles qui gouvernent ce schéma. Au cours du XXe siècle, plusieurs chercheurs ont essayé d'expliquer la fonction des mythes et d'apporter une réponse à la vieille question : mais quel est donc le but de toutes ces histoires ? Parce qu'en fait il s'agit d'une question à laquelle on ne peut répondre, ils ont élaboré plusieurs théories différentes, lesquelles ont progressivement été incorporées aux domaines de la psychologie, de la littérature comparée et de l'anthropologie.

Voici un bref résumé de certaines des théories les plus importantes sur les mythes :

- Les mythes définissent des coutumes sociales et des croyances ;
- ils correspondent à un rituel ;
- ce sont des allégories, semblables aux paraboles de la Bible ;
- les mythes expliquent des phénomènes naturels ;

- ils expliquent des phénomènes psychologiques tels que l'amour, la sexualité, et la colère envers ses propres parents (Sigmund Freud a adhéré à cette théorie) ;
- ils comportent les archétypes qui révèlent l'inconscient collectif de la race humaine (Carl Jung a approuvé celle-là) ;
- les mythes constituent une façon de communiquer et de permettre aux gens de travailler les uns avec les autres, ou un outil qui leur permet de parler de choses qui leur causent de l'anxiété (la théorie du « structuralisme », qui a été pour la première fois exposée par Claude Lévi-Strauss, entre dans cette catégorie).

Il n'est point besoin de beaucoup réfléchir pour se rendre compte qu'aucune de ces approches n'explique absolument complètement chaque mythe. Mais, prises ensembles, elles peuvent permettre de rendre plus amusante la réflexion sur les mythes. (Nous avons tendance à trouver que la théorie symboliste/allégorique est la plus satisfaisante, principalement parce qu'elle couvre quasiment toutes les autres sans être trop étroite.)

Les grands types de mythes

L'une des raisons pour lesquelles tant de chercheurs ont essayé de fixer la définition des mythes, c'est que les mythes peuvent se ressembler à travers les cultures, même s'il s'agit de cultures très distantes sur le plan géographique. Par exemple, la Grèce et le Japon ont des histoires parlant d'hommes qui visitent les Enfers afin d'aller y récupérer leurs épouses mortes. La coïncidence est bizarre, c'est comme si un savoir universel résidait dans la mémoire humaine depuis l'époque de l'homme des cavernes.

De toute façon, certaines histoires reviennent fréquemment dans toutes les cultures. Voici donc quelques grands types de mythes :

- **la création du monde** : tout le monde veut savoir d'où viennent le monde et ses créatures. En général, le monde émerge de l'obscurité primordiale, souvent sous la forme d'un œuf, à travers l'œuvre d'une divinité créatrice ;
- **les cosmogonies** : de nombreux mythes décrivent le monde, le ciel, la mer et les Enfers et comment le Soleil et la Lune tournent autour ;
- **les origines de l'humanité** : les hommes doivent bien venir de quelque part, et de nombreuses mythologies décrivent leurs origines. Ce sont souvent les créatures chouchoutées d'une divinité qui s'est essayée à façonner la boue.
- **les histoires de déluge** : de nombreuses mythologies possèdent des histoires de dieux qui étaient mécontents de leur première version des hommes et qui détruisirent le monde au moyen d'un bon déluge pour repartir de zéro. D'habitude, un homme et une femme survivent ;

- **l'introduction sur terre de la maladie et de la mort** : les mythes décrivent souvent les premiers hommes vivant dans un paradis qui est ruiné lorsque quelqu'un y introduit le malheur. Le mythe grec de la boîte de Pandore est l'un des mythes de ce type les plus connus ;
- **l'au-delà** : nombreux sont ceux qui pensent que l'âme continue d'exister après la mort du corps ; les mythes expliquent ce qui arrive à l'âme ;
- **l'existence d'êtres surnaturels** : tout corpus de mythes possède ses divinités et autres entités surnaturelles. Chaque divinité est souvent responsable d'un domaine particulier du monde et de la vie des hommes. Certains êtres surnaturels sont bons, d'autres sont méchants ; les hommes et les bonnes divinités combattent les méchantes ;
- **la fin du monde** : bien que le monde ait déjà disparu au moins une fois dans la plupart des mythologies (en général par un déluge), certains mythes possèdent aussi un plan pour la prochaine fin du monde ;
- **l'aube de la civilisation** : les hommes ont dû apprendre à vivre comme des gens, et pas comme des animaux, et souvent les dieux les ont aidés. Une des histoires communes est celle du vol du feu par une divinité qui le donne aux hommes ;
- **les mythes de fondation** : les gens qui fondèrent des empires aiment à croire que des raisons historiques contribuent à expliquer pourquoi il était inévitable qu'ils vainquent leurs ennemis et qu'ils érigent une cité en un certain lieu. Un mythe peut contribuer à expliquer ces raisons.

N'OUBLIEZ PAS !

L'une des raisons pour lesquelles on retrouve des mythes qui se ressemblent à des endroits entièrement différents, c'est que les hommes ont de tout temps voyagé et qu'ils ont parlé les uns avec les autres, avant même qu'ils ne se mettent à écrire. Ils se transmettaient des mythes exactement comme ils échangeaient des marchandises et des maladies. Par exemple, de nombreux peuples indiens d'Amérique du Nord ont des histoires de déluge dans leurs mythologies. Certains des premiers Européens qu'ils rencontrèrent étaient des missionnaires, qui leur racontèrent des histoires chrétiennes, y compris, et cela ne fait pas l'ombre d'un doute, l'histoire biblique du Déluge et de l'arche de Noé. Il est possible que les Amérindiens n'aient pas eu connaissance du concept de la destruction du monde par une grande crue avant qu'ils n'aient été en contact avec des Européens, et qu'ils leur aient emprunté cette histoire.

Les détails de ces histoires sont significatifs et ont des conséquences d'une grande portée. Par exemple, nombreux sont ceux qui se sont servi des mythes pour justifier la domination des femmes par les hommes (pensez à Ève sortie de la côte d'Adam dans la Bible : c'est lui qui était là le premier). On s'est aussi servi des mythes pour justifier l'oppression d'un groupe social par un autre, et cela se produit encore aujourd'hui.

Petit répertoire des catégories d'acteurs de la mythologie

Les mythes ont une distribution des rôles assez standard. Celle-ci comprend toujours des dieux ou divinités. On y trouve aussi des hommes qui interagissent avec ces dieux ; certains hommes extraordinaires deviennent des héros. Des animaux magiques et des arnaqueurs, qui vivent pour faire bouger les choses, viennent compléter la liste.

Les divinités

Tous les corpus de mythes possèdent des entités surnaturelles qui détiennent le pouvoir sur le monde et sur les gens qui y vivent. Ces entités sont souvent appelées dieux et déesses, et le mot *divinité* est un terme neutre qui les rassemble. Certaines cultures possèdent de nombreuses divinités, d'autres n'en ont qu'une seule et unique. En général, une culture possède au moins une divinité créatrice et plusieurs autres créatures divines qui se partagent les tâches comme conduire le soleil et la lune, garder les morts, faire pousser les cultures, etc. Grâce à cette division du travail, les hommes savaient automatiquement à quelle divinité ils pouvaient demander de l'aide. Par exemple, une femme en couches savait qu'elle n'avait pas besoin de perdre son temps en prières adressées au dieu de la pluie.

Les dieux maléfiques, démons, dragons et autres monstres

Le monde surnaturel n'abrite pas que des divinités bienveillantes ; y vivent également des êtres négatifs qui marchent aussi sur la terre avec les hommes. Les mythes possèdent des histoires de diables, de démons, de dragons, de monstres et de géants ; ces créatures combattent les dieux comme les hommes.

Les héros

Beaucoup de mythes possèdent des héros, qui réalisent des exploits extraordinaires d'audace, de force ou d'habileté. Certains héros sont des humains, d'autres sont des dieux, d'autres sont des demi-dieux. Habituellement, ce sont des hommes. L'un des aspects communs à tous les héros mythologiques, c'est que leurs caractéristiques définitives sont évidentes dès l'enfance.

Les héros culturels apparaissent dans des mythes qui apportent des bienfaits spécifiques aux hommes ; Prométhée, par exemple, était un héros culturel pour les Grecs de l'Antiquité parce qu'il a donné le feu aux hommes. Lisez le chapitre VII pour en savoir plus sur cet ancien Grec.

D'autres héros ont servi de modèles pour les réalisations humaines ; le héros grec Héraclès (Hercule dans la mythologie romaine) par exemple, fut le type le plus grand, le plus fort et le plus héroïque de tous les temps. Vous en lirez plus à son sujet au chapitre VI. Les héros jouent souvent un rôle dans les *mythes de fondation*, qui expliquent comment les royaumes furent fondés là où ils se trouvent et pourquoi les gens qui vivaient auparavant à cet endroit n'ont plus le droit d'y vivre désormais.

Les arnaqueurs

Les mythes regorgent de personnages d'arnaqueurs. Certains de ces arnaqueurs aident les hommes en se montrant plus malins que leurs ennemis et en leur faisant des cadeaux, comme le feu. D'autres ne sont pas aussi gentils. Les arnaqueurs renversent l'ordre social en faisant bouger les choses, soit pour contrecarrer quelqu'un, soit pour simplement s'amuser.

Les arnaqueurs sont des personnages mythiques populaires. Ceux des Indiens d'Amérique étaient souvent des animaux, qui pouvaient aussi ressembler à des humains ; il s'agissait de créatures ambiguës. On peut citer Coyote dans le sud-ouest de l'Amérique du Nord, Vison dans le nord-ouest de la côte pacifique, et Wisakedjak, ou Whiskey Jack pour les Européens, un héros lapin-arnaqueur connu chez les tribus de l'Est. Whiskey Jack est peut-être bien l'ancêtre mythologique de Br'er Rabbit. Ce dernier a peut-être bien lui-même un ancêtre africain ; car dans de nombreuses contrées d'Afrique, il existe des mythes de lapin-arnaqueur.

Deux mythes américains

Certains mythes sont fermement ancrés dans la réalité historique, alors que d'autres sont inventés de toutes pièces. Deux mythes américains illustrent bien cet état de fait. L'un se fonde sur un personnage historique et sur ses actions véritables, tandis que l'autre est entièrement inventé, mais constitue quand même un mythe très important.

Johnny Appleseed, ce héros culturel

Johnny Appleseed est un personnage mythique. Il a aussi existé à cent pour cent sur le plan historique. Son vrai nom était John Chapman, et il était pépiniériste de métier (il faisait pousser des plantes pour les vendre). Il rassembla, auprès de fabriques de cidre en Pennsylvanie, une quantité importante de pépins de pomme (*apple seeds* en anglais) puis partit à l'ouest afin de planter une série de vergers entre l'Allegheny, un massif montagneux au centre des Appalaches, et l'Ohio. Il faisait cadeau de pépins de pomme aux pionniers, mais il tira aussi un coquet profit de son entreprise.

Pourtant, aucun de ces faits historiques n'est, de loin, aussi important que la « vérité » mythologique de Johnny Appleseed. En tant que personnage mythique, il représente l'esprit de pionnier du début de l'histoire des États-Unis d'Amérique, alors que les gens partaient s'installer à l'ouest sur de nouvelles terres. Il représente la conquête de l'Ouest, au cours de laquelle les colons transformèrent les forêts sauvages en fermes productives. Et il représente un ensemble de valeurs que les Américains aiment associer aux pères fondateurs de leur nation : la piété, la charité, la proximité au terroir et l'indépendance.

Br'er Rabbit, un arnaqueur américain

Figure 1-1 : Br'er Rabbit était plus rusé qu'un renard.

Le mythe de Br'er Rabbit a été forgé de toutes pièces. Un récit des tours et des aventures de Br'er (abréviation de *brother*, c'est-à-dire « frère » en anglais) Rabbit a pour la première fois été publié en 1879 dans un journal de la ville d'Atlanta. C'était la première de toute une série d'histoires mettant en scène maintes et maintes fois le lapin rusé plus malin que Mr. Fox, le renard, que Mrs. Cow, la vache, et que bien d'autres.

Ces histoires faisaient partie du folklore du Sud-Ouest américain avant la guerre civile et pendant la période de la reconstruction qui s'ensuivit. Toutes les couches et tous les segments de la population aimaient ces histoires, en particulier les communautés afro-américaines. On peut appeler mythes les contes de Br'er Rabbit, parce qu'ils portent des vérités importantes. Pour les esclaves, Br'er Rabbit représentait un héros qui gagnait toujours, bien qu'il ait été subordonné à d'autres. Lorsque Joel Chandler Harris s'est adressé avec ces histoires à un public plus large, Br'er Rabbit est devenu un mythe américain partagé. Les Américains aiment encourager les opprimés et croire qu'un héros peut se servir de sa jugeote pour surmonter les obstacles. Br'er Rabbit n'a, bien sûr, jamais existé. Mais il symbolise des vérités qui sont importantes pour l'opinion que les Américains ont d'eux-mêmes.

Chapitre 2

Notre héritage culturel

Dans ce chapitre :

- Découvrons les éléments mythologiques de notre culture
- Les mythes dans notre environnement quotidien
- Le ciel est plein de mythes
- La mythologie est présente dans toutes les formes d'art
- Des mythes repris dans les films

Les mythes décrivent des vérités importantes à l'aide de symboles. Ces vérités sont des choses que le langage ordinaire a du mal à bien décrire : les rapports entre les hommes et le divin, la nature de l'amour, ce qui se passe après la mort, etc. Les symboles sont des êtres et des choses de la vie de tous les jours : femmes et hommes, fils et filles, pères et mères, des cadeaux, des tempêtes, des animaux, des plantes. Cette combinaison de thèmes vraiment importants qui sont traités dans des histoires de choses et d'êtres ordinaires est magique, et c'est pour cela que les mythes subsistent.

De nombreux mythes ont réussi à survivre pendant des milliers d'années, bien après la disparition de la civilisation qui les avait créés. Les mythes voyagent à travers les continents et les océans. Même aujourd'hui, dans un monde qui se veut rationnel et scientifique, les mythes sont partout, et ils exercent encore beaucoup d'influence. Les hommes veulent avoir des héros ; ils veulent croire aux monstres ; ils veulent des histoires qui expliquent comment tourne le monde.

La mythologie a toujours été présente de partout dans les arts et la littérature du monde entier, et cela est particulièrement vrai en ce qui concerne la mythologie grecque et romaine dans l'art et la littérature de l'Europe. C'est pour cela que les choses qui rappellent ces mythes nous semblent souvent familières, importantes, ou tout simplement chics.

Ce chapitre décrit certaines des voies qu'ont pris ces mythes pour continuer de nous accompagner aujourd'hui. Au fil du chemin, vous devriez comprendre pourquoi la mythologie vaut la peine qu'on s'y intéresse.

Le voyage d'un mythe à travers le temps et l'espace

Les mythes peuvent perdurer pendant des milliers d'années, pour servir les besoins de peuples différents à des époques différentes et étant modifiés en route. Les mythes n'ont pas de version « vraie ». Les histoires et les personnages peuvent représenter des choses différentes pour différentes personnes, tout en gardant leur importance mythique.

Le mythe de Troïlus, un illustre inconnu qui devint célèbre… au bout de mille cinq cents ans !

Pour donner un exemple d'un mythe qui a évolué à travers les âges, on peut prendre la très longue évolution du mythe de Troïlus (ou Troïlos), ce prince de Troie. Troïlus commença sa carrière comme personnage de second plan dans *L'Iliade*, mais avec le temps et les œuvres de différents auteurs qui s'y sont intéressés, il s'est transformé en grand héros shakespearien dont le nom de la petite amie est connu de la plupart des Américains aujourd'hui (poursuivez la lecture si vous voulez savoir pourquoi !)

Le prince troyen pathétique

Troïlus n'a pas commencé dans la ligue des champions mythiques. On le rencontre d'abord dans *L'Iliade*, ce poème épique d'Homère qui raconte un épisode de la guerre de Troie. Les détails complets de cette histoire sont fournis au chapitre VII, mais, chez Homère, Troïlus est si insignifiant que nous ne l'y mentionnons même pas ! Troïlus étaient l'un des (nombreux, très nombreux) fils de Priam, le roi de Troie. Il fait une apparition très brève dans *L'Iliade*, surtout comme outil littéraire : Achille le tue tout de suite, ce qui campe Achille dans le rôle de destructeur de Troie et laisse prévoir qu'il tuera Hector, le frère aîné éminemment plus important de Troïlus.

Des écrivains grecs et romains ont ensuite ajouté des développements à l'histoire de Troïlus, soit en inventant de nouveaux épisodes, soit en écrivant des versions préexistantes du mythe qui divergeaient de ce qu'écrivit Homère. Dans ces versions, une prophétie avait dit que si Troïlus atteignait l'âge de 20 ans, alors les Grecs ne prendraient jamais Troie. Mais Achille tua Troïlus dans un temple dédié au dieu Apollon. Cet oracle avait transformé Troïlus en une sorte de « sauveur » potentiel de Troie, sauf qu'il mourut et ne sauva donc pas la ville.

Les auteurs médiévaux redécouvrent Troïlus pour en faire un « roman à sensation »

Maintenant, faites un saut de mille cinq cents ans en avant dans l'Histoire pour vous retrouver au XIIe siècle. Au Haut Moyen ge, Benoît de Sainte-Maure, un écrivain français, reprit l'histoire de Troïlus et la transforma en histoire d'amour : le *Roman de Troie*. De Sainte-Maure y faisait le portrait de Troïlus comme d'un jeune homme innocent, et il donna aussi au jeune héros troyen une petite amie, Briseida. (Chez Homère, la compagne d'Achille s'appelait Briseis ; de Sainte-Maure a jugé que ce serait bien de la donner à Troïlus à la place, avec un léger changement de prénom.)

Son histoire soulignait la tragédie d'un amant trahi. Troïlus et Briseida étaient profondément épris l'un de l'autre et ils s'étaient fait toutes sortes de promesses. Mais Briseida fut capturée par les Grecs et tomba amoureuse de Diomède, un héros grec. Le pauvre Troïlus, dont le cœur était brisé, fut tué par Achille. C'est ainsi que Troïlus servit à raconter une histoire d'amour et d'innocence tragique émouvante.

En route pour l'Italie et l'Angleterre

Boccace (Giovanni Boccacio), un écrivain du Moyen Âge italien, reprit vers 1338 l'histoire de Troïlus dans son ouvrage *Il Filostrato* (« le type trahi par l'amour ») et transforma le nom de la petite amie pour la nommer Cressida, afin, on le suppose, de bien la distinguer de la captive d'Achille, Briseis. Geoffrey Chaucer la raconta de nouveau, en anglais, quelques années plus tard, sous le titre Troïlus and Criseyde. Ces deux écrivains donnèrent de l'importance à la tragédie amoureuse de l'histoire.

William Shakespeare, en 1601 ou 1602, écrivit la version la plus célèbre de l'histoire, la *Tragedy of Troylus and Cressida*. Shakespeare a suivi de Sainte-Maure, Boccace et Chaucer (pour la plus grande partie) dans son intrigue, mais il s'est servi de l'histoire dans un but différent, qui était de montrer comment des personnages « héroïques » peuvent agir comme de parfaits connards complètement méprisables. Il écrivit cette pièce à une époque où la vie politique était quelque peu chaotique en Angleterre, et utilisa ce vieux, très vieux mythe de Troïlus (datant à l'origine du VIIIe s. av. J.-C.) pour faire passer un message politique important dans le monde du XVIIe s. de notre ère.

Troïlus et Cressida sont encore parmi nous aujourd'hui

Troïlus et Cressida appartiennent à notre monde actuel : d'abord, parce que des gens d'aujourd'hui trouvent que la pièce de Shakespeare est encore bonne et révélatrice et adaptée à notre époque ; ensuite, parce qu'ils sont également présents sous des formes plus matérielles. Par exemple, dans les années quatre-vingt-dix, Toyota a lancé un modèle de voiture appelée Cressida, bien que l'on puisse mettre en question la sagesse de cette décision, étant donné que la Cressida de l'histoire est célèbre pour avoir trahi son amant et l'avoir abandonné à sa mort. En 1986, lorsque la sonde spatiale américaine Voyager 2 s'approcha d'Uranus pour découvrir une nouvelle Lune orbitant autour de cette planète, ce nouveau corps céleste, de seulement 67 kilomètres de diamètre, fut aussi baptisé Cressida.

Et c'est ainsi que les mythes survivent et changent. Troïlus n'était à l'origine même pas important, mais son nom et son histoire ont servi à Homère et à d'autres écrivains grecs et romains de l'Antiquité, puis à des auteurs français, italien et anglais au Moyen Âge. Au bout de mille cinq cents ans, on lui a donné une petite amie, dont le nom a changé plusieurs fois, et celle-ci a survécu pour atteindre notre époque, sous la forme d'une voiture particulière et d'une minuscule Lune orbitant autour d'une planète éloignée.

La culture pop

Les mythes sont des histoires qui racontent des choses importantes, la vie, la mort, l'immortalité, le pouvoir, l'amour, la nature, et les noms qui sont employés dans les mythes ont de l'influence. Ces noms, même s'ils proviennent de mythes très anciens et étrangers, suscitent encore des émotions. Les mythes sont des symboles, et les gens qui vendent des marchandises – voitures, bibelots, livres, films – leur donnent des noms qui, ils l'espèrent, symboliseront les choses que vous aimez.

Ils sont dans la rue

En conduisant dans la rue, en partant en vacances, vous ne pouvez pas échapper à l'influence des mythes. Ils sont partout ! D'abord, parce que le marketing se sert des émotions ; ensuite, parce que les mythes sont tout simplement cool et que les gens aiment acheter des choses qui portent des noms mythiques.

En voiture !

Si votre Toyota Cressida devait vous trahir (voir plus haut) – et nous ne pensons pas que ce sera le cas, parce que nous sommes tous deux des fidèles de cette marque – vous pourriez probablement faire du stop et, aux États-Unis du moins, vous faire prendre à bord d'une autre voiture au nom mythique, par exemple une Acura Legend (Acura, la marque de luxe du groupe Honda).

Conduire une Toyota Avalon, cela devrait vous faire vous sentir comme le roi Arthur en personne, et vous vous sentirez probablement très, très riche dans une Cadillac El Dorado. Et un voyage à la mer avec les enfants pourrait donner l'impression de durer vingt ans, mais contrairement au héros grec sur son bateau, vous aurez des tas de porte-boisson dans une Honda Odyssey.

Des bijoux et des amulettes

Le symbolisme des mythes ne se limite pas aux voitures. N'importe quel touriste visitant le sud-ouest des États-Unis n'aura aucun mal à se procurer une douzaine de *tee-shirts* représentant Kokopelli, le joueur de flûte arnaqueur de la mythologie des Indiens d'Amérique. Il symbolise l'art ancien et la culture de la région, un esprit bien vivant d'indépendance par rapport au droit chemin et, plus généralement, il est devenu un symbole de cette région des États-Unis que l'on reconnaît facilement.

Les gens partout dans le monde portent des colliers avec en pendentif une croix ankh (croix *ansée*, c'est-à-dire que la branche supérieure de la croix est remplacée par une anse). Ce signe provient de la mythologie égyptienne et a symbolisé, pendant de nombreux millénaires durant l'Antiquité profonde, la vie et le bonheur. Le célèbre roi Tout l'incorpora à son nom, qui, dans sa version complète, est Toutankhamon. Le signe ankh symbolise de nos jours encore la vie et le bonheur, il est particulièrement populaire en tant que symbole de l'église copte d'Égypte. Le signe ankh constitue aussi un symbole moderne de l'Afrique et de ses contributions à la culture mondiale (des contributions qu'une bonne partie du monde a d'ailleurs passé beaucoup de temps à ignorer ou à dénigrer avec beaucoup d'énergie).

Là-haut, tout là-haut dans le ciel... c'est un oiseau... c'est un avion... non, c'est un mythe !

Le ciel est plein de mythes. Beaucoup de dieux grecs et romains vivaient au ciel (du moins, bien au-dessus du mont Olympe), et de nombreux mortels qui avaient réalisé quelque chose d'important avaient, eux aussi, obtenu le droit d'y vivre. Les hommes se mirent donc à la recherche de ces dieux et de ces héros dans les motifs formés par les étoiles, et ils les trouvèrent !

Les dieux sont dans les étoiles qui brillent

Bien que rationnels, les astronomes et scientifiques du XXIe siècle voient des mythes dans le ciel nocturne sous la forme de constellations. Pégase, le cheval ailé né du sang de la monstrueuse Méduse, s'y trouve, là-haut, de même que le Centaure, cet être hybride, mi-homme mi-cheval. Durant l'hiver dans l'hémisphère Nord, Orion le chasseur est l'une des constellations les plus facilement visibles et les plus faciles à trouver à cause de son alignement brillant de trois étoiles. Dans la mythologie grecque, Orion mourut après avoir été piqué par un scorpion. Mais il est en sécurité dans le ciel, parce qu'il se couche à l'ouest juste au moment où la constellation du Scorpion se lève à l'est. Les gens de l'hémisphère Sud peuvent admirer les étoiles de ce qu'on appelait autrefois la constellation de l'Argô, du nom du vaisseau avec lequel Jason et les Argonautes partirent en Colchide pour conquérir la Toison d'or (pour en apprendre davantage sur Jason, rendez-vous au chapitre VI).

Toutes les planètes ont reçu des noms de dieux grecs et romains (y compris la Terre, qui s'appelait Gaia chez les Grecs) : Mercure, le messager ; Vénus, la déesse de l'Amour ; Mars, le dieu de la Guerre ; Jupiter, le roi ; Saturne, le père des dieux ; Neptune, le dieu de la Mer après avoir été d'abord celui de l'Eau ; Uranus, l'ancien dieu du Ciel ; et le sombre Pluton, dieu des Enfers (pour en savoir plus sur ces dieux, rendez-vous aux chapitres IV, V et X).

Les étoiles n'étaient pas uniquement grecques

Les Pléiades, ou « sept sœurs », forment une constellation facile à trouver dans le ciel (techniquement, on l'appelle en fait « amas stellaire » puisque ces étoiles ne représentent pas une forme reconnaissable). Les Grecs disaient qu'il s'agissait des sept filles d'Atlas : Alcyoné, Méropé, Célaeno, Taygète, Maia, Électre et Astéropé.

Mais les Grecs ne détenaient pas de monopole sur les mythes, et ils ne possèdent pas non plus le monopole des constellations. Les Égyptiens connaissaient eux aussi ces sept étoiles, et certains chercheurs pensent que les sept chambres de la grande pyramide de Gizeh font intentionnellement écho à ces sept étoiles. Les Indiens Pieds-Noirs d'Amérique du Nord connaissaient cet amas d'étoiles et l'appelaient « les six frères » (en effet, l'une des sept étoiles n'est pas très visible, ce que les Grecs avaient aussi remarqué). Les Pieds-Noirs racontent l'histoire de six petits garçons qui étaient trop pauvres pour porter de belles tenues en peau de bison. Lorsque leurs amis se moquèrent d'eux, ils dirent à tout le monde d'aller au diable, et ils déménagèrent pour aller vivre dans les cieux. Dans les îles du sud du Pacifique, les Polynésiens appellent ces sept étoiles Mata-riki, ce qui veut dire « petits yeux ».

La NASA adore la mythologie

Étant donné qu'il y a déjà des tas de noms mythiques là-haut, la NASA trouva judicieux de choisir des noms mythologiques pour les programmes et les machines qui emmenèrent des hommes sur la Lune. La première partie du programme spatial américain s'appelait *Project Mercury*, d'après le dieu messager des Grecs ; il s'agissait « de faire passer le message » à l'Union soviétique que l'Amérique était entrée dans la course. Les capsules *Mercury* furent lancées à l'aide de fusées Atlas (grand-père de Mercure), du nom du Titan qui soutenait le ciel sur ses épaules.

Puis le *Project Gemini* a suivi, nommé d'après les jumeaux (voir le chapitre VI) Castor et Pollux (en latin, gemini veut dire « jumeaux »), parce que les capsules Gemini contenaient deux astronautes. Les astronautes de Gemini furent lancés dans l'espace à l'aide de fusées Titan. Finalement, les hommes réussirent à se rendre sur la Lune grâce au *Project Apollo*, nommé d'après le dieu grec. Dans l'esprit de la guerre froide, il s'agissait d'une victoire des États-Unis dans la « course pour la conquête de l'espace », qui représentait « la lumière » victorieuse sur « les ténèbres ». Les astronautes d'Apollo furent lancés dans l'espace sur des fusées Saturn, Saturne étant le plus puissant de tous les Titans.

La mythologie dans les arts

Lorsque les peuples anciens, partout dans le monde, peignaient ou sculptaient quelque chose, ils choisissaient d'habitude des sujets de leurs propres mythologies. Une fois que les hommes eurent appris à écrire, ils se mirent à écrire leurs mythes. Mais les mythes perdurent, et les mythes de l'Antiquité continuent d'apparaître dans les arts et la littérature d'aujourd'hui.

De l'art sans mythes ? Impossible !

La mythologie de la Grèce et de Rome a été peinte et sculptée pendant trois milliers d'années, et ce, pas toujours par des Grecs ou des Romains. Après la chute de l'Empire romain d'Occident, les anciens mythes prirent congé de l'art pour quelques siècles. Pour deux raisons :

- dans le nord de l'Europe, où le christianisme était dominant, les artistes avaient tendance à se concentrer sur les thèmes chrétiens et à éviter les autres ;
- dans le sud, autour de la Méditerranée, où l'islam avait connu un essor rapide, les artistes ne produisaient pas du tout d'art figuratif (c'est-à-dire d'œuvres qui représentaient des hommes, des animaux, des plantes ou quoi que ce soit de réel). Car le Coran (de même que les bibles hébraïque et chrétienne, en l'occurrence) interdisait la production d'images sculptées, ou idoles. Les artistes islamiques se concentrèrent donc sur des décorations abstraites et sur la calligraphie (écriture d'une beauté sublime).

Mais ensuite, la Renaissance eut lieu en Europe, et ce qui naissait à nouveau, c'était la connaissance de l'ancien monde gréco-romain, préchrétien. Dans le domaine de l'art, la Renaissance a mené les artistes à davantage s'intéresser au monde naturel (par opposition au monde du divin) et à inclure davantage de contenu mythologique gréco-romain à leurs œuvres.

C'est ainsi que Michel-Ange peignit des prophètes païens sur la voûte de la chapelle Sixtine, juste à côté de prophètes de la Bible chrétienne. Cela illustre (littéralement) le fait que les mythologies tendent à s'ajouter plutôt qu'à se substituer les unes aux autres. Bernin sculpta David, un personnage de l'Histoire et de la « mythologie » hébraïque, et Persée, héros de la mythologie grecque.

Les mythes sont des histoires sacrément bonnes

La même tendance s'est poursuivie dans le monde de la littérature. Les mythes fournissent de bons fondements pour écrire des livres. Les mythes donnent des moyens symboliques de dire la vérité, et, mieux encore, il s'agit de symboles *partagés*. C'est ce qui les rend utiles aux écrivains, qui doivent prendre leurs propres idées personnelles et les mettre en rapport avec des grandes vérités que des lecteurs pourront reconnaître. Ainsi donc, derrière de nombreux (voire la plupart des) bons livres, les lecteurs trouveront un bon mythe (ou deux, ou trois, ou même une dizaine) !

Dante le divin

Dante Alighieri vécut à Florence au XIIIe siècle. Son œuvre la plus célèbre est la *Divine Comédie*. Il s'agit d'un très long poème en trois parties qui décrit comment le poète fit un tour de l'Enfer, du Purgatoire et du Paradis, d'après lesquels les trois parties de l'ouvrage sont nommées : *Inferno* (Enfer), *Purgatorio* (Purgatoire) et *Paradiso* (Paradis).

NOTE TECHNIQUE

Si ce poème est une comédie, c'est parce qu'il commence par décrire une situation difficile (le personnage principal est dans une crise de la quarantaine) et qu'il se termine bien (ce personnage prend conscience de la pleine gloire de Dieu).

Comme Michel-Ange avec la chapelle Sixtine, Dante peuple son poème d'images de la mythologie chrétienne et des mythologies grecque et romaine. Son guide à travers l'Enfer et le Purgatoire, c'est Virgile, le poète romain qui écrivit *L'Énéide*, l'épopée qui raconte le mythe annonciateur de la fondation de Rome. L'Enfer est bien sûr plein des gens que Dante connaissait personnellement à Florence, mais il regorge aussi d'hommes d'Église et politiques corrompus, de personnalités historiques et de personnages mythologiques. Ulysse s'y trouve (pour ses mensonges), de même que le guerrier Achille (pour son courroux). Dante s'est même servi de la mythologie grecque pour décrire la configuration du pays dans sa vision chrétienne de l'Enfer et du Paradis : avant de passer du Purgatoire au Paradis, Dante traverse le Léthé, qui, dans la mythologie grecque, était le « fleuve de l'oubli » : les morts buvaient de ses eaux pour oublier ce que c'était que de vivre.

Les mythes dans la littérature anglaise

En Angleterre, jusqu'au XVIIIe siècle, les gens ne pouvaient en général pas lire le grec ancien. William Shakespeare se servit bien au XVIIe siècle d'éléments de mythes grecs dans ses pièces, mais il utilisa pour cela avant tout des sources latines et italiennes.

De 1713 à 1720, Alexander Pope traduisit *L'Iliade* et *L'Odyssée* d'Homère, à partir du grec antique en anglais d'alors. Cela fit de Pope un homme vraiment riche (il reçut pour cela 10 000 livres sterling, une somme considérable à l'époque). Cela rendit aussi les gens ordinaires, qui ne connaissaient que l'anglais, conscients de toute la mythologie contenue dans la poésie d'Homère. Cela servit aussi à Pope de préparation pour la composition d'un autre poème célèbre, *La Dunciade*, une parodie des épopées grecques « au sujet d'un cancre » (dunce en anglais). Une bonne occasion pour Pope de se moquer en outre de tous ses détracteurs.

Au début du XIXe siècle, les poètes et peintres anglais, surtout ceux qu'on appelait les romantiques, ont produit de nombreuses œuvres autour de thèmes mythologiques. Alfred, lord Tennyson, fut un poète particulièrement célèbre de l'ère victorienne. Son premier volume de poésie publié contenait deux ouvrages mythologiques : *Les Mangeurs de lotus*, fondé sur l'une des aventures que le héros grec Ulysse eut au cours de son voyage de retour de Troie, et *La Dame de Shalott*, fondé sur la mythologie du roi Arthur et des chevaliers de la Table ronde. L'un des poèmes les plus célèbres de Tennyson est *Ulysse*. Dans ce poème, Ulysse a vieilli et, après s'être plaint de l'ennui de sa propre vie, il planifie sa dernière aventure.

La littérature mythique moderne

Au XXe siècle, les artistes se sont tout autant inspiré des histoires de la mythologie, mais en les adaptant. George Bernard Shaw écrivit en 1913 une pièce appelée *Pygmalion* fondée sur le mythe de l'artiste misogyne qui tailla une sculpture d'une femme, puis tomba amoureux de sa propre création. Pourtant, dans la pièce de Shaw, qui fut transformée par la suite en une célèbre comédie musicale, *My Fair Lady*, l'artiste devient un professeur de phonétique (c'est-à-dire qu'il étudie les sons des langues) qui sort une femme des basses classes, lui apprend à parler le langage des classes supérieures, puis tombe amoureux d'elle.

Après la Première Guerre mondiale, les écrivains avaient davantage tendance à donner un tour plus ironique aux sujets mythologiques. C'est ainsi que le poème de W.H. Auden intitulé *The Shield of Achilles* (« Le Bouclier d'Achille ») oppose l'éthique de la guerre de la poésie d'Homère aux horreurs de la guerre au XXe siècle. Et, dans sa pièce de théâtre *Mort d'un commis voyageur*, Arthur Miller prend pour modèle les tragédies grecques, qui reposaient quasiment toutes sur des thèmes mythologiques. Il se sert cependant pour cela d'un antihéros (un représentant de commerce) comme d'un « héros tragique ».

Les mythes dans la musique

Les compositeurs du début du XIXe siècle adoraient les sujets mythologiques. Le plus célèbre d'entre eux est probablement Richard Wagner, avec notamment *L'Anneau du Nibelung*. Cette *Tétralogie* est inspirée des mythes germaniques : *Das Rheingold* (*L'Or du Rhin*), *Die Walküre* (*La Walkyrie*), *Siegfried* (*Siegfried*) et *Götterdämmerung* (*Le Crépuscule des dieux*). Un autre compositeur allemand d'opéras, Richard Strauss, créa à la fin du XIXe siècle et au début du XXe siècle des opéras inspirés des mythes grecs de Thésée, d'Ariane et d'Électre.

Les mythes dans les loisirs

La mythologie ne se retrouve pas toujours dans des formes d'art qui nécessitent de « s'habiller » pour sortir. L'autre jour, en lisant à notre enfant de trois ans le livre *Max et les Maximonstres* de Maurice Sendak, nous avons remarqué que cette histoire pour enfants est pour l'essentiel celle de *L'Odyssée* d'Homère, sous une forme très courte : le héros, coquin, est banni pour ne pas avoir accepté de mener une vie normale ; au cours de son voyage, il affronte le danger et le surmonte par la force de son caractère ; on lui propose un poste honorifique dans un pays éloigné ; mais il choisit de rentrer chez lui, même si cela signifie qu'il devra faire face aux problèmes qu'il a laissés là-bas ; à la fin, tout finit bien. C'est une bonne histoire pour notre enfant, et aussi une bonne histoire pour les hommes des trois derniers millénaires.

Les cinémas sont d'excellents endroits pour ceux qui chassent les mythes. Par exemple *Blanche-Neige et les sept nains*, le classique de Walt Disney, rappellera quelque chose à quiconque connaît le mythe grec de Perséphone. Perséphone fut séparée de sa mère, la gentille déesse Déméter, et kidnappée par le dieu des Enfers. Finalement, elle eut le droit de passer une partie de l'année « morte » (mariée au dieu des Enfers) et une partie de l'année vivante. L'histoire de Disney suit ce motif, mais transforme les personnages féminins (sauf celui de l'héroïne) en « méchants » et les personnages masculins en « bons ». Blanche-Neige fuit devant sa méchante belle-mère et s'en va vivre avec les nains (qui travaillent sous la terre). À la fin, sa mère la « tue », mais elle est « ressuscitée » par un prince qui passait par là. En analysant ce dessin animé, on s'aperçoit qu'en fait Blanche-Neige tombe aux Enfers avant de rencontrer les nains !

Angel Heart, le film controversé sorti dans les années quatre-vingt, racontait à nouveau la tragédie grecque d'Œdipe (controversée elle aussi). Et plus récemment, *O Brother, Where Art Thou* ?, le film des frères Cohen racontait plus ou moins *L'Odyssée* d'Homère (le personnage principal s'appelle même Ulysse).

On retrouve des sujets mythiques dans des tas d'autres films. Cherchez-les pour vous amuser !

Les mythes de La Guerre des étoiles font recette !

Les mythes sont importants, c'est un fait, et ils ont peut-être même une importance capitale. Les hommes savent que les choses qui sont vraies ne peuvent pas être décrites en employant un langage scientifique ou théologique. Ces vérités doivent être transmises à travers des histoires symboliques. Lorsque les gens trouvent des histoires qui contiennent des symboles qui renvoient à ces vérités importantes, ils réagissent.

George Lucas le savait bien, et c'est pour cela que son premier film du cycle de *La Guerre des étoiles* a engrangé 461 millions de dollars de recettes (et il s'agit de dollars de 1977 !). *La Guerre des étoiles* raconte une histoire très mythologique. Au lieu de tout vous raconter, nous vous invitons à relever ce défi (en partant de l'hypothèse raisonnable que vous n'êtes pas l'une des huit personnes au monde qui n'a pas encore vu ce premier film du cycle) : lisez le reste de ce livre et essayez de trouver tous les différents mythes qui résonnent dans le film de George Lucas, qui raconte l'histoire d'un jeune homme ayant quitté la ferme familiale pour participer à des événements de portée universelle.

Que la force soit avec vous !

Deuxième partie

La mythologie grecque, c'est là que tout commence

« Ils disent ici que, comme Perséphone avait mangé des graines de grenade, elle devait passer *toute* l'année aux Enfers, sauf quatre mois qu'elle passait avec sa mère. Certains disent que c'était six mois. En fait, ces quatre mois lui paraissaient probablement aussi longs que six ! »

Dans cette partie...

Ah, les Grecs, et leur belle culture qui constitue le berceau de la civilisation occidentale ! Dans cette partie, vous allez faire la connaissance des dieux et des déesses de la Grèce antique et retrouver certaines de leurs histoires les plus connues. Puis vous allez survoler *L'Iliade* et *L'Odyssée* d'Homère, ainsi que les célèbres tragédies grecques que tout le monde étudie au lycée. Et si vous ne vous rappelez plus vraiment l'histoire d'Œdipe, c'est aussi ici qu'il faut regarder.

Chapitre 3

Les mythes grecs de la création du monde et les divinités les plus anciennes

Dans ce chapitre :

- La création du monde fut violente !
- Quels sont les dieux qui se sont imposés ?
- Ils font des hommes, ils les réchauffent, et puis ils leur font des misères !

Les Grecs de l'Antiquité n'y regardaient pas de trop près en ce qui concernait la cohérence de leur collection de mythes. On trouve des versions complètement contradictoires de certaines histoires qui existent paisiblement côte à côte, et personne ne semble y trouver quelque chose à redire. C'est l'une des caractéristiques de la mythologie : il ne s'agit pas de science ; on n'y recherche pas *la* bonne réponse, mais *une* bonne réponse.

L'une des choses cohérentes à travers tous les mythes grecs de création du monde, c'est que ce n'était pas une affaire très propre. Selon les Grecs, tous les coups bas que l'on trouve chez les hommes se retrouvent aussi entre les hommes et les dieux, et entre les dieux eux-mêmes. En effet, il s'agissait avant tout d'obtenir, de garder ou de reconquérir le pouvoir.

Selon les Grecs, la version courte de la création du monde ressemble à ce qui suit : des dieux anciens effrayants étaient les premiers êtres ; ils furent écrasés par leurs propres enfants, qui étaient de jeunes dieux plus beaux, et qui ont eux-mêmes ensuite créé les humains ; les humains et les dieux se sont bousculés les uns les autres pour prendre l'avantage ; les humains gagnèrent quelques parties, mais devinrent de plus en plus malheureux.

Les versions les plus anciennes de ces histoires proviennent en général du VIIe s. av. J.-C. La vie doit avoir été assez dure à cette époque, et il n'est pas surprenant de voir que les mythes de la création en brossent un tableau assez noir.

Qu'est ce que la cosmogonie ?

La cosmogonie relate la création du monde, ou plutôt les différentes légendes de la création du monde. En fait, elles ont évolué au cours des siècles, en même temps que les doctrine scientifiques et religieuses. Elles ont suivi les modes de pensée des grecs. À part, *La Théogonie* d'Hésiode, *La bibliothèque d'Apollodore* d'auteur anonyme et *Les Métamorphoses* d'Ovide qui traitent uniquement de ce sujet, on doit se fier à des bribes d'information glanées ici ou là au hasard du petit nombre de textes qui nous sont parvenus.

Comme principaux textes nous avons *L'Iliade*, *L'Odyssée* et l'*Hymne* d'Homère, *Les Argonautiques* d'Apollonios de Rhodes. Ils imaginaient qu'au commencement il n'y avait que le Chaos, et, spontanément sortie du Chaos, une entité féminine qui deviendra la Mère-de-Toute-Chose. Les grecs pensaient que le mâle n'intervenait en rien dans la procréation. Pour eux, c'était Borée le vent du Nord qui fécondait les femelles, qui lui offraient leur croupe (ou alors c'était le fait d'avaler un insecte ou des glands).

Suivant le mythe, Eurynomé était cette entité féminine, elle sépara le ciel d'avec la mer, de son mouvement vers le Sud naquit Borée. En le frottant entre ses mains, elle créa Ophion le Grand Serpent, avec lequel elle s'unit et fut fécondée par Borée. De là naquit l'Œuf universel qu'elle pondit alors qu'elle avait pris l'apparence d'une colombe. Elle ordonna à Ophion de le couver en s'enroula autour. De l'Œuf naquit tout ce qui existe : le Soleil, la Lune, les Planètes, les Étoiles, la Terre avec les montagnes, les rivières, les arbres, les plantes et toutes les créatures vivantes. Le couple s'installa sur le mont Olympe mais ils se brouillèrent quand Ophion déclara être le créateur de l'Univers. Elle l'exila sous la Terre après lui avoir écrasé la tête avec le talon, et brisé les dents. Eurynomé créa les sept couples de Titans : Théia et Hypérion régnaient sur le Soleil, Phoebé et Atlas sur la Lune, Dioné et Creios sur Mars, Métis et Coeos sur Mercure, Thémis et Eurymédon sur Jupiter, Téthys et Océanos sur Vénus, Rhéa et Cronos sur Saturne.

Homère lui décrit un mythe qui dérive du Mythe Pelasge. Les dieux et les créatures vivantes seraient nés du fleuve Océanos qui entoure le monde et de Téthys. Pour le mythe olympien, qui est le plus connu, la Terre mère, Gaia, sortit du Chaos et mit au monde Ouranos. Celui-ci fit tomber une pluie sur sa mère qui donna naissance à la flore et à la faune. Cette pluie créa aussi les rivières, les lacs et les mers. Ils eurent les trois Géants (Briarée aux cents bras, Gygès et Cotos), les Cyclopes (Brontès, Stéropès, Argès), qui n'avaient qu'un œil et étaient bâtisseurs et forgerons. Mais Ouranos n'aimait pas ses enfants et les jetait dans le Tartare dès leur naissance. Mais Hésiode, dans *La Théogonie*, nous dit que de Chaos naquit un fils Érèbe, l'*Obscur*, et une fille Nyx, la *Nuit* noire. De l'union incestueuse des ténèbres et de la nuit naquit Æther.

La création du Soleil (et de tout un tas d'autres trucs)

La version la plus complète des mythes de la création grecs ayant survécu est un poème d'Hésiode appelé *La Théogonie* (« naissance des dieux »). Hésiode vivait à la fin du VIIIe ou au début du VIIe s. avant notre ère. On ne sait pas grand-chose de lui, à part le fait que son père perdit tous ses biens lorsque son bateau coula, et que son frère essaya de lui voler son héritage. Ces deux faits pourraient bien expliquer le ton que vous allez trouver dans cette histoire.

Souvenez-vous que ce que nous allons maintenant décrire n'est qu'une des versions des mythes grecs de la création parmi toutes celles qui existent, une version particulièrement bonne et complète, mais en aucun cas la seule.

Au début, c'est le Chaos qui régnait. La Terre n'existait pas encore. L'histoire de la création d'Hésiode n'implique pas que quelque chose est créé à partir de rien ; il y avait de la matière (Chaos), mais elle était sans forme, complètement mélangée, et sombre. Ainsi, chez les Anciens, le concept de création *ex nihilo*, à partir de rien, n'existe pas. Ce concept apparaît avec les religions monothéistes.

La première génération de dieux

Après le Chaos, cinq divinités furent créées (on ne sait pas exactement comment) et commencèrent à donner forme aux choses, à mettre de l'ordre dans le Chaos. Ces divinités se nommaient Gaia (la Terre mère), Tartare (les Enfers), Érèbe (les ténèbres qui recouvrent les Enfers), la Nuit (l'obscurité qui recouvre la Terre) et Éros (l'Amour).

La Nuit et Érèbe s'unirent et eurent des enfants : le Jour, la Lumière et aussi de joyeux quintuplés : la Ruine, la Mort, la Souffrance, la Tromperie et la Discorde.

La Discorde engendra ensuite d'autres forces : le Meurtre, le Carnage, le Combat et le Crime.

La Terre était née

La Terre (Gaia) soutenait le ciel (Ouranos) au-dessus d'elle.

Les rejetons de la Terre et du Ciel

Gaia et Ouranos eurent de nombreux enfants. D'abord, un tas de monstres ; puis, ayant peut-être remédié aux défauts du système, ils eurent des dieux qu'on appela les Titans.

Nos enfants sont de vrais monstres !

Les trois premiers enfants de Gaia et d'Ouranos étaient des monstres (les Hécatonchines) avec 100 mains et 50 têtes chacun, ce qui doit avoir été quelque peu surprenant pour leurs parents.

Les trois suivants furent les Cyclopes, des géants avec un seul œil au milieu du front. Ils étaient aussi grands que des montagnes et immensément forts. Il ne faut pas les confondre avec une autre fournée de géants qui apparut plus tard. Les trois Cyclopes s'appelaient :

- **Brontês** (« le tonnerre »)
- **Stéropês** (« la foudre »)
- **Argês** (« l'éclair »)

Plus tard, ces trois gars se verraient confier la mission de fabriquer les éclairs dont Zeus (leur neveu qui n'était pas encore né) se servirait pour abattre les hommes.

Le mot « cyclope » signifie « à l'œil rond » ou « à l'œil de roue ». La première partie du mot se retrouve dans les mots modernes comme « cycle » ou « tricycle » et « encyclopédie ». La seconde partie du mot nous donne des mots tels que « optique », « opticien », et « myopie ».

On trouve aussi dans *L'Odyssée* un Cyclope appelé Polyphème. Dans ce poème, les Cyclopes sont les fils du dieu de la Mer, Poséidon.

Les Titans forment la deuxième génération des dieux

Ouranos et Gaia donnèrent naissance à de nombreux autres enfants, mais leur fournée la plus célèbre fut celle des Titans. Eux aussi étaient grands et forts. Ouranos détestait tous ses enfants, et chaque fois que l'un d'eux naissait, il le fourrait à nouveau dans Gaia (dans le Tartare). Gaia n'appréciait pas, mais alors pas du tout. Néanmoins, leurs six fils, les Titans, et leurs six filles, les Titanides, naquirent :

- **Océanos** : dieu de la Mer
- **Téthys** : sœur et femme d'Océanos
- **Hypérion** : dieu du Soleil
- **Théia** : sœur et femme d'Hypérion
- **Thémis** : déesse de la Justice
- **Rhéa** : une déesse de la Terre
- **Mnémosyne** : déesse de la Mémoire
- **Iapetos** : Titan, père d'Atlas et de Prométhée
- **Coeos** : Titan sans responsabilité particulière
- **Phoîbé** : Titanide sans responsabilité particulière
- **Crios** : Titan sans responsabilité particulière
- **Cronos** : le plus brillant, le plus fort et le plus malin de tous

Ces Titans et Titanides représentaient la génération qui précéda la génération mieux connue des dieux Olympiens – Zeus et les autres – dont nous allons parler dans la section suivante.

La vengeance de Gaia, aidée par son fils Cronos

Gaia était furieuse, et c'est compréhensible car Ouranos rejetait en elle chacun des enfants qu'elle avait enfantés (là, ils étaient encore vivants, dans le Tartare). Elle demanda donc de l'aide à ses autres enfants, aux Cyclopes et aux Titans. L'un de ses fils Titans, Cronos, accepta d'attaquer son papa pour elle. Gaia fabriqua une gigantesque faucille de silex, et elle la remit à Cronos avec des instructions explicites.

Lorsque Ouranos revint voir Gaia pour coucher avec elle, une mauvaise surprise l'attendait. Cronos (qui était, rappelons-le, dans Gaia) tendit le bras avec la faucille et attaqua Ouranos, et plus particulièrement la partie d'Ouranos qui était la plus proche de lui. C'est ainsi que Cronos castra son père et jeta ses parties génitales à la mer. Le sang versé féconda les flots, et plusieurs autres monstres naquirent : les Géants et les Furies. (Voir le chapitre V pour en savoir davantage sur les Furies). Vous trouverez l'arbre généalogique de tous les dieux grecs d'après Hésiode à la Figure 3-1.

Lorsque les parties génitales d'Ouranos tombèrent dans la mer, celle-ci se mit à écumer, en effervescence comme certains comprimés contre les maux de tête, et l'écume forma la déesse Aphrodite. Son nom signifie « cadeau de l'écume ». Elle flotta sur la mer pendant quelque temps, puis accosta à Cythère, puis sur l'île de Chypre, ce qui explique pourquoi on l'appelle souvent Cypris (la Cypriote).

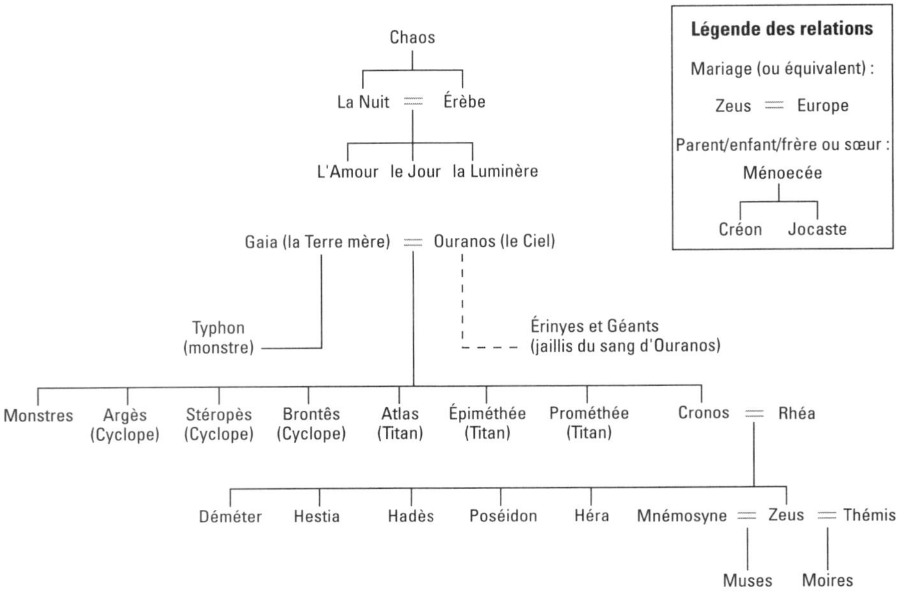

Figure 3-1 : les principaux membres de la famille des dieux selon Hésiode sont présentés dans cet arbre généalogique.

Comme Aphrodite devint la déesse de l'Amour, les circonstances de sa naissance (qui sont pour ainsi dire la conséquence d'une scène de ménage) sont quelque peu ironiques. En outre, dans l'ordre des choses que nous communique Hésiode, Éros est un dieu ancien, plus ancien qu'Aphrodite ; pourtant, dans les mythes grecs subséquents, Éros apparaît comme un jeune homme, fils d'Aphrodite. Et dans un autre paradoxe mythologique, certains mythes grecs affirment qu'Aphrodite était la fille de la déesse Dioné et du Titan Océan. Ce type d'incohérence ne gênait pas les Grecs, alors vous non plus, ne les laissez pas vous déranger. (Pour en savoir plus sur Aphrodite, voir le chapitre V).

Hésiode ne le dit pas, mais la querelle conjugale entre Gaia et Ouranos est probablement la raison pour laquelle, dans d'autres mythes, c'est le Titan Atlas, et non pas la Terre elle-même, qui soutient le Ciel.

Héra

Fille de Cronos et de Rhéa, Héra fut élevée par l'Océan et Téthys, avant de devenir l'épouse de Zeus, dont elle est également la sœur. Protectrice du mariage, elle prenait soin des femmes mariées. Connue pour ses colères, elle ne supportait pas les (nombreuses) infidélités de son mari ! Jalouse et rancunière, les légendes racontent les nombreuses querelles qui l'opposèrent à son divin mari, dont elle déplorait le comportement volage. Aussi, pour se venger, elle persécuta sans relâche les enfants que Zeus eut avec des mortelles : Europe, Io, Dionysos, Héraclès, pour ne citer que les plus célèbres, furent les victimes de sa fureur. Un jour, pour empêcher Zeus de descendre sur la Terre rejoindre ses amours, Héra conçut, en accord avec Poséidon et Athéna, le projet d'enchaîner son époux. Mais Zeus déjoua le complot et suspendit provisoirement sa femme par les cheveux à un anneau fixé dans les nuages, après lui avoir lié les pieds et les mains. Cependant, on voyait souvent les irascibles époux se réconcilier pour quelque temps. Zeus put ainsi devenir le père de quatre enfants légitimes, Arès, Hébé, Héphaïstos et Ilithye. D'autre part, Héra se mêla fréquemment des affaires des mortels. On la voit ainsi soutenir les Grecs contre les Troyens pour se venger de Pâris, qui ne lui avait pas décerné, en lui accordant la pomme d'or, le titre de la plus belle des déesses, mais qui lui avait préféré Aphrodite. Elle protégea également le navire Argo au cours de l'expédition des Argonautes, surtout au moment du dangereux passage entre Charybde et Scylla. Il lui arriva parfois d'être l'objet des assiduités des mortels, tels le Géant Porphyrion et Ixion. Zeus, se montrant encore plus jaloux qu'elle, foudroya le premier et ravit Héra au second sous la forme d'une nuée.

Seule déesse mariée parmi toutes les divinités féminines de l'Olympe, Héra jouit de privilèges, et elle est traitée avec un constant respect. Elle apparaît alors aux yeux des Grecs comme la déesse du mariage légitime, la protectrice de la fécondité du couple et, particulièrement, avec Ilithye, de la femme en couches. Dans la littérature comme dans l'art, elle porte les attributs royaux traditionnels : le sceptre et le diadème ; sa tête recouverte de voiles est le symbole du mariage. Parfois même, elle tient dans l'une de ses mains la pomme de grenades, emblème de la fécondité. Le paon est l'animal qui lui est consacré en souvenir d'Argos, dont elle prit les cent yeux, lorsqu'il fut tué, pour les placer sur le plumage de ce volatile. Héra ne peut se prévaloir, toutefois, du titre de reine des Dieux et des hommes : elle est simplement l'épouse unanimement vénérée du dieu suprême.

Sans sa haine pour un Troyen qui avait osé penser qu'une autre déesse était plus belle qu'elle, la guerre de Troie ne se serait pas finie dans un bain de sang. C'est à cause d'elle que les femmes sont considérées comme des enquiquineuses !!!

Les dieux olympiens constituent la troisième génération

Nous approchons maintenant de la naissance des dieux grecs qui nous sont plus familiers, c'est-à-dire des dieux de la troisième génération. Ils sont connus sous le nom de dieux olympiens, parce qu'ils finirent par élire domicile sur le mont Olympe. Ce sont les plus beaux, les plus forts, les plus brillants… mais aussi ceux qui se conduisent le plus mal. Au programme : meurtres, infidélités, trahisons, incestes…

Une fois que Cronos eut castré son père Ouranos (voir la section précédente), Cronos se proclama lui-même roi du Ciel. Il épousa sa sœur, la Titanide Rhéa, et ils eurent de nombreux enfants.

Comme son père, Cronos ne voulait pas que ses enfants survivent. Il avait entendu une prophétie selon laquelle l'un de ses fils le détrônerait et il n'avait aucunement l'intention de laisser cela se produire. Et donc, chaque fois que Rhéa avait un bébé, il l'avalait tout cru !

Rhéa, comme Gaia, n'était pas contente du tout de voir tous ses enfants dévorés par leur père. Elle fit donc ce à quoi l'on pouvait s'attendre de la part d'une jeune mariée : elle chercha conseil auprès de ses parents, Gaia et Ouranos. Tous deux avaient quelque expérience en la matière et avaient apparemment surmonté toute amertume issue de leurs difficultés de couple. Ils proposèrent donc un plan.

Lorsque Rhéa donna naissance à son sixième enfant, Zeus, elle le fit secrètement transférer sur l'île de Crète et donna à la place à son mari un rocher de la taille d'un bébé enveloppé dans une couverture. Cronos, qui ne s'y connaissait apparemment pas trop en matière de bébé, avala le roc et n'y pensa plus ensuite.

Zeus, le premier entre ses égaux

Après avoir été mis à l'abri par sa maman, Zeus grandit en sécurité sur l'île de Crète. Là, les Nymphes lui donnèrent le lait d'une chèvre appelée Amalthée, et les Curètes, des divinités mineures qui avaient la mission de le protéger, firent s'entrechoquer leurs lances contre leurs épées chaque fois que le bébé Zeus pleurait, et c'est pour cela que Cronos ne l'entendit jamais. (Voir le chapitre V pour en savoir plus sur les Nymphes.)

La corne d'abondance

On raconte que le petit Zeus, grâce au bon lait d'Amalthée et aux soins attentifs des Nymphes, grandit très vite... et qu'il ne mesurait plus sa force : un jour, peut-être pris de colère ou tout simplement pour jouer, il souleva à pleines mains Amalthée et la jeta contre les parois de la grotte qui l'abritait. Sous l'effet du choc, Amalthée perdit une corne ; alors, pour se faire pardonner, le petit Zeus prit la corne et lui conféra des pouvoirs magiques. On dit qu'elle pouvait se remplir de toutes sortes de fruits et on l'appela depuis corne d'abondance...

Zeus grandit. Il n'avait aucune raison particulière d'aimer son père, et il s'associa donc à sa grand-mère Gaia pour faire vomir à Cronos ses propres enfants qu'il avait avalés. La première chose qui sortit, ce fut la pierre que Rhéa lui avait fait gober à la place de Zeus, et Cronos apprit donc qu'on l'avait roulé. Les cinq autres bébés avaient grandi dans son ventre, et ils émergèrent comme des divinités accomplies, les dieux olympiens :

- **Héra** : déesse du Mariage et de la Famille
- **Poséidon** : dieu de la Mer, frère de Zeus
- **Hadès** : dieu des Enfers
- **Hestia** : déesse du Foyer
- **Déméter** : déesse du Blé et de la Moisson

Hestia

Fille de Cronos et de Rhéa, Hestia appartient à la génération des douze grandes divinités de l'Olympe. Quand Zeus, son frère, s'empara du pouvoir suprême, elle obtint la faveur de conserver éternellement sa virginité, afin d'échapper aux assiduités amoureuses d' Apollon et de Poséidon.

Incarnation de foyer domestique, de la flamme sacrée qui brûle sans cesse dans les demeures et dans les temples et qui les purifie, Hestia est vénérée comme la protectrice des familles, des villes et des colonies. En effet, quand les Grecs voulaient fonder une colonie, ils emportaient de la métropole le feu d'Hestia destiné à allumer le foyer de la nouvelle patrie. Hestia, toujours immuable et inchangée, symbolise ainsi la pérennité religieuse, la continuité d'une civilisation et de ses lumières au mépris des émigrations, des destructions, des révolutions et des vicissitudes des temps. Elle fut assimilée par les Romains à la célèbre déesse Vestia.

Les dieux olympiens se heurtent aux Titans

Au cours de son combat avec son père, Zeus trancha les parties génitales de Cronos. Tel père, tel fils ! Celles-ci tombèrent à la mer, exactement comme celles d'Ouranos.

Zeus punit les Titans et affronte les Géants

Après avoir castré son père Cronos, Zeus jeta les Titans dans le Tartare, le fond des Enfers. Il condamna Atlas, le frère de Prométhée, à soutenir le ciel sur ses épaules.

Zeus et sa foudre

Gaia eut un bébé de plus, le monstre Typhon qui, d'après un oracle, devait renverser Zeus un jour. Typhon avait cent têtes et il était couvert de feu. Mais Zeus avait déjà obtenu le contrôle du Tonnerre et des Éclairs, et frappa Typhon d'un éclair. Le combat, terrible, fut longtemps incertain. Mais le roi des Olympiens vint à bout du monstre en lançant sur lui une montagne appelée Etna. Typhon, à jamais prisonnier, ne put se manifester que par des grondements et des crachats de feu.

Des trônes cool pour tout le monde !

Ensuite, les Géants (ceux qui étaient nés lorsque Cronos coupa les testicules d'Ouranos) se révoltèrent contre l'autorité de Zeus. Zeus et ses frères et sœurs, aidés par le héros Héraclès, défirent les Géants et les envoyèrent aux Enfers. Désormais, Zeus et ses frères et sœurs régnaient en maîtres absolus sur le Ciel et sur la Terre.

Zeus montra vraiment de quoi il était capable en échappant au sort de son père Cronos, et de son grand-père, Ouranos. Une fois le calme revenu après la bataille avec les Titans, Zeus épousa Mêtis (une déesse qui était la personnification de l'intelligence rusée).

Exactement comme son propre père, Zeus reçut une prophétie selon laquelle son épouse donnerait naissance à un enfant qui deviendrait le roi des dieux. Au lieu d'attendre que l'enfant naisse, Zeus prit l'initiative et avala son épouse. L'enfant naquit quand même, mais il sortit de la tête de Zeus, ce qui évita le détail important de l'oracle selon lequel Mêtis donnerait naissance à l'enfant. Il s'agissait d'Athéna, la déesse de la Sagesse, qui, bien qu'étant une fille à papa, avait hérité d'une bonne part de l'intelligence rusée de sa maman.

La création des hommes

L'histoire grecque la plus courante de la création des hommes (que raconte l'écrivain Pausanias) avance que le Titan Prométhée et son frère Épiméthée se virent confier la mission de fabriquer toutes les créatures de la terre. Prométhée était un sage ; son nom signifie en grec « celui qui réfléchit avant ». Épiméthée, au contraire, était un écervelé. Son nom veut dire en grec « celui qui réfléchit après ».

Prométhée s'assit et façonna des créatures avec de la boue. Épiméthée leur donnait des aptitudes, des talents et la protection : il donna les ailes aux oiseaux, les griffes et les dents aux lions et aux tigres, les carapaces et les coquilles aux tortues et aux escargots, etc. Vous avez pigé ? Mais cet imbécile d'Épiméthée, qui ne prévoyait jamais à l'avance, se retrouva à court de cadeaux juste avant que Prométhée ne crée les humains.

Les Grecs affirment que Prométhée avait façonné les humains à l'image des dieux. La principale différence entre les animaux et les humains résidait dans le fait que les animaux tournaient la tête en bas pour regarder la terre alors que les humains marchaient debout et tournaient la tête vers le ciel.

Prométhée, les hommes et Zeus

Zeus en voulait à Prométhée parce que celui-ci avait organisé les choses de telle sorte que, chaque fois que les hommes tuaient des animaux, ils s'en réservaient les meilleurs morceaux et donnaient les restes en offrande aux dieux. Pour ce faire, Prométhée avait usé d'un stratagème : après avoir tranché un bœuf en deux, il en fit deux tas. Pour le premier, il plaça la viande à l'intérieur de la peau et empila les entrailles au-dessus. Pour le second, il prit les os et les badigeonna de la délicieuse graisse. Enfin, il demanda à Zeus de choisir le tas qu'il voulait. Zeus choisit la graisse (en ces temps reculés, la graisse était précieuse… car elle vous tient chaud) et les humains gardèrent la viande. Zeus en fut courroucé.

Pourtant, désormais, chaque fois que les hommes firent un sacrifice, ils brûlèrent les os et la graisse pour les dieux et gardèrent les parties comestibles. C'était pratique, parce que, de cette manière, les humains pouvaient se faire un barbecue tout en honorant les dieux. Une solution meilleure pour des gens qui avaient par ailleurs suffisamment de mal à se nourrir, sans encore devoir brûler des animaux tout entiers rien que pour les dieux !

Prométhée joue avec le feu

Alors que la race humaine était encore jeune, les dieux essayèrent de garder secret l'usage du feu. Prométhée décida pourtant de combler le retard technologique de ses créatures préférées en leur donnant les instruments du feu. Voler le feu fut une aventure excitante. Il se rendit au Ciel, alluma sa torche au Soleil, dissimula la torche allumée sous un boisseau de fenouil géant, et la ramena ainsi en douce sur terre.

Le feu rendit les hommes supérieurs aux autres animaux. Grâce à lui, ils purent cuire leurs aliments, chauffer leurs demeures, fabriquer des outils et des armes de métal, et frapper de la monnaie. C'était en fait l'outil absolu pour créer une civilisation. Mais dites donc, c'est Zeus qui brûla de colère quand il découvrit le pot aux roses !

Prométhée enchaîné (et torturé)

Après le vol du feu, Zeus décida de punir Prométhée. Il le captura, le traîna vers les montagnes du Caucase, et l'enchaîna à un rocher. Chaque jour, un aigle venait lui rongeait le foie, qui repoussait chaque nuit.

Prométhée, le malheureux voyant extralucide

Si Zeus envoya un aigle dévorer chaque jour le foie de Prométhée, ce n'était pas seulement pour le punir d'avoir donné le feu aux humains. Zeus avait aussi entendu une prophétie selon laquelle l'un de ses fils le renverserait. Prométhée était le seul à pouvoir lui dire qui serait la mère de cet enfant. Après avoir été enchaîné et torturé un moment, Prométhée accepta de livrer son secret : la mère de l'enfant qui devrait renverser Zeus s'appelait Mêtis. Zeus pouvait donc maintenant agir pour sauver son règne.

Héraclès à la rescousse

Après que Prométhée lui eut révélé son secret, Zeus se débrouilla pour faire libérer Prométhée et promouvoir la réputation de l'un de ses fils préférés, Héraclès. Alors qu'il était en voyage, car au cours de sa vie il voyageait beaucoup pour effectuer ses différentes tâches (voir le chapitre VI), Héraclès trouva Prométhée enchaîné à son rocher. Il tua l'aigle et délivra Prométhée. Zeus approuva, Prométhée fut un homme libre (ou plutôt un Titan libre), et Héraclès obtint le droit de s'en vanter.

L'histoire romancée de Prométhée

Le ciel se mirait dans les eaux et les eaux étaient remplies de poissons. De grands vols d'oiseaux passaient dans le ciel et des troupeaux paissaient dans les prairies. Mais personne ne s'occupait des troupeaux, personne n'attrapait les poissons et personne n'écoutait le chant des oiseaux. Sur terre, il n'y avait pas d'homme.

Prométhée, descendant de la famille sacrée des Titans, errait tristement sur terre et cherchait en vain des êtres vivants marchant debout comme lui et dont le visage aurait été semblable au sien. Mais il voyait l'argile d'où surgissaient l'herbe, les plantes et les arbres ; il voyait aussi les fortes pluies tombant sur la terre. L'eau de pluie gardait la nature en vie, et là où elle ne tombait pas les arbres et les buissons mouraient, laissant place au désert.

Lorsque Prométhée découvrit la force de la terre et de l'eau, il mélangea de l'argile et de l'eau de pluie, moulant la forme du premier homme. Cette forme ressemblait à celle des dieux. Pallas Athéna, déesse de la sagesse et de l'esprit, insuffla une âme à la forme sans vie : la grise argile devint rose, un cœur se mit à battre en elle et les bras et les jambes, encore immobiles, se mirent à bouger. C'est ainsi que Prométhée envoya sur terre le premier homme.

Longtemps, les hommes ne surent que faire de leur âme, don de Pallas Athéna. Ils vivaient comme de petits enfants. Ils voyaient mais ne reconnaissaient pas, ils entendaient mais ils ne comprenaient pas, ils marchaient sur terre comme dans un rêve. Ils ne savaient ni cuire, ni couper du bois, ni construire des maisons. Semblables à des fourmis, ils grouillaient sur la terre et sous la terre, dans les recoins sombres des grottes. Ils ne savaient même pas que l'été succédait au printemps et que l'automne suivait l'été.

Prométhée descendit alors parmi les hommes et leur apprit à élever des maisons, à lire, à écrire, à compter et à comprendre la nature. Il leur montra comment atteler des animaux à des charrettes pour ne pas avoir à porter sur leurs dos de lourds fardeaux. Il leur enseigna l'art de construire des bateaux, leur expliquant comment les voiles aidaient le rameur dans sa tâche. Il les conduisit dans les profondeurs de la terre, à la recherche des trésors cachés. Le dur travail des mineurs arracha aux entrailles du sol le fer, le cuivre, l'argent et l'or.

Avant cette époque, les hommes ne connaissaient pas la médecine, ils ne pouvaient discerner ce qui leur faisait du bien de ce qui leur faisait du mal ; aussi Prométhée leur montra comment préparer des onguents et des médicaments. Il enseigna tous les arts aux hommes stupéfaits et ils les apprirent tous avec avidité.

Les dieux, assemblés sur le mont sacré de l'Olympe, jetaient des regards soupçonneux sur cette génération d'hommes sur la terre qui, grâce à Prométhée, avaient appris le travail, les sciences et les arts. Zeus, dieu souverain, fronçait les sourcils chaque jour davantage. Il appela Prométhée et lui dit :

« Tu as appris aux hommes à travailler et à penser, mais tu ne leur as pas assez appris à vénérer les dieux, ni à leur offrir des sacrifices, ni à les adorer. Tu dois savoir que c'est des dieux que dépendent la fertilité du sol, la prospérité ou le malheur des hommes. Les dieux décident de leur destin. Moi-même, j'envoie ma foudre quand je le veux. Retourne chez les hommes, et dis-leur de nous offrir des sacrifices, sinon notre courroux s'abattra sur eux. »

« Les hommes vont offrir des sacrifices aux dieux, répondit alors Prométhée, mais il faut que tu viennes toi-même, ô Zeus, choisir ce qu'ils doivent sacrifier. » Prométhée tua un taureau, cacha la chair dans le cuir du taureau et disposa les entrailles par-dessus. Il fit un autre tas avec les os, mais les recouvrit avec la graisse de telle sorte qu'ils étaient invisibles. Le

L'histoire romancée de Prométhée (suite)

tas d'os recouvert de graisse était plus gros et plus appétissant. Dès que tout fut prêt, Zeus sentit l'odeur délicieuse du sacrifice préparé et descendit sur terre.

Prométhée vit Zeus et s'exclama :

« Ô grand Zeus, choisis la part que tu préfères. Celle que toi, roi des dieux, auras choisie sera celle que les mortels continueront à te sacrifier. »

Zeus comprit bien que Prométhée cherchait à le tromper. Pourtant il ne montra pas sa colère, mais choisit délibérément le tas luisant de graisse. Alors, tout souriant, Prométhée s'approcha, écarta la graisse : les os dénudés apparurent. En revanche, lorsqu'il ôta le cuir du taureau de l'autre tas, la chair fraîche apparut, dégageant son agréable odeur. Depuis ce jour, les hommes sacrifièrent aux dieux la graisse et les os et gardèrent la chair pour eux.

Mais Zeus ne laissa pas impuni cet acte effronté : il décida de priver les hommes du feu, et, si la meilleure part – la chair – leur était réservée, ils devaient dorénavant la manger crue.

Zeus ordonna immédiatement aux nuages d'éteindre tous les feux avec leur pluie. Quant au vent sauvage, il devait disperser la cendre chaude et l'éparpiller dans la mer. Ainsi les hommes perdirent le feu, indispensable au travail et à la vie : ils ne pouvaient même plus cuire leur pain. Les forges furent abandonnées et les ateliers se vidèrent. Lorsque les journées étaient froides et qu'il gelait la nuit, les hommes ne trouvaient nulle part à se réchauffer.

Prométhée vit quel désastre s'était abattu sur eux ; il les prit en pitié et ne les abandonna pas. Sachant que dans le palais de Zeus brillait jour et nuit un feu étincelant, il rampa la nuit jusqu'en haut de l'Olympe vers le palais sacré du dieu suprême. Sans être vu, tout doucement, il prit un peu du feu qui brillait dans la cheminée de Zeus et le cacha dans un bâton creux. Puis, tout joyeux, il s'en retourna chez les hommes avec son précieux larcin.

Les flammes s'élevèrent à nouveau dans les maisons et les ateliers, et l'odeur de plats cuits et de viandes grillées monta dans les cieux, jusqu'aux narines des dieux. Zeus abaissa ses regards vers la terre et vit la fumée s'élevant des cheminées. Il fut pris de la terrible colère des dieux et immédiatement imagina un nouveau châtiment.

Il fit venir Héphaïstos, le dieu boiteux, artiste renommé qui vivait au pied d'un volcan fumant où il avait ses ateliers, et lui commanda la statue d'une femme très belle.

Héphaïstos obéit, et bientôt Zeus put contempler une beauté comme personne n'avait jamais pu rêver d'en voir une. La déesse Athéna donna à la jeune fille un voile superbe, un vêtement éblouissant de blancheur et une magnifique ceinture. La déesse de la beauté, Aphrodite, lui donna une grâce aérienne, et quant à Hermès, le messager des dieux, il lui offrit une parole éclatante et vive et une voix splendide. Puis ils mirent une couronne sur sa tête. Zeus lui donna pour nom Pandore – ce qui veut dire ornée de tous les dons – et lui confia une boîte en or. Enfin, Hermès emmena Pandore sur terre, chez le frère de Prométhée, Épiméthée.

Prométhée avait souvent prévenu son frère qu'il ne fallait accepter aucun présent des dieux, mais, devant la beauté de Pandore, Épiméthée oublia toutes les recommandations et l'accueillit dans sa maison, elle et sa boîte en or. Curieux de voir ce que les dieux lui avaient envoyé dans cette boîte, il demanda à Pandore d'en soulever le couvercle, ce qu'elle fit volontiers. La Maladie, la Souffrance, la Misère et la Détresse s'échappèrent alors de la boîte en sifflant, grognant et geignant. Elles s'élevèrent au-dessus de la maison et se répandirent par

L'histoire romancée de Prométhée (suite)

tout dans le monde qui, jusque-là, avait ignoré le mal. Pandore elle-même s'effraya et referma vite le couvercle. Tout ce qu'il y avait de mauvais s'était échappé de la boîte, et seul l'Espoir était resté dedans : la Maladie et la Détresse l'avaient étouffé tout au fond du coffret de façon que seule une toute petite partie puisse s'en échapper dans le monde.

La Pauvreté et le Mal envahirent les maisons, et la Mort vint sur leurs talons. La Souffrance et l'Inquiétude réveillèrent les hommes pendant leur sommeil et les mauvais rêves les étouffèrent. Seul l'Espoir n'était pas répandu, car il était resté presque entier enfermé dans la boîte de Pandore.

La colère de Zeus frappa aussi Prométhée. Le roi des dieux envoya Héphaïstos et ses aides pour attacher le rebelle avec les chaînes les plus lourdes et les plus solides à un rocher élevé des montagnes du Caucase. Contraint à obéir, Héphaïstos attacha si bien Prométhée au rocher qu'il ne pouvait plus bouger.

Prométhée était suspendu entre ciel et terre juste au-dessus des abîmes où flottaient les brouillards, mais il ne s'humilia pas et n'implora pas la pitié de Zeus. Lorsque ce dernier comprit que Prométhée ne lui demanderait pas pardon et supporterait fièrement son destin, il envoya au Caucase un aigle gigantesque. Chaque jour, l'aigle devait arracher le foie de Prométhée et le manger. Pendant la nuit, le foie repoussait et, le lendemain, l'aigle renouvelait son supplice. C'est ainsi que Prométhée fut condamné à souffrir pour toujours. Beaucoup d'années passèrent, mais il ne fléchit pas.

Après des siècles, pendant lesquels Prométhée subit la torture et la solitude, Héraclès, fils de Zeus, remarqua le héros enchaîné sur le Caucase. Il passait devant lui en allant cueillir les pommes d'or du jardin des Hespérides tandis que l'aigle arrivait pour prendre sa nourriture.

Héraclès posa sa massue, tendit son arc, visa, et, d'un seul trait, tua le monstrueux oiseau de proie. Puis il rompit les chaînes et rendit au captif sa liberté. Pour amadouer Zeus et accomplir sa peine, Prométhée dut porter un anneau de fer renfermant une pierre du Caucase. Il resta ainsi « enchaîné pour toujours », selon les vœux du dieu suprême.

Depuis ce temps, les hommes portent des anneaux ornés de pierres en mémoire de l'épreuve de Prométhée. Ils les portent encore aujourd'hui, bien qu'ils aient depuis longtemps oublié Prométhée, qui ne voulut pas se soumettre aux dieux et prit fidèlement parti pour les hommes.

Le monde dans lequel vivent les hommes, avec la gracieuse permission des dieux

Toutes ces choses ayant été créées, les Grecs élaborèrent alors leurs propres idées sur la géographie. Ils pensaient que la Terre était un disque divisé par la mer Méditerranée et la mer Noire, comme le montre la Figure 3-2.

Les Grecs appelaient la mer Noire *Pont-Euxin*, ce qui signifie « mer accueillante » ; il est possible qu'ils aient pris leurs désirs pour des réalités, car les archéologues ont découvert de nombreuses épaves de bateaux sur les fonds de la mer Noire. Le mot « méditerranéen » est un mot d'origine latine qui signifie « au milieu des terres ».

L'immense fleuve Océan coulait autour du monde.

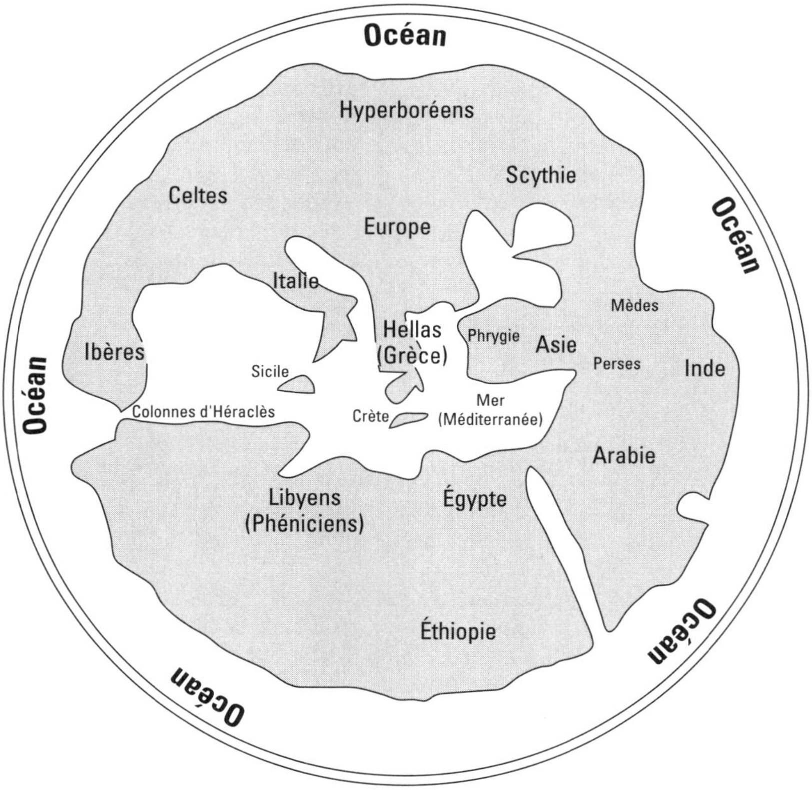

Figure 3-2 : la vision du monde des Grecs de l'Antiquité.

Les Hyperboréens, toujours en vacances

Au nord de l'Océan se trouvait le pays des Hyperboréens, que certains pensaient être la Grande-Bretagne. C'était un pays de danses, de musique et de joie perpétuelles. Les Muses vivaient non loin de là, et les habitants avaient la réputation de vivre mille ans. Le dieu Apollon y venait d'ailleurs l'hiver en villégiature.

Les Éthiopiens font de grands dîners de gala

Au sud de la Grèce se trouvait l'Éthiopie. Les habitants de ce pays étaient, selon la mythologie, en bonnes relations avec les dieux et ils aimaient distraire. Dans les mythes grecs, lorsque les dieux tiennent conseil, l'un ou l'autre est souvent absent, car il dîne chez les Éthiopiens.

Pandore, la première femme de l'humanité, ou le Mal personnifié dans un emballage cadeau

Vous souvenez-vous de la rage de Zeus envers Prométhée parce qu'il avait dérobé le feu et qu'il l'avait donné aux hommes ? Il l'avait puni en l'enchaînant sur le Caucase (voir la section « Prométhée enchaîné (et torturé) » plus haut dans ce chapitre). Pourtant, Zeus devait encore faire quelque chose pour remettre les hommes à leur place.

Il créa donc une femme qui fut appelée Pandore. Tous les dieux lui firent des cadeaux très cool, comme ceux de la beauté (une attention d'Aphrodite), de la persuasion (celle d'Hermès), et du talent musical (merci, Apollon). Le nom « Pandore » signifie « le don de tout » ou peut-être « celle qui a tous les dons ». Et pourtant, ce qui compte ici c'est qu'elle avait été créée pour être curieuse. Les dieux l'envoyèrent sur la Terre et la donnèrent à Épiméthée.

La boîte (ou jarre) de Pandore et la condition humaine

Épiméthée, crédule, fut complètement enthousiasmé par sa nouvelle épouse, bien que son frère Prométhée l'eût mis en garde de ne jamais accepter de cadeaux des dieux. Et il avait raison, car Pandore avait apporté avec elle un autre cadeau, une jarre que lui avaient donnée les dieux, en lui disant de ne pas l'ouvrir. Mais Pandore était si curieuse qu'elle ne pouvait pas supporter l'idée de ne pas savoir ce qui se trouvait à l'intérieur de la jarre, et un jour, elle l'ouvrit.

ANECDOTE

Aujourd'hui encore, nous parlons de la « boîte de Pandore », mais en réalité, il s'agissait d'une jarre.

Erreur fatale ! Dès qu'elle ouvrit le couvercle, des centaines de monstres horribles s'en échappèrent, tous les maux qui depuis tourmentent les hommes. Pandore referma le couvercle en toute précipitation, mais il était trop tard pour les empêcher de s'enfuir. Elle réussit tout de même à conserver une dernière chose dans la jarre, l'Espérance.

La jarre est-elle à moitié pleine ou à moitié vide ?

On peut considérer sous deux angles l'histoire de la jarre de Pandore :

- la version optimiste, c'est que l'Espérance reste en possession des humains, elle nous aide donc à faire face aux horreurs du monde ;
- compte tenu du ton pessimiste des mythes grecs de création du monde, nous devons envisager une autre manière d'interpréter ce mythe. Pandore a lâché les maux dans la nature, mais a gardé l'Espérance dans la boîte. Donc la violence, la souffrance, la famine, la pauvreté et le dur labeur sont parmi nous, *mais pas l'espérance*.

VOCABULAIRE

Le terme « boîte de Pandore » signifie aujourd'hui toute chose qu'il vaut mieux laisser fermée ou dont il vaut mieux éviter de discuter de peur de ce qui pourrait en sortir.

Une histoire de déluge et de renaissance

Les Grecs de l'Antiquité avaient un mythe selon lequel une grande crue tua tout le monde sauf quelques vertueux, comme les Hébreux et les Mésopotamiens. (Voir le chapitre XVI). L'histoire de la grande crue des Grecs de l'Antiquité correspond au modèle général des mythes de déluge : ces crues universelles tuent tout le monde sauf un couple élu des dieux.

La version la plus aboutie du mythe grec du déluge nous vient du poète Ovide, un Romain qui a vécu au Ier s. av. J.-C., dont le long poème *Les Métamorphoses* est rempli de mythes grecs. Le sujet de ce poème est celui de la « transformation des choses en d'autres », et une grande crue, c'était pour lui matière toute trouvée. Il décrivit ainsi des dauphins nageant à travers des champs de blé, des hommes ramant sur des canaux à l'endroit même où ils labouraient auparavant, et des poissons construisant leurs nids dans de grands arbres.

L'hospitalité des hommes a mal tourné...

Selon la légende, Zeus, sentant que le mal parmi les humains échappait désormais à tout contrôle, descendit sur Terre pour se faire une idée de la situation. En visite chez un tyran du nom de Lycaon, il se rendit compte que les rumeurs n'approchaient même pas la réalité. Zeus arriva au palais de Lycaon en s'annonçant comme le dieu Zeus, et demanda qu'on l'invite à dîner. Tous les gens s'inclinèrent en signe de vénération, mais Lycaon lui rit au nez en disant « Ah bon, un dieu ? ». Il tua l'un de ses prisonniers de guerre, un homme du peuple des Molosses, dans le nord de la Grèce, le cuisina et le servit à Zeus comme dîner. Son idée, c'était que si l'invité n'était pas un dieu, il ne remarquerait pas qu'il était en train de manger un prisonnier de guerre. Il est évident que Lycaon ne prit pas en compte la possibilité que son invité pût vraiment être un dieu.

... et Zeus prend une décision capitale :

Zeus, à qui l'hospitalité (c'est-à-dire la bienveillance et la cordialité envers les hôtes) tenait à cœur, ne jeta au plat qu'un seul regard. Puis il désintégra Lycaon et son palais avec ses éclairs, annula le reste de sa mission d'enquête et rentra sur l'Olympe.

Le détail qu'Ovide nous livre au sujet du malheureux qui termina ses jours dans l'assiette de Lycaon, c'est-à-dire le fait qu'il s'agissait d'un membre du peuple des Molosses, sert probablement à aggraver le crime du tyran du point de vue de Zeus. Car les Molosses, ce peuple de l'ancien royaume d'Épire, entretenaient une relation privilégiée avec le dieu. À Dodone, une ville de ce royaume, il y avait un sanctuaire où le dieu rendait ses oracles. Un vieux chêne s'y trouvait, et les gens pouvaient lui poser des questions. Zeus y répondait par l'intermédiaire du bruissement du feuillage. Alexandre le Grand descendait de ce peuple du côté de sa mère, et il se servait de ce fait pour affirmer qu'il était le fils de Zeus.

Après moi, le déluge !

Zeus demanda à son frère Poséidon, le dieu de la Mer, de l'aider à créer un gigantesque orage et à submerger la Terre. Il plut pendant neuf jours et neuf nuits, et l'eau recouvrit toute la Terre. Seul le sommet du mont Parnasse dépassait encore des eaux. Quasiment tout le monde fut noyé. Mais Prométhée avait protégé sa propre famille. Il avait dit à son fils Deucalion de construire une arche en bois et de la remplir de nourriture, puis d'y monter avec son épouse Pyrrha, la fille d'Épiméthée et de Pandore.

Heureusement, Deucalion et Pyrrha sauvent la race humaine !

Deucalion et Pyrrha accostèrent finalement au sommet du Parnasse. Les eaux se retirèrent, et ils descendirent la montagne jusqu'à ce qu'ils trouvent un temple. Ils entendirent une voix leur dire de se voiler la face et de jeter les os de leur mère derrière eux. Pyrrha était choquée, car cela aurait été un sacrilège de profaner les os de sa mère. Il est certain qu'aucun dieu ne pouvait lui demander de faire ça ! Ils y réfléchirent, et décidèrent que leur mère, c'était Gaia, la Terre, et que donc ses « os » devaient être des pierres. Ils jetèrent donc quelques pierres, et celles-ci se transformèrent en hommes et en femmes.

Ainsi donc, Gaia donna naissance non seulement à tous les dieux, mais aussi à toute une génération d'humains !

Une autre version, plus fun, du déluge

Il vint un jour aux oreilles de Zeus que les hommes étaient devenus corrompus et commettaient beaucoup de crimes. Aussi pensa-t-il qu'il devait descendre sur la Terre : il voulait voir de ses propres yeux si réellement les hommes volaient, tuaient, se moquaient des dieux et proféraient des mensonges.

Il vit avec peine et irritation que les hommes étaient encore pires que dans les récits qu'on lui avait fait. Un individu volait un autre en lui mentant, les hôtes attaquaient et massacraient leurs invités endormis, les enfants impatients d'hériter attendaient la mort de leurs parents, les femmes donnaient du poison à leurs maris et les frères s'entre-tuaient.

Zeus se sentit soulagé lorsqu'il atteignit des régions rocailleuses où il n'y avait aucun signe de vie : pas d'hommes, pas de villes ni de villages.

Une nuit, il parvint au palais d'un roi arcadien nommé Lycaon. Le peuple, s'étant rendu compte de la présence d'un dieu, se mit à prier. Mais le roi Lycaon se moqua de son peuple : « Nous verrons bien, pensa-t-il, si ce passant est un dieu : je vais l'éprouver. » Et, comme il avait au palais des otages de la race des Molosses, il en tua un et le fit cuire. Il allait offrir un festin au voyageur, et, lorsque celui-ci se serait gavé de chair humaine et aurait sombré dans le sommeil, il le tuerait aussi.

Les serviteurs déposèrent des plats fumants devant Zeus qui, comprenant l'atrocité du festin qu'on avait préparé pour lui, se mit dans une violente colère. Il envoya sa foudre sur le palais de Lycaon et un vacarme assourdissant se répandit dans tout le royaume. Des flammes s'élevèrent de toute part et brûlèrent avec avidité tout ce que le roi possédait. Saisi d'une terreur mortelle, Lycaon, s'échappa du palais et s'enfuit loin de la colère de Zeus. Il ouvrait la bouche, mais l'horreur l'avait rendu muet et, quand enfin il retrouva la voix, il ne put que hurler. Il tomba à genoux et sentit ses membres et son corps se couvrir de poils et sa tête s'allonger. Il était transformé en loup, assoiffé de sang. Depuis ce jour, il décima les troupeaux paissant dans les prairies ; ses yeux étincelaient avec autant de férocité que lorsqu'il était encore un homme.

Zeus retourna dans les cieux et convoqua les dieux à un conseil. Dès qu'ils furent rassemblés, la voix du dieu suprême tonna, décrivant les horreurs de la terre.

« J'ai déjà foudroyé un palais, dit-il, mais tous les mortels, sans exception, doivent être punis. Je voudrais brûler toute la terre par la foudre, mais je crains qu'un tel incendie n'atteigne les cieux. Nous connaissons tous la prophétie selon laquelle le monde entier périra par les flammes. C'est pourquoi j'ai choisi le déluge pour laver la surface de la terre des démons et de l'indigne race humaine qui l'habitent. »

Une autre version, plus fun, du déluge (suite)

Alors Zeus enferma dans une caverne le vent du Nord ainsi que les rafales qui dispersent les nuages et libéra le vent du Sud. Celui-ci déploya ses ailes ruisselantes et s'élança, un épais brouillard au front, sa barbe grise dégoulinante de pluie. De sa main droite, il pressait et tordait des nuages noirs, exprimant des torrents d'eau. Poséidon, dieu des flots, aidait son frère Zeus dans sa tâche : il appela les dieux de toutes les rivières et de tous les fleuves et leur ordonna de laisser les cours d'eau sortir de leur lit, briser les digues et inonder les habitations. Les eaux envahirent les villages et les villes, recouvrant les champs, les buissons et les arbres. Bientôt, le niveau atteignit les toits et même le sommet des tours. Les gens essayaient de se sauver en nageant, mais la pluie les assommait. Quelques-uns parvinrent à gagner le sommet des montagnes, mais bientôt l'eau les submergea, entraînant leurs corps dans les profondeurs infinies de la mer nouvelle. Ceux qui montèrent dans des barques et des bateaux pour essayer de sauver leur vie firent naufrage sur les anciennes montagnes transformées en récifs. Des poissons étranges nageaient dans les profondeurs – au sommet des arbres –, passaient çà et là à travers les maisons et les temples dont les fenêtres et les portes avaient été arrachées par la tempête. Les cerfs, les loups et les sangliers luttaient en vain contre les vagues, et les forêts étaient peuplées de dauphins. La terre devint une mer immense. Même les oiseaux, épuisés par leur vol, finissaient par tomber dans l'eau faute de pouvoir se percher. Celui qui ne fut pas englouti par les vagues mourut de faim.

Dans le pays de Phocide, le mont Parnasse s'élevait encore au-dessus de l'eau. Un petit bateau, dans lequel s'étaient réfugiés Deucalion, fils de Prométhée, et Pyrrha, sa femme, s'avançait dans sa direction. Prométhée les avait prévenus à temps et leur avait donné une robuste embarcation.

Lorsque Zeus vit que les seuls rescapés étaient Deucalion et Pyrrha, tous deux honnêtes, justes et pieux, il dispersa les nuages, montrant les cieux à la terre et la terre au ciel. De même, Poséidon posa son trident qui avait soulevé la mer, appela son fils Triton et lui demanda de souffler dans sa conque. Triton sut souffler avec une telle force que le bruit emplit toute l'atmosphère. Il souffla et les eaux se mirent à refluer, les rivières retournèrent dans leur lit et la mer revint à ses anciens rivages.

Deucalion et Pyrrha arrivèrent au mont Parnasse, se mirent à genoux et remercièrent les dieux de les avoir laissés en vie. Puis ils regardèrent autour d'eux et ne virent qu'un désert. Les forêts retenaient encore dans les branches des arbres quelques parcelles de terre ; tout était silencieux et privé de vie. Deucalion soupira doucement :

« Chère Pyrrha, dit-il, nous sommes les seuls survivants ; qu'allons-nous faire ? Si seulement je pouvais comme mon père créer un homme avec l'argile ! » Les yeux pleins de larmes, Deucalion et Pyrrha se mirent à prier sur les marches pleines de mousse du temple de Zeus. Ils l'implorèrent de les aider à rendre la vie à la terre, et le maître des dieux, ému, leur donna ce conseil :

« Quittez ce temple, voilez vos têtes et jetez derrière vous les ossements de votre grand-mère. »

Perdus dans leurs pensées, ils quittèrent le temple sans parvenir à comprendre pourquoi ils devaient ainsi troubler la paix de leurs ancêtres. Ils réfléchirent longtemps quand, soudain, Deucalion comprit que la grand-mère dont parlait le dieu était la Terre.

« La Terre est notre grand-mère à tous, dit Deucalion, et ses ossements ne peuvent être que les pierres. »

Une autre version, plus fun, du déluge (suite)

Il doutait que des cailloux puissent faire revenir la vie sur terre. Pourtant, aidé de Pyrrha, il en ramassa et les jeta par-dessus son épaule. C'est alors que le miracle se produisit : à peine touchaient-elles la terre qu'elles se transformaient en corps humains. Les pierres que Deucalion jetait se transformaient en hommes, celles que jetait Pyrrha se transformaient en femmes.

C'est ainsi que vint au monde une nouvelle race d'hommes, actifs et résistants au travail et à la souffrance, race issue de la pierre et dure comme elle.

Chapitre 4

Les dieux olympiens, plus grands, plus jeunes et plus beaux que tout le monde

Dans ce chapitre :

- Zeus, le roi des dieux
- Poséidon, le dieu de la Mer
- Hadès, le dieu des Enfers
- Les dieux plus jeunes : Apollon, Héphaïstos, Hermès, Arès et Dionysos

La plupart des dieux grecs vivaient officiellement sur le mont Olympe. Cette montagne existe encore aujourd'hui dans le nord de la Grèce. Les dieux l'ont probablement choisie parce qu'elle est réellement élevée, et donc proche des cieux. De plus, son sommet est souvent entouré de nuages, ce qui le rend mystérieux.

Les Grecs pensaient que le monde était divisé en plusieurs domaines : le Ciel, la Terre, l'Océan et les Enfers. Ils avaient des divinités pour gérer chacun de ces domaines. Les dieux se sont partagé l'Univers, mais Zeus était le roi suprême. D'autres dieux étaient responsables de divers aspects de l'existence humaine – la médecine, la musique, l'amour, le vin et le soleil. Tout bien considéré, ils administraient les affaires des humains et, occasionnellement, intervenaient dans les vies de mortels.

Ce chapitre traite des principaux dieux, mais on en trouve de temps en temps d'autres dans des mythes. Parfois, des dieux anciens sont incorporés à de nouveaux, mais sans perdre systématiquement leur nom. Il suffit de dire qu'il y avait de très très nombreuses divinités. À chacun la sienne !

Zeus et ses frères, Poséidon et Hadès

Selon la plupart des écrivains de l'Antiquité, Zeus, Poséidon et Hadès étaient frères. Ils étaient les fils de Rhéa et de Cronos. Après avoir vaincu les Titans et d'autres monstres (voir le chapitre V), ils se partagèrent le monde. À cette fin, ils tirèrent au sort, ce qui équivaut à tirer à la courte paille ou à jeter les dés. L'histoire ne nous dit pas si l'un des trois a triché à ce petit jeu.

Voici le résultat :

- Poséidon obtint les océans et les mers ;
- Hadès obtint les Enfers ;
- Zeus reçut les cieux et la terre.

Comme Zeus obtint les cieux, cela fit de lui le roi de tous les dieux.

NOTE TECHNIQUE

La plupart de ces informations sont tirées d'un poème, *La Théogonie* (« naissance des dieux »), écrit par Hésiode.

Poséidon

Fils de Cronos et de Rhéa, Poséidon, dieu de la Méditerranée, fut élevé par les Telchines. Célèbre, comme tous les Dieux de l'Olympe, par ses amours avec les immortelles, telles Déméter ou Amphitrite, son épouse légitime, ou même avec des monstres comme Méduse, il engendra surtout des créatures néfastes, tels les Cercopes, les Aloades, Chrysaor ou le Cyclope Polyphème. Il se mêla souvent des affaires des mortels ; avec Apollon, il participa à la construction des murailles de Troie ; il chercha en vain à ravir à Athéna la suprématie sur l'Attique et, furieux d'avoir été joué, il frappa de son trident le rocher de l'Acropole d'Athènes, qui en portait encore la trace à l'époque historique. Il disputa sans succès à Hélios la ville de Corinthe, et à Héra celle d'Argos.

Au cours de la guerre de Troie, il prit le parti des Grecs par rancune contre les Troyens, qui ne s'étaient pas acquittés de leur dette lorsqu'il construisit leur mur. Il consentit cependant à protéger Énée, en le dérobant à la vue d'Achille, qui s'apprêtait à le tuer.

Dieu des Tremblements de terre et dieu l'Élément liquide, dont la représentation la plus impressionnante est la mer dans son immensité et sa puissance sauvage, Poséidon réside aux fonds des eaux. Parfois, il sort de son palais sur un char attelé de chevaux aux couleurs d'algues et d'écume, pour diriger les mouvements des flots, apaiser ou susciter des tempêtes, en frappant la mer de son trident ou en hurlant des ordres de son énorme et profonde voix. Les marins le vénèrent et l'implorent afin d'obtenir une bonne traversée. Son pouvoir s'étend non seulement sur l'élément marin, mais aussi sur les eaux douces et les Nymphes ; ainsi, il concourt, en dissipant l'humidité, à la fertilité des champs, et il est souvent considéré comme une divinité agraire.

Hadès

Fils de Cronos et de Rhéa, Hadès, après le partage de l'Univers en trois parties, acquit la possession souveraine sur le monde inférieur, tandis que son frère Zeus régnait sur les cieux et Poséidon sur les mers. Époux de Perséphone, qu'il enleva à la Terre et à sa mère Déméter, Hadès est un dieu redouté des Grecs. Justicier impitoyable, il est assis au fond des Enfers sur un trône et tient dans sa main un spectre avec lequel il gouverne sans pitié les âmes des morts qui peuplent son sombre et inconnu royaume. Il porte sur la tête un casque qui rend invisible ; les Cyclopes lui en firent don et lui-même le prête parfois aux héros des légendes auxquels il a décidé d'apporter aide et protection. Entouré des divinités des Enfers, ses servantes, des messagères, il dicte à la Terre la terrible loi de la mort. Pourtant, tout comme son épouse Perséphone, terrible déesse des Enfers, mais douce aux hommes de la Terre auxquels elle apporte fertilité et abondance des moissons, Hadès est parfois surnommé Pluton (" le Dispensateur de richesses ") ; il est invoqué par les agriculteurs, et on le représente sous les traits d'un dieu placide, tenant d'une main la corne d'abondance et, de l'autre, des instruments aratoires. Au cours de ses séjours sur la Terre, Hadès commet toujours quelques infidélités avec les mortelles ou des nymphes de la végétation et des bois.

La double attribution de la Mort et de la Vie revêtue par Hadès est, dans la mythologie, commune à presque toutes les grandes divinités des Enfers.

Le roi Zeus, amateur de femmes et de coups de foudre

En sa qualité de roi du Ciel, Zeus contrôlait le tonnerre, les éclairs, les nuages et la pluie. On l'appelait le dieu du Ciel, et comme chaque dieu et chaque déesse, il avait des attributs particuliers : l'aigle, le chêne. Les anciens Grecs croyaient que la foudre tombait du Ciel lorsque Zeus projetait ses éclairs comme des javelots.

Appelez-moi par mon surnom

Zeus, comme la plupart des dieux grecs, possédait diverses *épithètes*, semblables à des diminutifs mais à l'intention un peu plus sérieuse, en fonction de ce que la personne qui faisait appel à lui voulait qu'il fît. En voici quelques-unes :

- **Zeus Xenios** : signifie « Zeus protecteur des hôtes ». Les voyageurs à la recherche d'un endroit où s'arrêter se servaient de ce nom pour lui adresser ses prières, car Zeus veillait alors à ce que les hôtes traitent bien leurs invités ;

- **Zeus dieu du Tonnerre** : pour quelqu'un qui voulait de la pluie, c'était le meilleur choix ;
- **Zeus Eleutherios** : signifie « Zeus de la Liberté ». Les Athéniens, qui vivaient sous un gouvernement démocratique et se trouvèrent en guerre contre le roi de Perse, lui adressèrent leurs prières pour obtenir de la force dans la bataille ;
- **Zeus Nephelegereta** : signifie « Zeus l'assembleur des nuées ». C'était Zeus lorsqu'il envoyait des orages. Dans le même style, on le surnomme aussi Zeus Keraunos, « Zeus la foudre ».

Les anciens Grecs savaient que d'autres cultures possédaient des noms différents pour les dieux, mais ils supposaient que tout roi des dieux, quel que soit son nom, c'était Zeus. Ils se servirent donc des noms de dieux étrangers comme d'épithètes au nom de Zeus. Amon était le maître des dieux de la cité égyptienne de Thèbes. (Une cité que les anciens Grecs trouvaient impressionnante.) Les Grecs s'adressaient à lui sous le nom de *Zeus-Amon*. C'était un bon moyen d'assurer ses arrières.

NOTE TECHNIQUE

Certains chercheurs croient que Zeus était en fait une combinaison de dieux de divers pays ayant existé auparavant. Chaque fois que le culte de Zeus arrivait à une cité qui possédait déjà un dieu, les deux étaient associés sous le nom de Zeus. Cela explique peut-être pourquoi Zeus eut autant d'aventures avec des femmes mortelles, car les cités aimaient affirmer que leurs dirigeants descendaient d'un dieu, et c'est Zeus au bout du compte qui était mentionné.

Zeus et sa légitime

Zeus était marié à la déesse Héra. Héra était une déesse complexe, tantôt adorée comme la déesse de la Campagne (et des jardins et des animaux sauvages), tantôt comme la protectrice des cités (en particulier de la ville d'Argos). Mais après son mariage à Zeus, elle représente le plus souvent la royauté, et on l'appela alors le plus souvent la *reine Héra*. Le mariage était l'une des institutions humaines associées à Héra, ce qui est quelque peu ironique, vu que son couple avec Zeus était habituellement plutôt tendu. Reportez-vous au chapitre V pour en savoir plus sur les rapports d'Héra avec son mari : ces deux-là auraient été pain bénit pour certains *talk-shows* télévisés d'aujourd'hui.

Oui, petite, je suis un dieu... Et toi, tu es de quel signe ?

Zeus adorait les femmes humaines et rendait assez souvent visite à ses élues. Il aimait bien se métamorphoser pour que les hommes ne puissent pas le reconnaître. Certaines des formes qu'il adoptait étaient assez bizarres. Ces accouplements donnaient habituellement des rejetons semi-divins, ce qui rendait Héra folle de rage et de jalousie. Voici une liste des maîtresses de Zeus les plus célèbres (cherchez le garçon) :

- **Danaé** : métamorphosé en une pluie d'or il la féconda. C'est ainsi qu'elle donna naissance au héros Persée.
- **Alcmène** : mère d'Héraclès. Zeus lui apparut sous les traits de son propre mari, Amphitryon. Il passa la nuit avec elle. Quand le véritable mari rentra chez lui, il fut surpris de trouver son épouse pas très enthousiaste au lit – elle devait être fatiguée ! Elle donna naissance à deux jumeaux : Héraclès était le fils de Zeus, et l'autre bébé, Iphiclès, celui de son mari.
- **Léda** : Zeus se métamorphosa en cygne pour rendre visite à Léda, qui était l'épouse du roi Tyndare de Sparte. Elle eut deux enfants immortels de lui :
    - Hélène de Troie
    - Pollux, du duo Castor et Pollux

En raison de la forme qu'avait prise Zeus à son affaire avec Léda, ces enfants-là sortirent d'un œuf ! (voir le chapitre VII pour en savoir plus sur Hélène).

- **Io** : avec la superbe Io, Zeus essaya de métamorphoser sa maîtresse au lieu de lui-même. Il la transforma en une superbe génisse blanche. Héra, son épouse jalouse et qui n'était pas dupe, demanda à Zeus de lui donner en cadeau la vache Io, puis elle lui assigna un taon pour la tourmenter constamment. Après quelques péripéties, Io se retransforma finalement en femme et devint une ancêtre d'Héraclès. La mer Ionienne porte son nom. Le poète romain Ovide raconte l'histoire de la pauvre Io (qui vraiment n'avait rien demandé de tout ce qui lui arriva) dans ses *Métamorphoses*.
- **Europe** : Zeus se transforma en un superbe taureau et enleva Europe pour l'emmener au-delà de la mer Égée, en Crète. L'un de ses fils, Minos, devint roi de Crète. Europe donna son nom au continent que nous connaissons bien.
- **Ganymède** : toutes les amours mortelles de Zeus n'eurent pas des femmes pour objet. Ganymède était un superbe jeune prince troyen. Zeus se transforma en aigle et l'emporta vers l'Olympe où Ganymède lui servit du vin et lui accorda d'autres faveurs. En retour, le père de Ganymède reçut de magnifiques chevaux de race.

Ce n'est pas facile d'être roi

Zeus était roi, mais il n'était pas tout-puissant. Non seulement il subissait les reproches de son épouse, mais, dans certaines histoires, il est incapable de changer le cours du destin. Par exemple, au cours de la guerre de Troie (voir le chapitre VII), l'un des nombreux fils illégitimes de Zeus, Sarpédon, était un guerrier du camp troyen. Dans *L'Iliade*, Zeus apprend que Sarpédon est sur le point d'être tué dans une bataille. Il dit à Héra qu'il est tenté de sauver cet homme. Ce sur quoi Héra lui réplique : « Fais ce que tu voudras, mais nous, les autres dieux, nous ne t'obéirons plus si tu t'opposes au Destin. » Il semble donc que Zeus *ait pu* défier le Destin, mais au prix de son autorité.

Poséidon, dieu de la Mer et parfait macho

Poséidon était dieu de la Mer. Il était aussi responsable des tremblements de terre, et les chevaux et les taureaux lui étaient consacrés. C'est lui qui causait les tempêtes et pouvait aussi calmer les eaux s'il le voulait. Son épouse s'appelait Amphitrite, c'était l'une des 50 filles de Nérée, un ancien dieu marin. Ils eurent une fille appelée Triton.

Personne ne sait pourquoi le dieu de la Mer était également associé aux chevaux. Certains chercheurs ont avancé l'hypothèse que l'adoration de Poséidon est arrivée en Grèce en même temps que les chevaux. Les anciens Grecs lui sacrifiaient des chevaux, surtout des étalons (Poséidon avait une réputation d'extrême virilité). D'après certains auteurs, le cheval ailé Pégase était son rejeton, il avait émergé de la mer après que le sang de la Méduse y fut tombé. (Voir le chapitre VI pour en savoir plus sur Pégase.)

Tel est son nom, mais il en avait d'autres

On appelait Poséidon le « causeur de tremblements de terre », ce qui convenait bien à ce dieu qui détenait aussi le « portefeuille » des tremblements de terre. Parmi ses autres épithètes, citons encore Gaiechos « celui qui détient la terre », Pelagios, « celui qui hante la mer », Hippios, « le seigneur des chevaux », Taurreios, « le maître des taureaux », etc.

Un public maritime

Les marins et les pêcheurs adoraient Poséidon, pour des raisons qui sont évidentes. De nombreuses villes côtières se baptisèrent Poséidonia et en firent leur patron.

La Figure 4-1 montre *peut-être* Poséidon, que l'on représentait souvent portant un trident. Les pêcheurs de thon se servaient de tridents pour transpercer les poissons.

Les Anciens identifiaient des statues et d'autres représentations artistiques des dieux et déesses à leurs *attributs*, c'est-à-dire aux choses qu'ils ou elles portaient ou transportaient. Par exemple, un homme d'âge mûr portant un éclair représentait Zeus, mais, s'il portait un trident, c'était Poséidon. Un beau jeune homme avec une couronne de lauriers représentait Apollon ; s'il était orné de lierre, c'était Dionysos.

Figure 4-1 : ce que ce dieu était en train de lancer expliquerait tout : un éclair indiquerait Zeus, un trident Poséidon.

Mais c'est moi qui la voulais, cette ville !

Poséidon se trouva impliqué un jour dans des enchères pour déterminer quel dieu ou quelle déesse deviendrait patron d'Athènes (qui ne portait pas encore de nom). Poséidon promit des chevaux et fit en sorte qu'une source d'eau salée coule depuis la colline de l'Acropole vers le centre de la ville. Athéna promit aux habitants des tas d'oliviers. Or, les chevaux ne sont pas très à l'aise dans une campagne aussi rocailleuse que celle qui entoure Athènes, et une source d'eau salée n'est pas non plus très pratique. En revanche, les oliviers sont parfaits. Bien avant l'invention des cocktails, les olives étaient déjà incroyablement utiles, principalement pour leur huile. Les gens la brûlaient dans des lampes pour s'éclairer, ils la transformaient en savon, ils se traitaient les cheveux avec, et ils la consommaient (miam, pleine de calories, et moins cher que de la viande). C'est donc Athéna qui l'emporta, et la capitale de la Grèce moderne (*Hellas* comme disent les Grecs) s'appelle aujourd'hui « Athènes », et non « Poséidonia ».

Un père pas toujours très heureux

Poséidon avait une dent contre Ulysse, ce héros mortel, car celui-ci avait crevé l'unique œil de son fils, le Cyclope Polyphème (voir le chapitre VI). Un autre de ses fils, Orion, le guerrier géant, fut tué par Artémis. Après sa mort, Orion le chasseur fut placé parmi les astres et forme aujourd'hui la constellation qui porte son nom. Les trois étoiles de la Ceinture d'Orion sont particulièrement visibles, et leur apparition dans le ciel annonce la venue de l'hiver.

Hadès, le dieu des Enfers

Hadès était le dieu des Enfers et le roi des morts. Il est évident que régner sur les Enfers est un job à temps complet, et Hadès n'avait donc pas d'autre portefeuille comme ses frères Zeus et Poséidon.

Les portes des Enfers étaient gardées par Cerbère, un chien à trois têtes. Cerbère remuait la queue pour accueillir les nouveaux venus aux Enfers, mais il dévorait tous ceux qui essayaient d'en partir. Les Enfers, c'était un lieu froid, sombre, et tout simplement pas marrant. Il ne fallait pas s'attendre à un pique-nique sympa dans un joli parc !

Hadès prend plusieurs noms, mais jamais de vacances

Hadès était souvent appelé *Ploutôn* (ce qui signifie « le donneur de richesses »), ou *Pluton*. En effet, l'or, l'argent et les pierres précieuses étaient extraits du sol, et c'était le royaume d'Hadès. Hadès est parfois accompagné de l'épithète « aux rênes d'or » par référence au chariot dont il se servait pour se déplacer. Et il possède aussi l'épithète rituelle « Le Gardien » car c'est à lui qu'incombe la charge de garder les morts aux Enfers. Ces épithètes rituelles indiquent que, bien qu'Hadès n'ait certes pas été le préféré de tout le monde, il n'était en fait pas méchant. Hadès n'était donc pas une version grecque de Satan, et son royaume ne ressemblait pas non plus au concept chrétien de l'Enfer.

La route qui mène nulle part

La route vers les Enfers était la même pour tout le monde ; les bons comme les méchants n'avaient pas d'établissements séparés, bien que certains des méchants aient été séparés des autres pour recevoir une punition spéciale.

L'enlèvement de Perséphone

Hadès était marié à Perséphone, la fille de Déméter. On ne peut pas vraiment dire qu'il lui en demanda la main. Au contraire, il l'enleva tandis qu'elle était en train de cueillir des fleurs avec ses amies, et il l'emmena de force aux Enfers. Comme sa mère Déméter refusait de travailler depuis et que le monde souffrait de famine, Zeus enjoignit à Hadès de rendre Perséphone à sa mère.

Avant le départ de Perséphone, pourtant, Hadès la pria de se souvenir de lui avec de tendres pensées, et il lui donna une grenade. Ce fruit était la nourriture spéciale des morts, et Perséphone en avala un grain avant de s'en aller. Comme elle en avait mangé alors qu'elle se trouvait encore aux Enfers, elle fut condamnée à y passer quatre (ou six) mois chaque année avec Hadès (il était interdit à quiconque avait absorbé de la nourriture de quitter les Enfers). Pendant ce temps, sa mère se lamentait de son absence, refusait de travailler, et c'était l'hiver sur la Terre.

Perséphone

Fille de Déméter et de Zeus, Perséphone porte aussi le surnom de Coré. À l'insu de Déméter, Zeus l'avait promise à son frère Hadès. Tandis que la jeune femme cueillait un jour des fleurs dans la campagne en compagnie de ses amies et des nymphes insouciantes, elle aperçut un beau narcisse dont elle s'approcha et qu'elle cueillit. À cet instant, la terre s'entrouvrit, Hadès sortit de la crevasse et enleva sa nièce sur son char. Déméter, folle de douleur, car elle ne savait qui lui avait ravi sa fille, partit à sa recherche et erra dans le monde pendant neuf jours et neuf nuits.

Au bout de ce temps, Hélios, ému, lui apprit le nom du ravisseur. Pour se venger, Déméter quitta l'Olympe et cessa de faire fructifier la Terre. Inquiet alors sur le sort des mortels, Zeus envoya Hermès dans le monde des Enfers pour y chercher Perséphone et la ramener à sa mère, à la seule condition que, durant son séjour dans le monde souterrain, elle n'eût rien mangé. Hadès, devinant la ruse de Zeus, donna à son épouse des grains de grenade. Ainsi, pensait-il, il pourrait garder Perséphone. Pourtant, le dieu fut obligé d'accepter un compromis. Perséphone ne resterait auprès de lui que six mois et demeurerait l'autre moitié de l'année auprès de Déméter.

La légende de cette divinité est facile à interpréter : Perséphone, enfermée dans les Enfers, n'est autre que les grains de blé, ensevelis sous terre durant l'automne et l'hiver. Au retour du printemps et durant l'été, à la germination des plantes correspond le retour de Perséphone auprès de sa mère, dont les mystères d'Éleusis symbolisent le caractère sacré. D'une manière générale, Perséphone demeure avant tout la femme d'Hadès, la majestueuse reine des Ombres, la mère des terribles Érinyes. Dans les œuvres d'art, elle atteste ce caractère redoutable que lui ont attribué les écrivains grecs. Sévère et grande, assise sur un trône à côté de son époux, elle tient un flambeau et parfois un pavot, dont les vertus soporifiques symbolisent le sommeil annuel – si proche de la mort – de la terre.

Plus mort que moi, tu meurs !

Malgré leurs débuts peu prometteurs, Hadès et Perséphone semblent avoir eu un ménage relativement tranquille, et Perséphone fut appelée « reine des morts ». Ils n'eurent pas d'enfants. De toute façon, des enfants n'auraient pas été à leur place aux Enfers.

Les Olympiens de la deuxième génération : des jeunes gens bien élevés !

Outre le trio formé par Zeus, Poséidon et Hadès, il y avait d'autres dieux mâles : Apollon, Héphaïstos, Hermès, Arès et Dionysos. À l'exception d'Héphaïstos, ils étaient tous jeunes et beaux. En fait, il semble que les Grecs se représentaient leurs dieux et leurs déesses comme des êtres humains parfaits. Les dieux avaient certains pouvoirs et ils étaient immortels. Ils demeuraient éternellement dans la force de l'âge, mais à part ça, ils étaient comme des gens assez normaux.

Comme pour Zeus et Poséidon, chacun de ces dieux virils possédait ses propres domaines d'expertise et d'autorité.

Apollon, un bel et élégant athlète

Apollon, fils de Zeus et de Léto, était le frère jumeau d'Artémis. Artémis naquit la première et aida sa mère à accoucher d'Apollon. Il naquit sur l'île de Délos.

Apollon était magnifique. Il a toujours été représenté comme un jeune homme extrêmement beau. C'était le dieu de la Lumière, de la Vérité et de la Guérison. C'était aussi un athlète. Le laurier était sa plante préférée, et les athlètes victorieux recevaient une couronne de laurier lorsqu'ils remportaient des compétitions sportives. Il est le musicien qui charme l'Olympe quand il joue de la lyre.

Apollon et l'oracle de Delphes

L'un des rôles les plus importants d'Apollon était celui de patron de la pythie, l'oracle de Delphes. Cette ville était comme le centre du monde pour les Anciens (les hommes de l'Antiquité gréco-romaine). Tous ceux qui voulaient connaître leur destin s'y rendaient pour obtenir une prophétie de la prêtresse, qui inhalait les vapeurs d'une fissure dans la terre et révélait ensuite les messages que le dieu lui confiait.

Le joueur de lyre

Apollon était célèbre pour sa musique, et jouait souvent de la lyre, un type d'instrument à cordes qui ne ressemblait probablement pas du tout à une guitare moderne. Les Grecs considéraient que la lyre était un instrument raffiné et bien comme il faut, contrairement aux flûtes préférées par l'entourage de Dionysos.

La musique adoucit les mœurs, dit-on, mais malgré ça et le fait qu'il soit un dieu de la musique, il n'était pas forcément très gentil. Un jour, un satyre (pour en apprendre plus sur les satyres, voir plus loin) du nom de Marsyas, le défia à une joute musicale. Il fut convenu que le vainqueur pourrait faire ce qu'il voudrait au perdant. Apollon joua de sa lyre et Marsyas de la flûte. Il avait trouvé cette flûte qu'Athéna avait jetée parce qu'elle n'aimait pas que son visage fût déformé lorsqu'elle en jouait. Au cours de la joute, Apollon tourna sa lyre à l'envers et mit Marsyas au défi de faire de même avec la flûte, ce dont il fut incapable. Apollon, vainqueur, le tua en le pendant à un pin pour l'écorcher vif.

Le dieu du Soleil, de la Médecine et d'autres nobles activités

Apollon était parfois identifié au dieu Soleil. Il conduisait son char chaque jour à travers le ciel, en traînant le soleil de l'est à l'ouest. D'autres histoires racontent que le dieu en question s'appelait au contraire Hélios, le soleil personnifié.

La Médecine et la Purification étaient aussi des domaines d'Apollon. Lorsque Oreste tua sa mère (parce qu'elle avait tué son père), le jeune homme s'enfuit à Delphes pour demander à Apollon de le purifier. Quiconque avait tué l'un de ses parents, même par accident, se couvrait d'impuretés, un type de pollution invisible, mais suffisamment puissant, pour empêcher le parricide de pouvoir fréquenter d'autres personnes. Apollon et ses prêtres connaissaient les rites d'élimination des miasmes qui permettaient aux parricides repentis de retourner à la vie normale.

Apollon était aussi le patron des poètes, et on disait parfois aussi qu'il était le conducteur des Muses (Apollon musagète).

Les attributs d'Apollon

Apollon possédait plusieurs attributs. La lyre, une harpe grecque inventée par Hermès, était l'un d'eux. Le laurier était ainsi nommé parce que (du moins selon le poète romain Ovide) une jeune femme appelée Daphné (laurier en grec) se transforma en laurier pour échapper aux ardeurs amoureuses d'Apollon (l'histoire est racontée un peu plus loin). Le dauphin est également l'un des autres symboles d'Apollon, car Apollon envoya un jour un dauphin sauver la vie d'un jeune harpiste nommé Arion, qui se trouvait sur un bateau sur le point d'être jeté par-dessus bord par de méchants marins. On raconte également qu'Apollon arriva à Delphes à dos de dauphin.

Le bel Apollon

Comme d'autres dieux, Apollon était également connu sous un tas d'épithètes rituelles. Certaines des plus populaires sont :

- **Apollon Phoebus** : qui signifie brillant ;
- **Apollon Délien** : d'après le nom de l'île Délos où il naquit ;
- **Apollon Pythien** : Dieu solaire, Apollon avait naturellement le don de la prophétie. Il se rendit à l'oracle de Delphes, qui était gardé par le serpent *Python*, qui essaya de l'empêcher de s'approcher. Mais Apollon tua le serpent et instaura son propre oracle à Delphes.
- **Apollon Smintheus** ou **Apollon le Rat** : c'est la manifestation du dieu qui envoyait la peste, comme cela nous est raconté au début de *L'Iliade*. Cette épithète provient peut-être aussi de la vénération particulière du dieu dans la cité de Sminthe, près de Troie.
- **Apollon Loxias** ou **Apollon l'Oblique** : parce que les réponses qu'il rendait dans ses oracles étaient souvent ambiguës.

Apollon consultait des devineresses appelées *Sibylles*. (Sibylle est un prénom encore assez courant aujourd'hui.) La Sibylle la plus célèbre était la grande prêtresse de Delphes, la *pythie*, (nommée d'après le serpent python). La Pythie mâchait des feuilles de laurier ou inhalait de la vapeur qui sortait de fissures dans les rochers, entrait en transe, puis disait aux gens leur avenir.

Daphné métamorphosée en laurier

Daphné était la fille du dieu d'un fleuve. Elle était incroyablement belle, mais elle ne s'intéressait nullement aux hommes, et préférait courir librement dans les bois.

Un jour, Apollon la vit et en tomba immédiatement amoureux. Il alla vers elle, mais elle s'enfuit. Il la poursuivit à travers les bois, en lui criant qu'il était un dieu, qu'il l'aimait, et qu'elle daigne bien s'arrêter pour qu'ils puissent enfin faire l'amour. Mais Daphné continua de courir.

Elle atteint finalement la berge du fleuve de son père au moment même où Apollon allait la rejoindre. Juste au moment où il allait l'attraper, elle cria à son père de l'aider. Pour ce faire, il la transforma en laurier (« laurier » se dit *daphnê* en grec) ; la Figure 4-2 montre Apollon en train d'embrasser un laurier.

Apollon déclara alors, comme consolation en quelque sorte, que le laurier serait désormais son arbre préféré. Et Daphné n'eut pas besoin de se donner.

Figure 4-2 : la métamorphose a sauvé la virginité de Daphné ou (vue pessimiste) elle l'a mise complètement sous la coupe d'Apollon. Dans la sculpture du Bernin, elle est déjà en train de se métamorphoser en laurier au moment où Apollon la rattrape.

Héphaïstos a des talents cachés...

Héphaïstos était le dieu du Feu et des Forges, ces grands trous brûlants dont se servaient les forgerons pour travailler le métal. Il était extrêmement adroit et capable de fabriquer absolument tout ce qu'il voulait, et chaque dieu désirant quelque chose de spécial, comme une armure de premier choix, par exemple, demandait à Héphaïstos de la fabriquer. Héra, reine des dieux, l'enfanta toute seule pour se venger de Zeus qui avait donné tout seul naissance à Athéna. (Voir le chapitre V pour savoir comment cela s'était passé.)

On ne peut pas vraiment dire qu'il était beau mec... tous les dieux ne sont pas foutus comme Apollon !

Héphaïstos était moche et handicapé. Certains récits attribuent cela au fait qu'Héra l'enfanta toute seule. Pour une société grecque dominée par les hommes, il semble évident que, si un homme engendre tout seul un enfant, cet enfant sera merveilleux (comme Athéna, fruit de l'effort de Zeus en solo – voir le chapitre V), mais si une femme essayait, le résultat serait inférieur.

D'autres versions avancent qu'il était déjà né affreux, mais qu'il devint en plus handicapé lorsque Héra, en voyant combien il était laid, essaya de s'en débarrasser en le jetant du haut du ciel. D'autres encore prétendent que le bébé Héphaïstos n'avait en fait rien de spécial avant de tomber dans les griffes de Zeus. Le roi des dieux, en colère parce que Héra avait eu un enfant illégitime, jeta Héphaïstos de l'Olympe. Selon cette version, c'est cette chute qui rendit Héphaïstos estropié et laid.

En tout cas, Héphaïstos gagna sa place de l'Olympe avec le reste des divinités et bénéficiait d'un certain respect. Ironie immense, Héphaïstos, ce dieu si laid, était marié à la superbe Aphrodite.

C'était le seul dieu qui exerçait un métier digne de ce nom

Héphaïstos passait son temps à fabriquer des armures et des armes et à construire des maisons et des meubles pour ses compagnons les dieux. Les Grecs de l'Antiquité disaient que sa forge était située sous un volcan et que les éruptions de ce volcan étaient un signe que le dieu était au travail (le nom romain d'Héphaïstos est d'ailleurs Vulcain, d'où on a tiré le substantif volcan). La maman d'Achille, Thétis, une déesse, commanda à Héphaïstos une nouvelle armure pour son fils, dont faisait partie le fameux « bouclier d'Achille » décrit par Homère dans *L'Iliade* (voir le chapitre VII).

Les dieux olympiens, à l'exception peut-être d'Arès (voir la section suivante pour y trouver une explication) aimaient bien Héphaïstos, qui travaillait dur pour contenter tout le monde et pour faire cesser les disputes parmi les dieux. Homère décrit comment, alors qu'une querelle était en train de se déclencher au cours d'un banquet des dieux, Héphaïstos prit le pichet de vin et fit le tour de la table pour remplir la coupe de chacun ; la seule vue du dieu doux, laid et boitillant de manière affairée autour de la table fit tellement rire les dieux qu'ils en oublièrent leur dispute.

Les Athéniens adoraient eux aussi Héphaïstos, parce qu'il était pacifique, gentil, et patron des artisans. Un grand temple fut construit en son honneur dans l'Athènes de l'Antiquité. On l'appela l'*Hephaistion*.

Arès, le dieu de la Guerre

Arès était le dieu de la Guerre. Zeus et Héra étaient ses parents, mais ni l'un ni l'autre ne l'aimait particulièrement (du moins à en croire Homère).

Arès personnifiait les forces destructives de la guerre, il incarnait le rôle que les gens n'aiment pas vraiment. La déesse Athéna était, en revanche, elle aussi, une déesse de la Guerre, mais elle avait la responsabilité de l'usage intelligent de la guerre pour défendre la cité.

Arès

Fils de Zeus et d'Héra, Arès appartient à la génération des douze grands Dieux de l'Olympe. Cependant, il n'a jamais tenu une place importante dans le culte grec. Dieu de la Guerre et de la Lutte, son aspect brutal, son comportement violent et agressif, son amour du carnage et des batailles ne le rendent en effet sympathique ni aux mortels ni même aux dieux. Ainsi, les légendes l'ont souvent représenté au cours des combats dans des situations périlleuses d'où il ne sort pas toujours vainqueur. Pendant la guerre de Troie, il prend généralement parti pour les Troyens ; il doit se mesurer à la bravoure de certains héros, et aussi à l'intelligence calculatrice et raisonnable de la déesse Athéna. Ainsi voit-on Arès, blessé par le héros Diomède auquel Athéna a prêté son concours, s'enfuir en hurlant vers l'Olympe. Le dieu n'est guère plus heureux avec Héraclès, qui lui perce la cuisse d'une de ses flèches. Les Aloades le retiennent en prison dans un vase d'airain pendant de longues années, tandis que les dieux, ses frères, prennent plaisir à l'humilier en se réunissant en tribunal afin de le juger pour meurtre. Les amours d'Arès avec les mortelles sont nombreuses, car, en dépit de son caractère barbare, le dieu n'est pas dénué d'une certaine beauté, mûre et virile. Mais les enfants qu'il engendre sont des êtres frustes, des brigands, des êtres violents, comme le bandit Cycnos, Diomède de Thrace, Lycaon ou Oenomaos. Parmi les immortelles, seule Aphrodite conçut un fol amour pour Arès, qui symbolisait dans toute sa puissance la force passionnelle et sensuelle.

Importé de Thrace, son culte ne fut pas très répandu en Grèce. On comprend que les Grecs, dont l'esprit était porté aux subtilités de la raison et aux finesses de l'intelligence aient manifesté quelque répugnance à l'égard du dieu qui, au fond, tant par son origine que par son caractère et ses attributions, leur était quelque peu étranger. En revanche, les Romains le tinrent en haute estime et le confondirent avec leur dieu Mars.

Le type le plus sympa de la classe, ce n'était pas lui...

À cause de ses propensions violentes, les Grecs de l'Antiquité n'aimaient pas beaucoup Arès. Homère le fit combattre du côté troyen dans *L'Iliade*, alors qu'Athéna se battait du côté des Achéens. Arès était féroce et bruyant, et, en général, désagréable. Toutefois, les Grecs admiraient sans le moindre doute les guerriers courageux et le courage au combat, ce qui lui assurait quand même une certaine popularité. Une colline d'Athènes appelée *Aréopage*, ce qui veut dire « colline d'Arès » est le lieu où il fut jugé pour meurtre et acquitté (voir le chapitre VIII). Un conseil politique important avait l'habitude de se réunir sur cette colline, peut-être pour parler de la guerre, ce qui expliquerait aussi le nom.

Même les autres dieux n'aimaient pas Arès. Dans *L'Iliade*, son propre père, Zeus, lui dit en face qu'il est « le plus haïssable des dieux ! »

... mais Aphrodite en était folle

Bien qu'Aphrodite fût mariée à Héphaïstos, elle était la maîtresse d'Arès. Certains chercheurs avancent l'hypothèse que ces deux-là se sont unis parce qu'ils représentaient tous deux les impulsions sauvages qui renversent l'ordre établi ; les gens fous de désir charnel ou ayant la soif de tuer ne prennent pas les décisions sensées qu'une déesse comme Athéna aurait préférées. Cette union donna naissance à trois fils :

- **Éros** (Amour)
- **Effroi**
- **Phobos** (Terreur)

Une scène assez drôle de *L'Iliade* raconte qu'Arès et Aphrodite furent surpris tous les deux au lit. Héphaïstos, le mari d'Aphrodite, avait suspendu un filet d'or au-dessus du lit, et lorsque les deux amants se mirent à leur affaire, il le leur fit tomber dessus et appela tous les autres dieux et déesses pour qu'ils viennent se moquer des amants captifs. Sa revanche n'eut pourtant pas tant de succès que ça, parce que la plupart des dieux furent d'avis que coucher avec Aphrodite, ça valait bien qu'on prenne le risque de se faire prendre dans un filet. Déesse de l'Amour et de la Beauté, elle séduisait et trompait les hommes.

Hermès a le pied léger et l'esprit vif

Hermès était le messager des dieux. C'était le fils de Zeus et de Maia, elle-même fille du Titan Atlas. C'était un beau jeune homme. Il portait un casque et des sandales ailées, et aussi une baguette autour de laquelle étaient enroulés des serpents, le *caducée*. Le caducée, comme celui de la Figure 4-3, était le symbole des hérauts dans l'Antiquité, et c'est aujourd'hui encore le symbole des médecins.

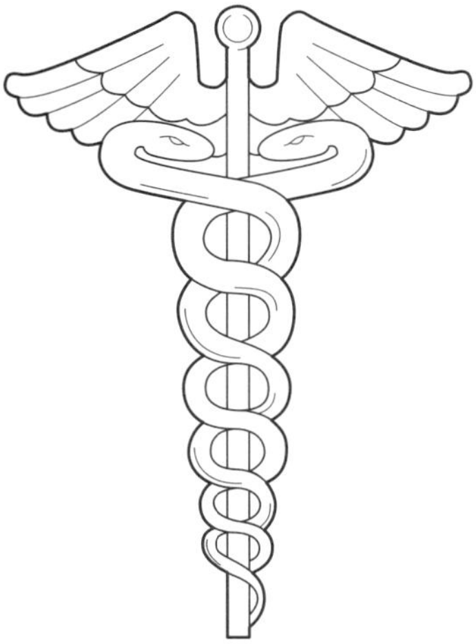

Figure 4-3 : notez le symbolisme varié du caducée depuis le XVIe siècle. C'est l'attribut des sciences médicales, des postes et des services diplomatiques.

Éros, le dieu du Sexe

Éros représentait le désir sexuel, qu'il fût hétérosexuel ou homosexuel, la pulsion qui attirait les gens les uns vers les autres avec un désir physique. On disait souvent que c'était le fils d'Aphrodite, et peut-être bien même le fils d'Arès, bien que, selon Hésiode, il ait existé dès la création du monde. Éros était très espiègle et adorait jouer des tours aux humains et aux dieux, en les rendant subitement amoureux. Dans l'imagerie hellénistique, c'était un magnifique jeune homme avec un arc et des flèches qu'il portait dans le dos ; ses flèches rendaient les gens amoureux. Éros était un dieu assez populaire de la Grèce antique, et des tas de gens participaient à son culte. De son nom vient l'adjectif « érotique » en français. Les Romains l'appelaient Cupidon (Désir), mais la version romaine et la version grecque diffèrent. Cupidon est un bébé mignon et potelé, alors qu'Éros est un adolescent malveillant et dangereux, dont les flèches sont bien réelles et peuvent tuer !

Ce dieu grec est l'une des forces primordiales qui dominent le monde avant la naissance des immortels et l'apparition des hommes. Son pouvoir s'étend non seulement aux êtres, mais aussi aux végétaux, aux liquides, aux fluides, bref à tout ce qui est. Il assemble, mélange, unit. Il est la vertu attractive qui engage les choses à se joindre et à créer la vie. Il ne doit nullement être confondu avec Cupidon, dieu romain, ou avec l'Amour, même si l'époque classique et les poètes ont fait d'Éros un auxiliaire de l'Amour, un fils d'Hermès ou d'Arès et d'Aphrodite, même si les artistes l'ont représenté comme un jeune garçon ailé, perçant de ses flèches le cœur des hommes ou allumant dans leur âme le flambeau de la passion. Éros demeure avant tout, avant même de figurer au nombre des Dieux, une entité abstraite : le désir qui rapproche et engendre les mondes.

Toujours sur la brèche

Hermès avait de nombreuses attributions. Il semble que sa vitesse lui ait permis de faire de nombreuses choses différentes en même temps. Voici les domaines qui lui sont réservés :

- patron du commerce et des commerçants ;
- il amenait les morts aux Enfers (Hermès Psychopompe) ;
- c'était le chef négociateur de Zeus dans les situations délicates (comme par exemple l'achat du prince troyen Ganymède), il faisait pour lui des courses et organisait ses liaisons amoureuses ;
- c'était le patron des enfants et des héros et il mettait les enfants divins en sécurité (c'est lui qui amena le bébé Dionysos aux Nymphes à Nysa) ;
- il guidait les bergers et mettait les voyageurs sur le bon chemin. C'était le patron des gardiens de troupeaux, et un dieu de la Fertilité et de la Prospérité ;
- c'était aussi un dieu des athlètes et du gymnase ;
- enfin, c'était le dieu des voleurs.

Les attributs d'Hermès

Les attributs d'Hermès sont ses célèbres sandales ailées, son « caducée » (la baguette surmontée de deux ailes avec deux serpents entrelacés que portaient les hérauts), et une houlette de berger, bien utile pour guider les gens durant leurs voyages et conduire les âmes des morts aux Enfers.

Et quelques-unes de ses épithètes

Les épithètes d'Hermès sont notamment Argeïphontès « tueur d'Argos », d'après le monstre qu'il avait occis dans sa jeunesse, et Psychopompos, « bergers ou guides des âmes » d'après le rôle de conducteur des âmes vers

Pan

Pan est un dieu mineur important, puisqu'il est le modèle des satyres et autres chèvre-pieds, dont le rôle dans l'art et la littérature occidentale est si important. Il s'agit sans doute d'une divinité originaire d'Arcadie, puisque c'est dans cette région montagneuse et boisée qu'il passe le plus clair de son temps. Fils d'Hermès, il a hérité de son père un goût prononcé pour le jeu et les mauvais tours. C'est un être hybride possédant un buste et un visage d'homme, mais des membres inférieurs de chèvre ; son front est en outre surmonté de cornes. Comme tous les satyres, auxquels il ressemble beaucoup, Pan a un appétit sexuel démesuré, et cherche à l'assouvir, tant qu'à faire, avec de jolies Nymphes ou de beaux éphèbes ; il se cache généralement dans l'ombre des bois et saute sur sa « proie ». C'est parce que les bergers grecs lui attribuaient des hurlements sauvages et inquiétants qu'ils entendaient dans les montagnes que l'on parle encore aujourd'hui de peur « panique ».

Hadès. Le poète comique athénien Aristophane s'est moqué de la tendance de sa propre culture à donner à chaque dieu un million d'épithètes. Dans sa comédie *Les Grenouilles*, deux personnages ont une dispute amusante sur le sujet de savoir s'il vaut mieux prier pour un père mort Hermès Patrios (Hermès des ancêtres) ou Hermès Chthonios (Hermès des Enfers).

Un père célibataire qui n'est pas né de la dernière pluie

Hermès n'avait pas d'épouse, bien qu'il eût des enfants. Un fils appelé Pan. Et la divinité Hermaphrodite, à la fois mâle et femelle, était l'enfant d'Hermès et d'Aphrodite. Elle avait des seins de femme et des parties génitales d'homme.

VOCABULAIRE

Cela nous donne l'adjectif *hermaphrodite*, qui signifie bisexué, et désigne un être vivant portant les organes génitaux des deux sexes.

L'inventeur de la lyre, c'est lui

Hermès était, dès sa naissance, extrêmement malin et rusé. Âgé d'un jour seulement, il vola tout le cheptel d'Apollon. Il conduisit ce bétail en le faisant marcher à reculons pour dissimuler la direction dans laquelle il s'était déplacé, sacrifia deux bêtes et cacha le reste dans une grotte. Apollon et lui-même se réconcilièrent après qu'Hermès eut rendu à Apollon son bétail et qu'il lui eut fait cadeau de la première lyre qu'il venait de créer. En effet, il venait juste d'inventer cet instrument en tuant une tortue et en tendant des cordes en travers de sa carapace. Cela donnait un son pincé agréable. Apollon adorait cet instrument, et il semble qu'il ait été suffisamment adroit pour en tirer de la musique.

Hermès : Les statues d'Hermès

La cité d'Athènes de l'Antiquité était pleine de statues rudimentaires, de la forme d'une boîte rectangulaire, dotées d'un visage et de parties génitales masculines. On les appelait Hermès et elles servaient à délimiter des routes ou des limites. Elles protégeaient la cité et les maisons, et les Athéniens les prenaient très au sérieux. Au cours du Ve s. av. J-C., un Athénien du nom d'Alcibiade et ses amis en mutilèrent un grand nombre ; les Athéniens furent tellement en colère qu'ils envoyèrent Alcibiade en exil et confisquèrent ses biens.

Dionysos, le dieu de la Fête

Dionysos, dieu du Vin, de l'Ivresse et de la Végétation en général, était un retardataire parmi les Olympiens.

Dionysos était le fils de Zeus et de la princesse thébaine Sémélé, ce qui faisait de lui le seul dieu ayant pour mère une femme humaine. Il parvint aussi à la divinité au cours de sa vie contrairement à un autre, Héraclès (voir le chapitre VI), qui avait lui aussi un parent divin. Mais sa naissance fut très mouvementée. Alors que Sémélé était enceinte, Zeus lui promit, en prêtant serment sur le fleuve Styx, qu'il ferait tout ce qu'elle lui demanderait. Elle lui demanda de le voir dans toute sa gloire. Zeus fut atterré, car aucun humain ne pouvait le voir ainsi et continuer à vivre. Mais il avait promis, et donc il se montra à elle dans toute sa splendeur.

Ce qui devait arriver arriva : Sémélé fut immédiatement foudroyée. Zeus arracha de justesse du cadavre son bébé pas encore né et le plaça dans son propre corps, plus exactement dans sa cuisse (nous ne savons pas comment il a bien pu faire, mais c'est vraiment trop dommage pour les femmes que cette technologie n'ait pas survécu).

Une fois Dionysos né (« sorti de la cuisse de Jupiter », le nom romain de Zeus), Hermès emmena le bébé auprès de Nymphes pour que celles-ci l'élèvent dans la merveilleuse vallée de Nysa. Plus tard, Dionysos se languissait de la mère qu'il n'avait jamais connue et alla voir Hadès pour lui demander s'il pouvait la récupérer. Hadès accepta, et Dionysos amena Sémélé à l'Olympe pour qu'elle pût vivre avec les dieux. Héra, l'épouse de Zeus, fut, on le comprend, courroucée, et rendit Dionysos ainsi qu'Athamas et Ino temporairement fous. Au bout d'un moment, elle revint sur sa décision, et ils recouvrèrent tous la raison.

Les attributs pratiques...

L'attribut le plus communément associé à Dionysos est de loin la vigne, avec la grappe de raisin (source du vin), les feuilles, ou encore le lierre (une plante qui, comme la vigne, enivre). Les masques que les acteurs portaient dans des tragédies et comédies symbolisaient aussi Dionysos. D'ailleurs, les auteurs de théâtre présentaient leurs pièces au cœur de fêtes religieuses nommées le Dionysies.

... du païen né deux fois...

L'enfance de Dionysos lui valut l'épithète « né deux fois ». D'autres épithètes reflètent son identité de dieu de la Fête : Acratophoros (« celui qui apporte du vin pur »), « Nocturne », et « Porteur de torche ». D'autres épithètes se rapportent à la fertilité ou au monde de la nature : Fleuri, « au lierre » ou « de la peau de bouc noir ». Peut-être en raison des vertus magiques du vin, il possède aussi les épithètes de Sauveur et de Libérateur. Son épithète la plus connue est celle de « Bacchos », qui a donné chez les Romains son nom culturel de « Bacchus ». Et comme c'était une sorte de M. Tout-le-Monde parmi les dieux, on lui donne parfois le nom de « Citoyen Dionysos ».

... qui enseigna aux hommes la culture de la vigne

Une fois Dionysos adulte, il passa son temps à voyager sur terre pour enseigner aux hommes comment cultiver la vigne et produire du vin. Il était accompagné d'un entourage bien avant que les célébrités d'aujourd'hui ne commencent à en avoir. Il s'agissait de créatures inhabituelles, dont notamment :

- **les Ménades (c'est-à-dire « les Folles Furieuses », ou *Bacchantes* chez les Romains)** : adoratrices de Dionysos, ses « folles forcenées » ;
- **les Satyres** : Pan et les Satyres (appelés *Faunes* à Rome) étaient des créatures au corps d'homme au-dessus de la taille et au corps de bouc en dessous. Ils dansaient en jouant de la flûte, en buvant, et en faisant sauvagement l'amour entre eux et avec les nymphes des bois. On représentait souvent les satyres avec d'énormes érections ou jouant avec des godemichés géants. Pan était lui-même le fils d'Hermès, né en Arcadie (région de la partie centrale du Péloponnèse, pays idyllique selon la tradition poétique). Il adorait les bois et les montagnes, et c'était le dieu des chevriers et des bergers. Le mot *panique* vient de son nom, car lorsque les gens entendaient ses sons dans les bois la nuit, ils perdaient leur sang-froid ;
- **Les Silènes** : selon certaines sources anciennes, ces créatures étaient à demi humaines, à demi chevalines, et fraternisaient avec Dionysos et Héphaïstos. Mais le temps passant, les Silènes furent assimilés aux Satyres.

Gare à ses colères !

Alors que Dionysos n'était encore qu'un petit garçon, il valait mieux éviter de le provoquer. Un jour, des pirates étrusques le repérèrent et décidèrent de le capturer, car il avait désormais l'apparence d'un beau jeune homme, aux cheveux noirs et avec une belle cape violette, et ils se dirent qu'il s'agissait probablement du fils d'un roi qui pourrait payer une bonne rançon. Ils s'emparèrent de lui et le traînèrent à bord de leur navire, mais, lorsqu'ils voulurent l'attacher, les cordes refusèrent de tenir.

Le capitaine ordonna aux marins de lever les voiles et de mener le bateau en mer, mais celui-ci refusa de bouger. Au lieu de cela, des vignes se mirent à pousser de partout dessus, et le vin à couler sur le pont. Dionysos se transforma en lion et rugit en s'adressant aux marins ; ils sautèrent tous par-dessus bord et se transformèrent en dauphins.

Adorez-moi, sans plus tarder !

Les anciens Grecs avaient des sentiments mitigés vis-à-vis de Dionysos. D'un côté, ils aimaient la sensation de bonheur qu'ils avaient lorsqu'ils buvaient du vin, qui les rendait courageux, éloquents et confiants. En revanche, lorsqu'ils en buvaient trop, ils faisaient des bêtises.

L'une des formes d'adoration de Dionysos était assez infâme. Des femmes appelées *Ménades* buvaient jusqu'à ce qu'elles entrent en transe, puis elles se mettaient à courir à travers les bois en déchirant avec leurs mains nues et leurs dents tout animal et (du moins selon la tragédie grecque d'Euripide) tout humain qui avait le malheur de se trouver sur leur passage.

Un roi de Thrace, Lycurgue, s'opposa à la pratique du culte de Dionysos en le chassant de son pays, alors qu'il était enfant. Le dieu l'emprisonna dans une grotte, et Zeus le rendit aveugle d'un éclair. Il mourut peu de temps après. Cela ne valait pas la peine de s'opposer aux dieux.

Lorsque Dionysos essaya d'introduire son culte à Thèbes, le roi qui s'y trouvait, Penthée, qui était le cousin de Dionysos, ne croyait pas que Dionysos était un dieu et il n'aimait ni les danses, ni les chants sauvages des Ménades. Il ordonna donc à ses soldats de toutes les arrêter. Les soldats emmenèrent Dionysos, qui était venu de son plein gré, mais ils confessèrent que les Ménades s'étaient toutes échappées parce que les cordes ne pouvaient pas les retenir. Penthée refusa encore de croire que son hôte était un dieu, et le jeta en prison.

Dionysos s'en échappa immédiatement pour se venger. Lorsque Penthée s'en alla sur les collines chasser les Ménades, Dionysos frappa de folie les femmes de Thèbes. Convaincues que Penthée était un lion des montagnes, elles le taillèrent en pièces à mains nues et avec leurs dents, et ce fut la propre mère de Penthée qui mena l'attaque. Le massacre terminé, elle se rendit compte de sa méprise, ce qui les bouleversa, mais elle ne pouvait plus rien y changer.

NOTE TECHNIQUE

Friedrich Nietzsche, le philosophe allemand, écrivit des kilomètres de prose pour décrire la culture des Grecs de l'Antiquité comme une compétition entre Apollon (rationnel, raisonnable, ordonné) et Dionysos (ivre, fou, chaotique). Il est assurément difficile de réduire à ces deux seuls aspects toute une culture, mais certains trouvent encore aujourd'hui utile d'employer les concepts d'*apolliniens* ou de *dionysiaques* pour parler d'une culture. C'est dans son livre *La Naissance de la Tragédie* que Nietzsche raconte, à sa façon, les origines du mythe dionysiaque. Apollon s'oppose à Dionysos comme la beauté classique à la beauté romantique et frénétique, comme l'harmonie à la démesure. Et, selon le philosophe, c'est de leur fusion que naîtra la grande tragédie grecque telle que Sophocle a su la traduire dans ses pièces.

Chapitre 5

Les déesses grecques, aussi belles que mesquines

Dans ce chapitre :

- Héra et Aphrodite, les épouses
- Déméter, déesse mère
- Athéna et Artémis, les vierges farouches
- Les Muses, les Moires, les Érinyes et les Charites
- Des canons pas très sages, des délurées qui se la jouent

Lorsque les Grecs de l'Antiquité représentaient des déesses, comme avec les dieux, ils créaient des versions puissantes, belles et immortelles d'êtres humains. Donc les déesses, bien que puissantes, belles et immortelles, se comportaient comme les mortelles : certaines se mariaient (quelques-unes ne se marièrent jamais), d'autres avaient des aventures occasionnelles, elles avaient des enfants, se disputaient avec leurs maris et amants, elles se réconciliaient avec eux, et souvent aussi elles étaient pleines de ressentiments envers les dieux mâles qui faisaient la loi.

Comme pour les dieux, il y avait pour ainsi dire une déesse pour chaque aspect de l'existence ou pour tout élément du monde naturel. Il y avait des déesses de la victoire, des conflits, et de l'aube, pour n'en mentionner que quelques-unes, mais on ne leur accordait en général que peu d'attention.

Héra, Aphrodite et Déméter, et leurs rivalités de divas : un vrai crêpage de chignon entre nanas…

La plupart des femmes grecques de l'Antiquité passèrent la plus grande partie de leur temps en tant qu'épouses et mères, comme les femmes l'ont toujours fait. De même, certaines des déesses les plus importantes étaient elles aussi des épouses et des mères. Le rôle des femmes est donc crucial : objet de rivalité entre les dieux mâles, source de désir… elles sont à l'origine de nombreux conflits sanglants.

La reine Héra, protectrice du mariage (mais pas du sien !)

Héra était l'épouse de Zeus. C'était aussi sa sœur, mais cela ne gênait personne. Héra et Zeus étaient tous deux enfants de Rhéa et Cronos.

L'inceste, qu'on trouve parmi les dieux et déesses, ne doit pas vous donner une idée fausse des mœurs de l'époque. L'inceste était interdit en Grèce tout comme il l'était dans la plupart des autres cultures. Voyez ce qui arriva à Œdipe… Pourtant, les dieux ne semblent pas se sentir concernés par ces interdits moraux.

Héra était l'équivalent féminin de Zeus, elle était la déesse du Ciel. Les femmes grecques de l'Antiquité vénéraient Héra comme déesse du Mariage et du Foyer. Ilithye, fille d'Héra, aidait les femmes à accoucher. Les femmes grecques voyaient parfois Héra à toutes les étapes de la vie de femme : en tant que fille, que femme mariée, que mère et que veuve. Héra était sans aucun doute royale, elle était noble et belle et souvent représentée sur un trône. Héra était aussi la protectrice des cités et de certains groupes sociaux.

Les autres enfants d'Héra étaient Arès, Hébé, déesse de la jeunesse, et Héphaïstos. Elle mit seule ce dernier au monde, sans contribution de Zeus, pour se venger du fait que Zeus avait donné tout seul naissance à Athéna (voir le chapitre IV). Dans certains récits, elle enfanta aussi toute seule le monstre Typhon.

Des attributs impériaux

Les symboles d'Héra était le paon, parce qu'il était beau, remarquable et digne d'une reine, et la vache (car elle transforma au moins l'une des maîtresses de son mari en vache).

Héra à toutes les sauces

On donnait à Héra quelques épithètes dont le sens était évident, comme « Protectrice » (surtout à Argos, qui était sa ville privilégiée), « Épouse », et « Olympienne » (comme son mari Zeus). D'autres épithètes semblent plus étranges : « Adulte » et « mangeuse de bœuf ». Les habitants de Stymphale la connaissaient même sous le nom de « Héra la Veuve », une épithète ironique qui faisait allusion à la fréquence à laquelle son mari Zeus la trompait.

La progéniture bâtarde de son mari coureur de jupons

Héra passait beaucoup de temps à poursuive les enfants illégitimes des maîtresses humaines de Zeus. Par exemple, lorsque Zeus tomba amoureux de la nymphe Callisto et lui fit un fils, Héra la transforma en ourse. Alors que le fils de Callisto était devenu adulte, Héra envoya un jour l'ourse Callisto devant lui alors qu'il était à la chasse. Zeus sauva Callisto avant que leur fils ne puisse accidentellement tuer sa mère en la transformant en une constellation d'étoiles, la Grande Ourse. Le fils de Callisto fut lui-même transformé plus tard en une constellation, la Petite Ourse. Quelles qu'aient été les raisons des infidélités continuelles de Zeus (voir le chapitre IV), les femmes grecques aimaient entendre les punitions que la déesse Héra infligeait à ses rivales.

Les Nymphes

Qui étaient-elles donc ? Il s'agissait de gracieuses et jolies jeunes femmes qui gambadaient dans les bois en petite tenue et étaient chargées de protéger la nature. La mythologie grecque ne se limita pas aux principaux dieux olympiens ; on disait parfois que chaque caillou, chaque arbre et chaque étang avait son propre ange gardien. Aujourd'hui, une nymphe est un insecte qui a terminé son développement larvaire mais n'a pas atteint l'âge adulte. Charmant. Le mot désigne aussi aujourd'hui une jeune fille bien faite et gracieuse, et *nymphette* une jeune fille sexy.

Calypso

Nymphe et reine de l'île d'Ogygie, Calypso accueillit dans ses États Ulysse, qui venait de faire naufrage. Amoureuse du héros, elle s'efforça, sept ans durant, de lui faire oublier sa patrie dans sa grotte enchantée, entourée de bois et de peupliers, de cyprès, décorée de vignes, chargée de grappes de raisin. Elle lui offrit même l'immortalité. Mais l'amour d'Ithaque et de Pénélope demeurait le plus fort dans le cœur d'Ulysse, et il passait ses journées à contempler le rivage et la mer, les yeux embués de larmes. Ému, Zeus dépêcha Hermès auprès de Calypso : Ulysse devait quitter l'île. Malgré sa douleur, Calypso obéit. Elle aida le héros à construire un radeau et lui fournit des provisions pour la traversée ; et Ulysse la quitta le cœur plein d'espoir, voguant vers sa patrie bien-aimée.

Un jour, alors qu'Héra était une fois de plus en colère après Zeus, il demanda conseil à un sage pour la reconquérir. Le sage lui dit de faire une statue de femme en bois, de l'envelopper d'un linge, et d'annoncer qu'elle était sa future épouse. Zeus fit ce qu'il avait recommandé, Héra entendit cela et se précipita sur les lieux, déchira le linge, et fut enchantée de trouver une statue de bois au lieu d'une femme en chair et en os. Ils se réconcilièrent et ce fut le début d'une fête régulière avec des statues de bois.

Elle fut assez folle pour déclencher une guerre

Héra était orgueilleuse, comme la plupart des déesses grecques probablement, et, lors d'une occasion célèbre, son orgueil (confronté à celui d'Athéna et d'Aphrodite) causa une guerre. Au cours d'une réception donnée à l'occasion du mariage de Thétis et de Pelée, Eris (déesse de la discorde), jeta par terre une pomme d'or qui portait la mention « à la plus belle ». Les trois déesses les plus puissantes se vantèrent toutes d'être la plus belle et donc celle qui méritait de recevoir la pomme. Pour des raisons compliquées (l'histoire complète est racontée au chapitre VII), un jeune troyen du nom de Pâris se retrouva dans le rôle d'arbitre des trois déesses. Chacune d'elles essaya de le soudoyer, et ce fut finalement Aphrodite qui l'emporta grâce à sa proposition malhonnête, car elle promit à Pâris le mariage avec la plus belle femme du monde.

Cela mit Héra dans une telle colère qu'elle jura de se venger de Pâris et de tout son peuple. Sa réaction entraîna la guerre de Troie (source d'environ un millier de récits mythologiques), la mort de nombreux héros, et même la fondation de Rome (voir le chapitre XI).

Héra en voulait à mort à Héraclès

Héra ne limitait pas ses vengeances aux maîtresses de Zeus. Lorsque Alcmène, avec qui son mari avait eu une aventure, donna naissance à un fils, Héraclès, Héra prit immédiatement le bébé en grippe. En fait, le nom « Héraclès » signifie soit « la gloire d'Héra », soit peut-être « célèbre à cause d'Héra ».

Le courroux d'Héra était sans doute provoqué par cette preuve supplémentaire de l'infidélité de son mari, mais Zeus n'avait pas non plus arrangé les choses. En effet, dans l'un de ces moments de manque absolu de tact pour lesquels il est resté célèbre, Zeus demanda à Héra si elle voulait bien allaiter son nouveau fils illégitime afin de le rendre immortel. Héra répliqua en organisant le meurtre du bébé.

Dans l'un des récits, Zeus amena Héraclès bébé à Héra endormie pour le faire téter en douce. Elle se réveilla et le repoussa. Du lait gicla de son téton, qui créa la Voie lactée.

Héra envoya deux serpents pour tuer le bébé dans son berceau (rendez-vous au chapitre VI pour connaître la fin de cette histoire). Bien plus tard, alors qu'Héraclès était devenu adulte, elle le frappa de folie pour qu'il tue son épouse et ses enfants, et elle monta les Amazones contre lui.

Après la mort d'Héraclès, il semble qu'Héra se soit calmée. Elle accepta de lui donner pour épouse sa fille Hébé (la déesse de la Jeunesse) et, qui plus est, qu'il vienne vivre avec les dieux sur le mont Olympe.

Aphrodite, femme fatale et féconde

Ah, Aphrodite ! La déesse de l'Amour. Elle inspira son œuvre majeure à Botticelli ! Aphrodite émergea de la mer à l'endroit où les parties génitales d'Ouranos y tombèrent après avoir été coupées par Cronos. *La Naissance de Vénus*, ce célèbre tableau de Botticelli (Figure 5-1), la montre à bord d'une coquille géante en train d'accoster sur l'île de Chypre (Vénus est le nom romain d'Aphrodite). Dans les récits d'Homère, pourtant, Aphrodite est la fille de Zeus et de Dioné.

Aphrodite était très belle et sexy et symbolisait le principe qui fait que les gens tombent amoureux. Elle représentait tous les bons et les mauvais aspects de la nature féminine : charme séducteur, désir d'avoir des enfants, et aptitude à tromper. C'était la déesse de l'amour érotique sous toutes ses formes, et de la fécondité.

Elle arrive dans une coquille sur le rivage

Les attributs d'Aphrodite incluent la coquille sur laquelle elle accosta à Chypre, le cygne, le moineau et la colombe, la rose et le myrte (arbuste aromatique toujours vert), qui sont de belles choses toutes propres à symboliser l'amour.

« Terre ! »

Aphrodite Cypris était souvent désignée par son épithète « la Chypriote », parce qu'elle accosta à l'île de Chypre après sa naissance. Parmi ses autres noms avec épithètes, citons Aphrodite Nuptiale, Aphrodite de la mer profonde, Aphrodite Céleste et Aphrodite Victorieuse. L'épithète la plus intéressante d'Aphrodite, c'est « noire », peut-être en référence à la fertilité de la mer Noire, et au pouvoir de la déesse sur, euh… les choses qui se passent la nuit.

Aphrodite était l'une de celles qu'on aimait le plus

Aphrodite était l'une des déesses les plus populaires. Les Grecs de l'Antiquité la vénéraient comme la déesse responsable de la sexualité et de la reproduction, des domaines à la fois agréables et nécessaires pour assurer la pérennité de la communauté. Les futures mariées faisaient des sacrifices à Aphrodite pour que leur première expérience sexuelle fût réussie. Les prostituées la vénéraient. Elle était aussi grandement responsable de la fertilité du pays. Les poètes l'adoraient, elle et son pouvoir de l'amour.

L'Aphrodite Ouranienne et l'Aphrodite Pandémienne

Platon, ce grand amateur de mythes, imagina dans *Le Banquet* l'existence de deux Aphrodite radicalement différentes : une Aphrodite Ouranienne (ou « Céleste ») et une Aphrodite Pandémienne (ou « Vulgaire »), représentant, l'une, un amour éthéré et pur, l'autre, un désir vulgaire. Quoique cette distinction ait été mise dans la bouche du pédant Pausanias, elle a sans doute contribué à forger l'idée de l'amour platonicien, pourtant à l'opposé de la conception de l'amour que se faisait Platon, telle du moins qu'il l'expose dans son dialogue.

Figure 5-1 : dans *La Naissance de Vénus* de Botticelli, remarquez la tentative que fait Aphrodite pour paraître pudique, sans beaucoup de conviction, d'ailleurs.

Par une ironie du sort extraordinaire, la belle Aphrodite fut mariée à un laideron, Héphaïstos. On peut comprendre que la déesse de l'Amour se soit unie au dieu du Feu, mais ils ne semblent pas avoir fait bon ménage. Le grand amour d'Aphrodite, c'était Arès, le dieu de la Guerre. Reportez-vous au chapitre IV pour en savoir plus sur leurs amours.

Dans *L'Énéide*, ce poème épique de Virgile, Aphrodite (sous le nom romain de Vénus) est la meilleure copine du héros Énée, comme Athéna protège bec et ongles le héros achéen Ulysse dans *L'Odyssée* d'Homère. C'était compréhensible, car Aphrodite était aussi la mère d'Énée.

Aphrodite avait un autre fils, Éros. (Hésiode mentionne un Éros né du chaos primordial, mais cet Éros-là semble assez différent du petit garçon décrit par les poètes ultérieurs). C'était un jeune garçon très beau doté d'une paire d'ailes et qui se promenait avec un arc et des flèches. Chaque fois qu'il tirait sur quelqu'un avec une flèche, cette personne tombait amoureuse d'une autre. Aphrodite et d'autres dieux lui demandaient parfois de tirer sur des cibles particulières, Aphrodite lui fit tirer sur Zeus pour le faire tomber amoureux d'Europe, et Héra le persuada de tirer sur Médée pour qu'elle tombe amoureuse de Jason.

Du nom d'Éros nous vient l'adjectif *érotique*, qui signifie sexy. Du nom d'Aphrodite nous vient le mot *aphrodisiaque*, qui désigne une substance qui donne envie de faire l'amour.

Le jugement de Pâris

Aphrodite remporta le concours de beauté à l'origine de la guerre de Troie. Elle-même ainsi qu'Athéna et Héra étaient en lice pour le titre de « la plus belle », et chacune des trois déesses tenta de corrompre le juge, un jeune prince troyen bon à rien du nom de Pâris, en lui promettant un cadeau extraordinaire. La promesse de la victoire donnée par Athéna, de même que la promesse du pouvoir politique donnée par Héra n'étaient rien comparées au cadeau proposé par Aphrodite : la plus belle femme du monde ! Pâris obtint donc Hélène de Troie, la plus belle femme du monde, ce qui causa une belle pagaille et entraîna la guerre de Troie. Voir le chapitre VII.

Adonis, un amant qu'Aphrodite partageait… avec Perséphone…

Ah, les mœurs grecques !

Adonis était très beau garçon. Aphrodite tomba amoureuse de lui au moment même où il naquit. Elle l'enleva de chez lui et alla le placer en sécurité auprès de Perséphone, la reine des Enfers.

Mais Perséphone tomba elle aussi amoureuse de lui, et elle refusa de le rendre à Aphrodite. Les deux déesses se disputèrent, et finalement c'est Zeus qui fit office d'arbitre. Il décida qu'Adonis passerait l'automne et l'hiver avec Perséphone et le printemps et l'été avec Aphrodite.

Ce compromis était assez bon et il a dû aider la pauvre Perséphone à se faire à son sort. Elle était condamnée à passer ces mois froids dans le monde des morts, mais elle avait la permission de passer ses printemps et ses étés dans le monde des vivants auprès de Déméter, sa maman. Vous trouverez l'histoire de Perséphone dans la section « L'enlèvement de Perséphone et l'avènement des saisons » plus loin dans ce chapitre.

Adonis passait la plupart du temps à la chasse, et Aphrodite aimait se déguiser en chasseresse pour l'accompagner. Un jour pourtant, alors qu'il chassait seul et essaya de tuer un sanglier avec sa lance, il ne fit malheureusement que le blesser, et la bête, folle de rage, l'embrocha.

Aphrodite l'entendit crier et fila jusqu'à lui. Il saignait beaucoup, et la déesse ne pouvait l'aider. Elle l'embrassa donc lorsqu'il mourut. Des anémones rouge sang jaillirent partout où son sang toucha le sol.

Déméter, mère Nature et grande jardinière

Déméter était à elle seule une classe à part : c'était une déesse de la terre cultivée qui ne vivait pas sur le mont Olympe avec le reste des immortels. Fille de Cronos et de Rhéa, c'était la déesse qui faisait pousser le blé dans les champs. Si Gaia était la Terre personnifiée, Déméter était bien plus importante pour la plupart des Grecs de l'Antiquité car elle était la déesse tutélaire de l'agriculture et de la nature maîtrisée par l'homme.

Des attributs rustiques

Les attributs de Déméter sont associés aux moissons : des épis de blé, des petits gâteaux (que les gens plaçaient sur son autel), et les outils de la récolte, des faux et des faucilles.

Attention, on dit que prononcer son nom, ça porte malheur !

L'une des épithètes les plus intéressantes de Déméter était « la jeune fille sans nom », qui signifiait qu'il ne valait mieux pas nommer une déesse aussi puissante. On trouve souvent Déméter Éleusine, d'après la ville d'Éleusis, près d'Athènes, où l'on célébrait des mystères liés au culte de Déméter. D'autres épithètes désignent son pouvoir sur tout ce qui pousse : « porteuse de fruits », « donneuse de cadeaux », « verte » et « noire » (le sol noir est fertile). Mais surtout, elle forme un couple avec sa fille Coré-Perséphone, et l'on appelle ce couple symbolique « Les Deux Déesses ».

L'enlèvement de Perséphone et l'avènement des saisons

Déméter avait une fille, Coré, qu'elle aimait à la folie.

Un jour, Hadès, le dieu des Enfers, aperçut Perséphone et décida de l'enlever. Il demanda à Zeus de l'aider en créant une fleur merveilleuse, le narcisse, et de le faire pousser dans des rochers. (Cela contredit un autre mythe sur l'origine du narcisse, celui d'Écho et de Narcisse. La mythologie, c'est comme ça.)

Coré vit la fleur et s'éloigna de ses amies pour aller la cueillir. Reportez-vous au chapitre IV pour la suite de cette histoire… Il suffit ici de dire que Coré devint l'épouse d'Hadès et qu'elle prit le nom de Perséphone.

Déméter se mit en grève, et toutes les plantes s'arrêtèrent de pousser. Elle déclara qu'elle ne se remettrait pas au travail tant que sa fille ne lui serait par rendue. Zeus, qui ne s'était pas soucié de Perséphone et ne pensait pas que son frère Hadès avait fait quelque chose de mal, décida, après avoir parlé à Déméter, qu'Hadès devrait relâcher la fille. Il envoya Hermès la chercher aux Enfers.

Hadès comprit qu'il devrait rendre « son épouse » à sa mère. Mais avant qu'elle ne parte, il lui donna une grenade dont elle mangea un grain. (Pour en savoir plus sur Hadès, dieu des morts, voir le chapitre IV.)

Hermès ramena Perséphone à Déméter, en l'informant que, comme Perséphone avait pris de la nourriture au royaume de Morts, elle devrait retourner chez Hadès une partie de l'année, chaque année. Déméter y consentit, bien qu'elle ne voulût pas abandonner sa fille une fois de plus. Après quoi, Déméter mena une existence heureuse durant la partie de l'année pendant laquelle Perséphone était auprès d'elle, et durant laquelle elle faisait pousser les plantes, et malheureuse lorsque celle-ci retournait chez Hadès. Endeuillée, elle cessait de travailler. C'est l'origine de l'hiver sur la terre.

Une étrange nourrice

Alors que Déméter était en train d'errer à la recherche de Coré, elle se déguisa en vieille femme. Un jour elle s'assit pour se reposer à côté d'une source dans une ville appelée Éleusis (voir plus haut). Quatre jeunes sœurs la virent et lui demandèrent ce qu'elle faisait là. Elle leur dit qu'elle avait échappé à des pirates qui voulaient la vendre comme esclave.

Les filles emmenèrent Déméter chez leur mère, Métanira, qui prit la déesse comme nourrice pour son bébé.

Dans l'Antiquité, il était extrêmement courant d'avoir recours à des nourrices qui allaitaient les bébés en lieu et place de leur propre mère. De nombreuses femmes qui pouvaient se le permettre préféraient recourir à une nourrice plutôt que d'allaiter elles-mêmes.

Déméter adora ce petit garçon, et elle décida de le rendre immortel. À cette fin, chaque nuit alors que la famille dormait, elle le trempait dans le feu, ce qui aurait fini par le rendre immortel si elle avait pu terminer sa tâche. Mais Métanira la vit une nuit et, dans un mouvement de panique, elle se saisit du bébé.

Déméter se mit en colère et hurla à la pauvre femme qu'elle aurait pu épargner à son fils la vieillesse et la mort, mais que désormais c'était trop tard. Puis elle révéla sa véritable identité et exigea que Métanira fît construire à Éleusis un temple dédié à son culte. Tous les habitants de la ville s'y mirent, et lorsque le temple fut érigé, Déméter s'y rendit pour s'y asseoir et se languir de sa propre fille.

Les déesses vierges : on n'y touche pas !

Certaines déesses étaient des vierges. C'était probablement très bien comme ça, car les choses ne semblaient jamais bien marcher avec les hommes (divins ou mortels) qui s'unissaient sexuellement avec les déesses :

Aphrodite trompait Héphaïstos avec Arès, par exemple, et ces deux dieux mâles étaient publiquement humiliés dans cette histoire. Le couple de Zeus et d'Héra était pour le moins tendu ; et le mortel Pélée vieillit prématurément pour avoir eu des rapports sexuels avec son épouse divine, Thétis. Pourtant, deux déesses étaient renommées pour leur virginité : Artémis et Athéna. Artémis était du type de la vierge sexy, et tous les hommes qui la voyaient la désiraient, mais cela ne faisait que leur attirer des ennuis. Athéna était renommée pour sa virginité, et le Parthénon, qui est le temple le plus célèbre de Grèce, tire son nom d'une épithète de la déesse, *Parthénos*, qui signifie « vierge ». Quasiment aucun mythe relatif à Athéna n'indique que des hommes l'aient convoitée : elle était trop puissante, trop impressionnante et trop redoutable.

Athéna, une vraie vierge de fer

Un jour, Zeus fut frappé d'un terrible mal de tête. Il appela Héphaïstos, le forgeron, et lui demanda de lui fendre le crâne d'un coup de hache. Il en jaillit Athéna, adulte et armée de pied en cap.

Comment Athéna avait-elle donc fait pour se retrouver dans le crâne de Zeus ? Voici l'histoire : Zeus avait fait l'amour avec Mêtis, qui était l'une de ces abstractions féminines traitées comme déesses – la personnification de la sagesse pratique, encore appelée ruse. Quoi qu'il en soit, elle ne voulait pas coucher avec Zeus et n'arrêtait pas de changer de forme alors qu'il était à l'œuvre. Après qu'il eut terminé, Gaia, la grand-mère de Zeus dit à celui-ci que Mêtis aurait un fils qui renverserait Zeus et deviendrait roi du Ciel. Zeus avala donc Mêtis tout entière, et le bébé Athéna fit sa gestation dans sa tête. Cela fait d'Athéna l'équivalent parthénogénétique d'Héphaïstos, qu'Héra avait engendré toute seule. La *parthénogenèse* désigne la reproduction sans fécondation par un représentant de l'autre sexe. Voir le chapitre IV pour connaître l'histoire d'Héphaïstos.

Athéna était une déesse de la Guerre ; elle portait un casque, une cuirasse et un bouclier orné de la tête de la Gorgone Méduse. Outre son bouclier, elle avait l'honneur immense de porter l'*égide* de Zeus, une sorte de poncho fait d'une peau de chèvre, avec une frange. Ça n'a pas l'air si beau que ça, mais la particularité de l'égide, c'est qu'elle était un peu comme une veste en Kevlar, elle protégeait de n'importe quelle arme, même des éclairs de Zeus.

ANECDOTE

Les États-Unis ont une classe de navires de guerre qui sont destinés à protéger les porte-avions. Ces croiseurs sont équipés d'un système extrêmement efficace de radars, d'ordinateur, d'armes à tir rapide et de missiles téléguidés. Ce système d'armes s'appelle Aegis (le mot anglais aegis signifie « égide »), du nom du bouclier divin d'Athéna.

Une fille assez chouette...

Parmi les attributs d'Athéna, on compte la chouette, pour la Sagesse, et une chouette ornait d'ailleurs les pièces d'argent d'Athènes, la ville dont Athéna est la protectrice. Elle était aussi accompagnée de son serpent domestique, car les serpents étaient un symbole de protection dans l'Antiquité, et les Athéniens croyaient que le serpent protégeait leur cité. Et la plus célèbre statue d'Athéna, celle du Parthénon à Athènes, la représente tenant une minuscule Nikê (déesse de la Victoire) ailée dans la main.

... et bien sage

Comme de nombreux dieux et de nombreuses déesses, Athéna avait plusieurs surnoms, ou épithètes. Les voici :

- **Pallas Athéna** : Pallas est un nom, et peut-être que la réunion des deux noms symbolise la fusion de deux déesses très anciennes en une seule.
- **Athéna Parthénos** : vierge et chaste. Le *Parthénon* est le « temple de la vierge ».
- **Athéna « aux yeux brillants »** : Athéna était célèbre pour sa sagesse et ses yeux pétillants d'intelligence.
- **Athéna portant l'égide** : comme le surnom l'indique, elle portait l'égide de Zeus.
- **Athéna Polias** : Athéna protectrice de la cité (*polis* en grec).
- **Athéna Pronaos** : à Delphes, il y avait une statue d'Athéna devant le temple d'Apollon, et les gens qui se rendaient à Delphes offraient des sacrifices à Athéna Proanos, c'est-à-dire Athéna « devant le temple ».

Sa ville préférée, pourtant, c'était Athènes (qui, bien évidemment, porte son nom). Elle protégeait cette cité, y encourageait l'artisanat et l'agriculture, et apprenait aux hommes à dompter les chevaux sauvages.

Le temple dédié au culte d'Athéna dans cette ville est le célèbre Parthénon, sur la colline de l'Acropole. Athéna n'était pas du type aguicheur comme l'était Artémis ; au contraire, c'était plutôt le type « c'est même pas la peine d'y penser ».

T'as le look, cocotte !

Dans l'un des récits, Athéna s'essaya à la musique en jouant de la flûte. Mais après avoir aperçu son image réfléchie avec les joues gonflées, elle jeta la flûte de dégoût. Le satyre Marsyas la retrouva et s'engagea dans une joute musicale contre Apollon, dont le résultat vous est raconté au chapitre IV.

Elle apporte son aide divine à moult héros

Athéna fait sans cesse irruption dans *L'Odyssée* d'Homère. Elle aida aussi Persée à tuer Méduse, en lui prêtant son bouclier brillant de telle sorte qu'il puisse couper la tête de la Gorgone sans devoir la regarder directement et être changé en pierre. (Ce bouclier brillant n'était pas l'égide, qu'Athéna n'avait le droit de prêter à personne.)

Artémis, la belle et redoutable chasseresse

Artémis était la sœur jumelle d'Apollon, la fille de Zeus et de la Titanide Léto. Alors que Léto était sur le point d'accoucher pour donner naissance aux jumeaux, Héra la pourchassa de partout sur terre en l'empêchant, à chaque lieu où elle passait, de donner naissance à ses bébés. Finalement, Léto arriva sur l'île de Délos. Ses habitants lui donnèrent l'autorisation d'accoucher, à condition que Délos devienne l'emplacement sacré d'un temple d'Apollon. Léto finit par accoucher d'Artémis, qui aida immédiatement sa mère à mettre au monde son frère, Apollon.

Une fille qui aime les activités de plein air...

Artémis adorait les bois et les animaux sauvages, et c'était la déesse de la Chasse. Elle portait son arc et ses flèches partout avec elle. Elle protégeait aussi les jeunes animaux.

Artémis était une déesse très importante. Déesse de la Lune, elle présidait aux différentes étapes de la vie de la femme, de la vierge à la femme adulte, et de la femme à la mère, en aidant les femmes à accoucher et à élever leurs enfants. Ironie du sort pour une déesse protectrice des femmes, elle était aussi la déesse qui donnait aux femmes la mort subite ; Apollon dispensait aux hommes la même faveur.

Les attributs d'Artémis sont la Lune (parce qu'elle est la sœur d'Apollon, le dieu Soleil, et parce qu'elle est associée aux cycles menstruels de la femme), le cerf (en raison de ses chasses perpétuelles), et le cyprès.

Artémis était une déesse complexe, que l'on vénérait pour différentes raisons en différents endroits. Parfois, elle représente les causes féminines ; parfois, elle se solidarise avec les causes masculines. Une courte liste (non exhaustive, comme toutes les listes de surnoms des dieux de ce livre) de ses épithètes montre que les perceptions qu'avaient les gens d'Artémis étaient très différentes (cette liste exclut les épithètes qui l'identifiaient simplement à un lieu, comme Artémis persane, Artémis Mysian, etc.) : « la meilleure », déesse du cèdre, « éleveuse des enfants », « la correcte », « assise la première », amie de la jeunesse, de bonne réputation, « trouveuse de chevaux », Dame du lac, meneuse, « qui apporte la lumière », marché, paternelle, de persuasion, du portail, prêtresse, sauveuse… Artémis était ainsi « commercialisée » avec quantité de parfums différents.

Dans *L'Iliade*, Artémis s'engagea fortement du côté des Troyens, et elle exigea qu'Agamemnon sacrifiât sa jeune fille Iphigénie pour pouvoir partir en guerre. À Sparte, elle présidait aux rites de passage des hommes, et elle était responsable de la chasse et de certains aspects de la guerre.

Dans certains récits, Artémis est la déesse qui, chaque nuit, traîne la Lune à travers le ciel. La déesse de la Lune est appelée aussi parfois Séléné ; c'est la sœur d'Hélios, lui-même dieu du Soleil, avec lequel on confondait parfois Apollon.

... mais dont il vaut mieux se méfier !

Qui s'y frotte s'y pique...

Artémis n'était pas une déesse que tout le monde avait envie de rencontrer. Chaque fois qu'elle piquait une colère, sa vengeance était prompte. Niobé, reine de Thèbes, avait sept fils et sept filles, et elle commit l'imprudence de se vanter d'être meilleure que Léto, qui n'avait enfanté qu'Artémis et Apollon. Artémis tua toutes les filles et Apollon tous les fils de Niobé, qui, du coup, n'eut plus aucune descendance.

Le malheureux Actéon était un chasseur qui marchait dans les bois avec ses chiens, en s'occupant de ses affaires, quand il arriva à un étang. Malheureusement pour lui, Artémis se baignait dans cet étang, complètement nue. Furieuse qu'Actéon l'ait vue dévêtue, elle le transforma en cerf que ses propres chiens déchiquetèrent.

Artémis ne supportait pas que ses jeunes compagnes perdent leur virginité. Zeus tomba amoureux de Callisto, la superbe dame de compagnie d'Artémis, et donna naissance à un fils appelé Arcas. Selon certains récits, Artémis tua Arcas d'une flèche ; dans d'autres, elle ou Héra changea Callisto en ourse. Zeus transforma finalement l'ourse Callisto et son fils en deux constellations célestes, la Grande Ourse (Callisto) et la Petite Ourse (Arcas).

Hestia, la déesse du bon feu de cheminée

Hestia, qui était la fille aînée de Cronos et de Rhéa, était la déesse du Foyer. Comme le foyer était le centre de la maison, Hestia régnait sur la maison et sur la maisonnée tout entière et, par extension, sur toute la communauté. On ne la trouve pas vraiment dans des mythes (car elle ne pouvait pas quitter les foyers), mais elle était assez importante chez les anciens Grecs et aussi chez les anciens Romains dans son incarnation ultérieure sous le nom de Vesta (d'après laquelle sont nommées les Vestales, ses prêtresses).

Le foyer, pour se sentir bien chez soi

Le foyer était le cœur symbolique de la maison, et les familles faisaient des offrandes quotidiennes à Hestia, pour en quelque sorte lui rendre grâce avant les repas.

Les nouveaux membres d'une famille – mariées, bébés, et esclaves pour la plupart – y étaient intégrés à l'aide de rites exécutés autour du foyer. Chaque cité de Grèce avait un foyer public en l'honneur d'Hestia, et le feu ne devait jamais s'y éteindre. En fait, c'est sans doute le foyer sacré qui définissait une cité. Lorsque Thésée (selon un mythe athénien) unifia le territoire de l'Attique (région de Grèce où se trouve Athènes), il intégra tous les villages indépendants à la grande ville d'Athènes en éliminant tous les foyers publics de ces villages jusqu'à ce qu'il n'en reste plus qu'un seul, à Athènes.

Pas de surnoms ?

Hestia n'avait pas d'épithètes, du moins pour ce que nous en savons. Le poète Homère (qui s'y connaissait en épithètes) semblait ne pas connaître Hestia (lorsque Homère écrit « hestia » dans *L'Iliade* et *L'Odyssée*, il parle tout simplement d'un foyer.) Pour ce que ça vaut, les Scythes, ces habitants de la Scythie (une région du sud de la Russie) l'appelaient Tabiti.

Quelques autres déesses

Dans la langue grecque, les idées abstraites, comme « querelle », « nécessité », « victoire », « paix », « folie », sont rendues par des mots qui sont tous du genre féminin. Dans la littérature grecque, ces idées abstraites sont souvent mentionnées comme si elles étaient des divinités ou des déesses. En voici quelques-unes :

Eris (la Discorde)

Eris signifie « discorde » en grec et, comme la querelle est un acteur puissant dans les affaires humaines, il n'était que raisonnable d'en parler comme d'une divinité. Le poète Hésiode commence donc son poème *Les Travaux et les Jours* en expliquant qu'il existe deux types de querelles parmi les hommes :

- les mauvaises querelles, à l'origine des guerres ;
- les bonnes querelles, qui engendrent la libre entreprise.

Mais il parle de la Discorde (*Eris*) comme s'il s'agissait d'une déesse.

Dans le mythe de la guerre de Troie, Eris (la Discorde) est une déesse. C'est celle qui n'était pas invitée aux noces de Pélée et de Thétis, et qui fut à l'origine de toute l'histoire à cause de la pomme d'or (la pomme de discorde). Voir le chapitre VII pour en savoir davantage sur la manière dont elle fut à l'origine de la guerre de Troie.

La Victoire (Nikê)

La Victoire (*Nikê* en grec) est une autre idée abstraite personnifiée en déesse. On trouve un temple dédié à Nikê sur l'Acropole d'Athènes. Des représentations d'Athéna montrent souvent la déesse en train de tenir une minuscule Nikê dans la main.

Nikê fut souvent représentée ailée, sauf à Athènes. Les Athéniens étaient particulièrement fiers de leur Victoire sans ailes, car elle ne pouvait pas s'envoler !

La Sagesse (Sophia)

Cette tendance grecque ne s'arrêta pas non plus avec l'arrivée du christianisme. La basilique chrétienne de Constantinople (aujourd'hui Istanbul) s'appelle Hagia Sophia, ce qui veut dire « L'église de la Sainte Sagesse » (le mot grec sophia veut dire « sagesse »). Encore un exemple d'une « abstraction féminine » transformée en divinité grecque.

Les divers groupes de déesses

Certaines déesses mineures étaient représentées groupées, comme les neuf Muses (*Mousai* en grec), les trois *Charites* (les trois *Grâces* romaines), et les *Erinyes* (ou encore *Euménides*, les Furies romaines) dont le nombre varie. La tendance à former des groupes de trois ou des multiples de trois n'est sans doute pas un hasard. Le chiffre trois joue un rôle symbolique important dans beaucoup de cultures.

Les Muses

Étymologie

Les Muses, au nombre de neuf, sont filles de Zeus et de Mnémosyne, la déesse de la mémoire. Leur nom est formé à partir de la racine *Man* ou *Men*, « penser », que l'on trouve dans le mot latin *mens*, « esprit » (voir en français les mots de la famille de *mental*). Elles demeuraient dans les montagnes de l'Hélicon, près d'Ascra (Béotie), et de Piérie, près de l'Olympe.

Au début, les Muses n'étaient connues qu'au nombre de trois : Mélété (la Pratique), Mnémé (Mémoire) et Aoedè (Chant). Pausanias dit que leurs premiers adorateurs furent les Aloades, les deux fils jumeaux de Poséidon et d'Iphimédie, malgré leur fâcheuse réputation. On célébrait leur culte sur l'Hélicon. À Delphes, les Muses, également au nombre de trois, portaient le nom des trois cordes des premières lyres : Nétè (aiguë), Mésè (moyenne), Hypatè (grave). À l'époque classique et dans toute l'Antiquité, les Muses furent honorées au nombre de neuf.

C'est de ces neuf Muses que je vais vous parler. Selon la légende la plus répandue, les neuf Muses auraient été le fruit de l'amour entre Zeus et Mnémosyne (la mémoire), neuf nuits durant (source Hésiode, *La Théogonie* v. 53-67), mais on en fait aussi parfois les filles d'Ouranos et de Gaia. Plus rarement les filles d'Harmonie, elle-même fille d'Arès et d'Aphrodite, ce qui est en contradiction avec une autre légende qui les fait apparaître comme dansant aux noces d'Harmonie et de Cadmos. Parallèlement, Pausanias soutient qu'il y aurait deux générations de Muses, la première issue d'Ouranos et de Gaia, la seconde de Zeus et de Mnémosyne.

Elles sont associées à Apollon, dieu de la musique, dont elles constituent le chœur, c'est-à-dire un groupe qui chante et danse à la fois. Elles s'associent d'autres divinités comme les Grâces et les Heures, lors des fêtes célébrées sur l'Olympe. Elles participèrent notamment aux deux plus grands mariages signalés dans la mythologie : les noces de Thétis et de Pelée et celles de Cadmos et d'Harmonie, ce qui n'en fit pas pour autant des mariages heureux.

Les Muses étaient jalouses de leurs prérogatives et de leurs talents. Elles plumèrent les Sirènes qui se croyaient les meilleures chanteuses. Thamyris s'étant vanté de leur être supérieur, elles allèrent le trouver à Dorium, en Messénie, l'aveuglèrent et lui firent perdre la mémoire. Les Piérides, les neuf filles de Piéros, leur lancèrent un défi devant le jury des Nymphes. Elles perdirent. Les Muses les métamorphosèrent en choucas (petites corneilles). Les Muses elles-mêmes sont quelquefois appelées Piérides parce qu'elles résident souvent en Piérie (Macédoine). Le rapprochement avec les Piérides citées plus haut est évident. Les Romains identifièrent aussi les Muses à des déesses locales italiennes appelées Camènes.

Les Muses présidaient à la création artistique. Les poètes et les autres artistes dépendaient de leur aide pour leur création. Elles avaient beaucoup de succès auprès des sculpteurs. Ces dames inspirantes sont les suivantes (bien que diverses sources divergent sur le nombre exact des Muses et sur leurs domaines d'attributions respectifs, voici une version standard) :

- **Polymnie** : patronne de la pantomime

  La Muse de l'art d'écrire et de la pantomime est, comme ses sœurs, couronnée, mais de perles. Habillée de blanc, elle est debout et accoudée dans une attitude pensive. On la disait inspiratrice des hymnes sacrés. Elle est aussi parfois la mère de Triptolème, d'Orphée et d'Éros.

- **Uranie** : Muse de l'astronomie

  La Muse de l'astronomie a une couronne d'étoiles et une robe couleur d'azur. Elle tient d'ordinaire dans sa main gauche une sphère céleste sur laquelle elle désigne, à l'aide d'un compas, les positions respectives et les évolutions des astres. Autour d'elle, apparaissent aussi divers instruments de mathématiques.

- **Calliope** : Muse de la poésie épique

  La première des Muses, auxiliaire d'Apollon musagète, dont elle est l'une des épouses. Muse de la poésie épique, et quelquefois de l'éloquence, couronnée d'or indiquant, selon Hésiode, sa suprématie sur les autres Muses. Elle tient un stylet, des tablettes, parfois une trompette. Protectrice des poètes et des orateurs, elle tient un livre et un poinçon de métal. À ses pieds se trouvent *L'Iliade*, *L'Odyssée* et *L'Énéide*, les poèmes immortels d'Homère et de Virgile. Elle est aussi parfois considérée comme la mère d'Orphée, des Sirènes, de Rhésos et de Linos.

- **Thalie** : Muse de la comédie

  Couronnée de lierre et chaussée de brodequins, des chaussures de peau qui couvrent le pied et le bas de la jambe, elle tient à la main un masque comique. D'origine champêtre, elle présidait à la poésie légère et à la comédie. (Le même nom est porté par une des Charites, ou encore une des Néréides.)

- **Terpsichore** : Muse de la danse

  La Muse de la danse est une jeune fille vive, enjouée, couronnée de guirlandes et vêtue d'une robe souple, qui marche légèrement en jouant de la harpe. On lui attribue parfois la maternité des Sirènes.

  À partir du Ve siècle avant J.-C., on la considère uniquement comme la Muse de la poésie lyrique, des chœurs dramatiques et de la danse.

- **Clio** : Muse de l'Histoire

  Née, comme ses huit sœurs les Muses, de l'union de Zeus et Mnémosyne, la Muse de l'Histoire porte une couronne de laurier. Elle tient dans la main droite une trompette, pour proclamer les hauts faits, une cithare, pour chanter les exploits d'un héros, ou encore une clepsydre, emblème de l'ordre chronologique des événements. Elle se tient debout ou assise, lisant un rouleau de papier ou se penchant vers une pile de livres. Son nom vient d'un mot grec qui signifie *fêter*, *célébrer* pour chanter la gloire des guerriers et la renommée d'un peuple.

- **Euterpe** : Muse du jeu de flûte

  Couronnée, comme ses sœurs, de fleurs, la Muse de la musique dont le nom signifie « la bien plaisante » tient des partitions. Elle est entourée de hautbois et d'une flûte, ou même d'autres instruments. Parfois elle danse et chante les dieux, pour réjouir leur cœur. Elle accompagnait le cortège de Dionysos. Elle a, avec lui, inventé le dithyrambe (source du théâtre).

- **Melpomène** : Muse de la tragédie

  La Muse de la tragédie ne pouvait qu'avoir l'air sérieux. Très belle, elle porte de superbes vêtements. Sur la tête, une couronne de pampre de vigne, aux pieds, des cothurnes, chaussures montantes à semelle très épaisse. Sa main droite tient un masque tragique ou un poignard ; la gauche, des sceptres et des couronnes qu'elle remettra aux vainqueurs.

- **Érato** : patronne de la poésie lyrique, en particulier de la poésie d'amour – d'où son nom

  La Muse de la poésie lyrique porte une couronne de myrte et de roses. Son nom vient du mot amour. D'une main, elle tient une lyre, symbole de l'harmonie cosmique, et, de l'autre, un plectrum, petite baguette qui permet de pincer les cordes. Elle est souvent accompagnée d'un Cupidon ailé, avec son arc et son carquois. Elle présente une certaine analogie avec Vénus, par les signes de passion et les mouvements voluptueux que les artistes grecs lui prêtent (préside aux noces).

Tous les poètes épiques prétendent que leur inspiration provient des Muses. Les premiers mots d'Homère dans *L'Iliade* sont « Chante, Déesse, la colère d'Achille Le Péléïde. », et il ne fait aucun doute que cette « Déesse » est une Muse. Il commence *L'Odyssée* par « Ô Muse, conte-moi l'aventure de l'Inventif, du Héros aux mille ruses ». Le poète romain Virgile est un peu moins égocentrique. Son *Énéide* commence par « Je chante les combats et le héros… » et il ne trouve que plus tard le temps d'invoquer les Muses.

Les Charites

Les trois *Charites* (identifiées aux *Grâces* des Romains) étaient les filles de Zeus et d'Eurynomé, la plus belle des filles du Titan Océan. Elles apportaient partout la grâce et la beauté, et aucune fête n'était réussie sans elles. Elles étaient étroitement associées à Aphrodite. Les voici :

- **Aglaé** : Charite de la splendeur ou du rayonnement
- **Euphrosyne** : Charite de la joie et de l'hilarité
- **Thalie** : Charite de la bonne chère (et de la floraison)

Les Charites, représentés à la Figure 5-2, aimaient la poésie, le chant et la danse, et elles se produisaient parfois à des mariages divins ; elles font cortège, avec les Muses, à Apollon. Elles faisaient pousser les fleurs, surtout des roses. Elles pouvaient accorder toutes sortes de beautés et de charmes, physiques, moraux et artistiques.

Les Moires

Les *Moires* (assimilées aux *Parques* romaines), filles de Zeus et de Thémis (ou de la Nuit) formaient un autre trio féminin. Divinités du Destin, elles étaient les fileuses qui décidaient du cours de la vie de chaque être humain, de la naissance à la mort.

Voici les Moires avec leurs attributions respectives :

- **Clotho** : c'est la fileuse dont la quenouille qui tourne symbolise le cours de l'existence. On la représentait comme une jeune fille très belle.
- **Lachésis** : c'est elle qui déterminait le cours de la destinée. Elle était représentée comme une femme d'âge mur, une mère de famille.
- **Atropos** : inflexible, cette dame redoutée coupait le fil de l'existence avec ses ciseaux, ce qui déterminait la mort de la personne. On la représentait comme une vieille sorcière.

Les Nymphes

Les nymphes sont des jeunes femmes qui peuplent la campagne, les bois ou encore les eaux. Elles en sont d'ailleurs l'esprit : elles sont les esprits des champs et de la nature en général dont elles personnifient la fécondité et la grâce. En réalité, il existe plusieurs catégories de nymphes que je détaillerai plus bas.

Elles sont considérées comme des divinités secondaires ou mineures auxquelles on adresse des prières et qui sont néanmoins très redoutables.

Elles habitent dans des grottes, où elles passent leur temps à filer et à chanter.

Elles sont souvent représentées dans les cortèges de dieux tels qu'Artémis, Apollon… ou encore de nymphes d'un rang très élevé comme Calypso ou Circé.

Selon Homère, elles seraient les filles de Zeus.

Au niveau de leur symbolique, les nymphes sont présentes dans un grand nombre de mythes et légendes, elles sont souvent les femmes de fameux héros comme Éaque et Égine. Elles apparaissent également très souvent dans les mythes amoureux comme le mythe de Daphné, d'Echo ou encore de Callisto.

Leurs amants sont souvent les génies masculins de la nature comme Pan, les satyres, Priape, etc. Mais également, les dieux s'unissent volontiers avec elles, parmi ceux-ci figurent Zeus, Apollon, Hermès, Dionysos… Elles enlèvent aussi des mortels tels que le jeune Hylas.

Il existe différents types de nymphes :

- **Les Océanides**
- **Les Néréides**
- **Les Naïades**
- **Les Hamadryades**
- **Les Méliades**
- **Les Napées**
- **Les Oréades**
- **Les Dryades**
- **Les Alséides**

Les Océanides

Ces Nymphes sont les filles d'Océan et de Téthys, elles personnifient les fleuves, les sources et les ruisseaux, etc., elles sont en général dénombrées au nombre de quarante et un selon Hésiode.

Parmi elles figurent : l'aînée Styx, Peithô, Admètè, Ianthé, Électre, Doris, Prymno, Uranie, Hippô, Clymèné, Rhodée, Callirhoé, Zeuxo, Clytié, Idya, Pasithoé, Plexauré, Galaxauré, Dioné, Mélobosis, Thoé, Polydoré, Cercéis, Ploutô, Perséis, Ianira, Axasté, Xanthé, Pétrée, Ménésthô, Europé, Métis, Eurynomé, Téléstô, Chryséis, Asie, Calypso, Eudoré, Tyché, Amphirho, Occyrhoé, Philyra, Calarine, Aréthuse… mais cette liste peut s'allonger selon l'inspiration des auteurs.

Les Néréides

Les Néréides sont les filles de Nérée et de Doris, et les petites-filles d'Océan. Elles personnifient probablement les innombrables vagues de la mer, ce qui explique leur nombre : elles sont parfois cinquante et d'autre fois cent.

Les Néréides vivaient au fond de l'eau dans le palais de leur père, assises sur des trônes d'or, elles étaient bien sûr toutes d'une grande beauté, et passaient leur temps à filer, tisser et chanter. Dans les légendes, elles apparaissent plutôt en spectatrices : elles pleurent avec leur sœur Thétis pour la mort d'Achille et celle de Patrocle, elles aident Héraclès en le renseignant sur la façon d'interroger Nérée (voir les douze travaux d'Héraclès : le jardin des Hespérides). Elles sont également présentes lors de la libération d'Andromède par Persée.

Par ordre alphabétique : Actaée, Agavé, Amathée, Amphinomé, Amphithoé, Amphitrite, Apseudès, Autonoé, Callianassa, Callinira, Calypso, Céto, Clyméné, Cranto, Cymatolégé, Cymo, Cymodocé, Cymothoé, Déro, Dexaméné, Dioné, Doris, Doto, Dynaméné, Eioné, Erato, Eucraté, Eudorè, Euliméné,

Eumolpè, Eunicè, Eupompé, Evagoré, Evarné, Galatée, Galéné, Glaucé, Glauconomé, Halié, Halimédé, Hipponoé, Hippothoé, Iaéra, Ianassa, Ianira, Ioné, Laomédie, Liagoré, Limnorèia, Lysianassa, Maera, Mélité, Ménippé, Nausithoé, Némertès, Noméris, Nèsaea, Néso, Orithye, Panopé, Pasithéa, Phérousa, Plexauré, Polynoé, Pontomédousa, Pontoporéia, Pronoé, Protho, Proto, Protomédia, Psamalthé, Sao, Spèio, Thalie, Thémisto, Thétis, Thoé.

Les Naïades

Ce sont les nymphes de l'élément liquide, elles incarnent ainsi la divinité de la source, ou du cours d'eau qu'elles habitent. Parfois, un cours d'eau n'est habité que par une seule nymphe, ou parfois par plusieurs qui sont égales entre elles.

Homère fait des Naïades les filles de Zeus, mais d'autres auteurs les rattachent à la race des descendants d'Océan, ou encore, elles sont considérées comme les filles du dieu du fleuve qu'elles habitent, tout comme les filles du dieu Asopos qui sont ainsi des Naïades.

Les Naïades passent pour êtres de formidables guérisseuses : les malades buvaient l'eau de leur sources, ou plus rarement s'y baignaient. Mais ces bains pouvaient être fatals pour ceux qui n'y étaient pas autorisés. De même, ceux qui apercevaient une Naïade était possédés par elle, et était frappés d'égarement (comme les Lymphae).

Les Hamadryades

Les Hamadryades sont une catégorie de nymphes rattachée aux arbres : ainsi, chacune d'elle naît avec un arbre et vit avec lui, je me permets de vous rappeler l'histoire de Callimaque dans l'*Hymne à Délos* qui montre la nymphe d'un chêne qui s'angoisse pour son arbre, lequel s'est fait foudroyer.

Elles sont considérées comme une race entre les dieux et les hommes car on dit qu'elles meurent avec leur arbre. Mais elles ont une vie très longue, équivalente à « dix vies de palmier », c'est-à-dire neuf mille sept cents ans. Certaines de ces Hamadryades sont connues pour être à l'origine de châtiment extrême comme pour Erysichton, qui coupa un arbre de nymphe : celle-ci pria les dieux de la venger, et Erysichton fut condamné à être tiraillé éternellement par la faim.

Les Méliades

Les Méliades, ou nymphes des Frênes, sont nées des gouttes de sang d'Ouranos, lorsqu'il fut mutilé par Cronos. En souvenir de leur naissance sanglante, les lances meurtrières sont faites à partir du même bois qu'elles habitent : le frêne.

La troisième race d'homme, celle de bronze, connue pour être une race dure et meurtrière, naquit des frênes également.

Figure 5-2 : les Charites (communément appelées « les trois Grâces »).

L'image d'un fil qui symbolise la destinée d'une personne est très importante. Dans la poésie d'Homère, il semble clair que la destinée d'une personne détermine le moment de sa mort, mais pas ce qui va se passer d'ici là. Les gens meurent lorsqu'ils sont au bout du rouleau, et c'est comme ça. C'est ainsi qu'Hector, le guerrier troyen, dit à son épouse : « Ne t'inquiète pas, si aujourd'hui est le jour où je dois mourir, je mourrai que je reste à la maison ou que j'aille à la bataille. Si aujourd'hui n'est pas le jour de ma mort, je serai en parfaite sécurité au beau milieu de la bataille. » (Voir le chapitre VII.)

Les Olympiens semblaient n'avoir aucun pouvoir sur les Moires. Dans *L'Iliade*, Zeus essaie de sauver ses héros préférés, mais Héra et Athéna l'empêchent de bouleverser l'ordre naturel des choses. (Pour en savoir un peu plus sur cette histoire, reportez-vous au chapitre IV.)

Les Érinyes (assimilées aux Furies des Romains)

Les *Érinyes*, ces déesses de la Vengeance, jaillirent du sang tombé dans la mer lorsque Cronos castra Ouranos. On les représente parfois avec des serpents pour cheveux. Elles punissaient tous ceux qui s'étaient attiré les *miasmes*, ce qui incluait tous ceux qui avaient commis des parricides, tué des gens dans des temples, ou assassiné un invité. Elles protégeaient aussi les mendiants et veillaient au respect du « cours normal » des choses, comme par exemple au droit d'aînesse d'un fils aîné.

Bien que les récits de référence divergent sur le nombre des Érinyes, le poète tragique Eschyle écrivit une pièce de théâtre à leur sujet, *Les Euménides*, qui traitait d'une bande entière d'Érinyes. Finalement, les auteurs en réduisirent le nombre aux trois qui suivent :

- **Tisiphoné** ;
- **Alectô** ;
- **Mégère**.

Les anciens Grecs croyaient au châtiment divin et au cours naturel et correct des choses. Les Érinyes remplissaient ainsi les vides laissés par la justice des hommes.

Chapitre 6

Les héros, ces demi-dieux si admirables

Dans ce chapitre :

- L'étoffe des héros
- Quelques-uns des plus grands héros de la Grèce antique
- Les douze travaux d'Héraclès
- À la recherche de la Toison d'or
- Quelques dames célèbres rencontrées en chemin

Les héros grecs ont laissé leurs empreintes sur toute la culture occidentale. Tout le monde a entendu parler d'Héraclès (Hercule chez les Romains), le plus fort de tous les héros. Aux États-Unis, il a même eu sa propre émission télévisée. Les héros sont bien vivants dans la langue française. Ainsi, *herculéen* signifie digne d'Hercule, c'est-à-dire colossal. Le mot *labyrinthe* que tout le monde connaît désignait la demeure légendaire du Minotaure, en Crète. Le mot *Argonautes*, qui désigne les hommes qui accompagnèrent Jason parti à la conquête de la Toison d'or, inspira aux Américains le mot *astronaute* et aux Russes son équivalent cosmonaute.

Les héros étaient des hommes hors pair. La plupart d'entre eux étaient des fils de dieux (habituellement, de Zeus) et de femmes mortelles, plus grands et plus forts que tout le reste du monde (certains étaient aussi plus malins), et ils eurent tous des aventures avec des monstres, des dieux et des créatures fantastiques. L'« âge des héros » correspond (selon le calcul des anciens Grecs) à la génération qui a précédé la guerre de Troie. Selon nos propres calculs, cela correspond à la période comprise entre 1500 et 1200 av. J.-C., connue comme étant l'âge du bronze.

Qu'est-ce qui faisait d'un homme un héros ? Avoir un papa divin, c'était un bon début, mais réaliser des exploits surpassant les possibilités des mortels normaux, c'est ce qui faisait vraiment la différence. Les héros n'étaient pas forcément des « gens biens ». Beaucoup d'entre eux assassinèrent des victimes innocentes, et peu d'entre eux savaient comment traiter correctement une femme. Bien qu'ils aient aussi souvent été des souverains, ils ne gouvernaient alors pas forcément bien, car ils préféraient passer leur temps à accomplir des prouesses.

Ce chapitre décrit quatre des héros grecs les plus importants, et il explique pourquoi on s'en souvient encore aujourd'hui. Persée tua Méduse. Héraclès fut le type le plus grand et le plus fort de tous les temps. Thésée tua le Minotaure et transforma Athènes en une grande cité-État. Jason emmena les Argonautes à la conquête de la Toison d'or. Tous firent des actions d'éclat, mais tous furent aussi des hommes.

Nous allons maintenant présenter brièvement plusieurs auteurs que nous mentionnerons plus loin et qui fournissent les sources de ces mythes. Pausanias vécut au IIe s. apr. J.-C., alors que le monde grec était soumis à l'Empire romain ; c'était un écrivain voyageur, et sa *Description de la Grèce* est semblable aux guides touristiques que l'on pourrait acheter aujourd'hui. Apollodore fut un érudit qui vécut à Alexandrie et en Égypte au IIe s. av. J.-C. Sa spécialité, c'était de faire la collecte et d'écrire les mythes (c'était un *mythographe*). Ovide était un poète romain du Ier s. av. J.-C. dont le long et célèbre poème, *Les Métamorphoses*, regorge de mythes. Hérodote fut un historien grec du Ve s. av. J.-C. Il était suffisamment malin pour savoir que ce que les gens croient influence leurs actions, et il inclut à ses *Histoires* beaucoup de récits mythiques. Comment se fait-il que des mythes grecs nous parviennent de sources romaines ? Eh bien, les Romains adoraient la culture grecque, et les chercheurs d'aujourd'hui doivent travailler avec ce qui a survécu.

Persée, prince charmant

Persée fut probablement le plus « héroïque » des héros grecs, en ce sens qu'il faisait surtout des choses comme tuer des monstres et sauver des jeunes filles sans défense pour ensuite les épouser, exactement comme le prince des contes de fées. L'histoire de son grand-père Acrisios donne elle aussi un enseignement : ce qui devait arriver arriva.

Le mythe de Persée était très populaire chez les Grecs de l'Antiquité. Homère le surnomma « le plus célèbre des hommes ». Les écrivains romains Apollodore et Ovide racontent des versions non abrégées de son mythe, et Pausanias et Hérodote le mentionnent également. Les trois poètes tragiques grecs Eschyle, Sophocle et Euripide écrivirent des pièces de théâtre à son sujet. Les artistes adoraient créer des œuvres le représentant en train de couper la tête de Méduse ou en compagnie de la belle Andromède.

Persée était l'un des nombreux fils de Zeus. Sa mère, Danaé, était la fille unique d'Acrisios, le roi d'Argos. Celui-ci était nerveux à son sujet, car un oracle lui avait prédit qu'il n'aurait jamais de fils, mais que sa propre fille aurait elle-même un fils qui le tuerait.

Un *oracle* était un sanctuaire où les gens pouvaient se rendre pour poser des questions aux dieux. Contre honoraires, une prêtresse recevait l'inspiration et laissait ensuite échapper des prophéties vaguement formulées. Elles se réalisaient toujours, comme les prédictions ou les devises que l'on trouve dans les petits beignets chinois. Le terme *oracle* a ensuite pris les deux sens suivants : il désigne aussi la réponse donnée par cette prêtresse, de même que la prêtresse elle-même. Vous pouvez donc vous rendre à un oracle pour demander à un oracle de vous donner un oracle !

Des ennuis qui s'annoncent

Il est impossible de contourner une prophétie, mais Acrisios fit vraiment tout ce qu'il put. Il enferma Danaé dans une tour d'ivoire qui n'avait d'ouverture que vers le ciel, et il la fit garder jour et nuit. Ce n'est pas ce qui retint Zeus, qui lui rendit visite sous la forme d'une pluie d'or et la mit enceinte de Persée. (Nous ne savons pas ce qu'est une pluie d'or ni comment elle peut féconder une femme, mais c'est en tout cas ce que raconte le mythe.)

Danaé donna naissance à son bébé et le cacha à son père pendant un moment, mais Acrisios finit par le découvrir. Il refusa de croire que Zeus en était le père. Et surtout, il ne voulait pas que l'enfant grandisse auprès de lui pour risquer de le tuer un jour. Il enferma donc Danaé et son bébé dans un coffre et jeta celui-ci à la mer, à la dérive. Ce faisant, il espérait se débarrasser d'elle une bonne fois pour toutes sans être personnellement responsable de sa mort : la bonne vieille excuse selon laquelle « elle allait bien la dernière fois que je l'ai vue. »

Enfin à l'abri, avec un repas chaud !

Mais Zeus veilla à ce que Danaé et le bébé ne meurent pas ; il envoya la malle avec mère et enfant sur la plage d'une île, où un pêcheur du nom de Dictys les trouva et les emmena chez lui. Danaé et Persée vécurent pendant des années chez Dictys et son épouse. Le frère de Dictys, le roi de l'île Polydectès, remarqua que Danaé était encore belle et décida qu'il devait l'avoir. Danaé ne voulait rien avoir affaire avec lui, et son fils aurait contrecarré toute tentative de la prendre par la force. Polydectès décida donc de se débarrasser de Persée.

Il élabora un plan assez capillotracté. Il annonça qu'il allait se marier et invita tous ses amis, y compris Persée. Il demanda à tout le monde d'amener des chevaux, pour en faire cadeau à la mariée. Mais Polydectès savait que Persée aurait à sauver la face d'une manière ou d'une autre, et la seule chose qu'un homme fort comme lui pouvait faire, c'était un exploit. Et c'est exactement ce que fit Persée : il annonça qu'il allait tuer Méduse et rapporter sa tête comme cadeau. Le roi était plus qu'heureux de donner son approbation à cette mission téméraire. Dans sa version de l'histoire, Apollodore raconte que Polydectès lui enjoignit de l'accomplir.

Méduse était l'une des trois Gorgones, des monstres ailés aux corps de femmes et à la chevelure de serpents, dont l'aspect hideux changeait en pierre ceux qui les fixaient du regard. Méduse était mortelle, mais ses deux sœurs étaient immortelles.

À la recherche des Gorgones

Polydectès espérait que Persée s'en aille et qu'il soit tué en essayant de tuer Méduse, et que Danaé serait ensuite sienne. C'est ce qu'on appelle « se fourrer le doigt dans l'œil ! »

Personne ne savait où trouver les Gorgones. Persée se rendit à l'oracle de Delphes (voir la section précédente) sans s'arrêter pour dire au revoir à sa maman, mais la prophétesse ne put l'aider. Les chênes au feuillage parlant de Dodone ne le savaient pas non plus. Il erra donc au hasard pendant un moment.

Persée s'en tire grâce à un petit coup de pouce de ses amis (divins, tout de même)

Finalement, Hermès (souvent présenté comme l'assistant personnel de Zeus) et Athéna intervinrent pour faire avancer les choses. Ils dirent à Persée que, s'il voulait tuer Méduse, il devait d'abord se munir d'un équipement approprié auprès des Nymphes du Nord. Et les seules personnes à savoir où vivaient ces Nymphes étaient les Grées. Craignant probablement que Persée ne les trouve pas tout seul, Hermès déclara qu'il le mènerait à elles.

Mais auparavant, Hermès donna à Persée une épée magique à l'extrémité recourbée, qui ne se casserait pas sur le cou écailleux de la Gorgone. Athéna prêta à Persée son bouclier de bronze extrêmement luisant. Elle lui dit qu'il pourrait s'en servir comme d'un miroir, afin de voir Méduse sans avoir à regarder directement son visage et être transformé en pierre. Persée prit ces cadeaux, et Hermès et lui s'en allèrent trouver les Grées.

Les *Grées* ou « *les vieilles* » étaient trois vieilles biques qui ressemblaient à des cygnes avec des têtes de femme, elles avaient des mains et des bras sous leurs ailes ; elles étaient les sœurs des Gorgones. Elles n'avaient qu'un unique œil et une seule dent à se partager à trois, et elles s'en servaient donc à tour de rôle. Persée attendit que l'une d'elles prenne de sa main l'œil de sa tête pour le passer à sa sœur ; puis il bondit et l'attrapa. Il leur dit qu'il leur rendrait leur œil dès qu'elles lui auraient expliqué comment trouver les Nymphes du Nord, ce qu'elle firent immédiatement. Après avoir rendu l'œil, il repartit avec Hermès.

Cette fois-ci, Persée arriva au pays enchanté des *Hyperboréens* (ce nom désigne les « gens qui vivent à l'extrême Nord », et parfois aussi les habitants de la Grande-Bretagne) un paradis ancien dont les habitants passaient leur temps à faire des fêtes, à jouer de la musique et à danser. Les Hyperboréens lui donnèrent trois cadeaux :

- des sandales ailées ;
- le casque d'Hadès qui le rendait invisible ;
- un sac qui retiendrait tout ce qu'il mettrait dedans, quelle qu'en soit la taille.

Désormais, il était fin prêt.

Hermès savait en fait où vivaient les Gorgones, et il s'envola accompagné de Persée au-dessus de l'océan pour se rendre sur leur île, où Athéna vint les retrouver. Les trois monstres étaient endormis, et Persée en observa soigneusement l'image réfléchie sur son bouclier. Athéna lui indiqua laquelle des trois était Méduse. Persée s'envola vers elles avec ses sandales ailées, trancha la tête de Méduse (Athéna l'aida à bien viser), et la jeta dans son sac magique. (N'ayez pas peur de regarder, maintenant, la Figure 6-1 qui montre Persée brandissant la tête de Méduse.) Les deux autres Gorgones se réveillèrent et essayèrent de l'attraper, mais il mit son casque, ce qui le rendit invisible, et il put s'enfuir sans problème.

Figure 6-1 : Persée brandissant la tête de Méduse.

Persée trouve le véritable amour et une autre bataille

Pour rentrer chez lui, Persée survola l'Éthiopie. C'est là qu'il rencontra une superbe jeune fille sur le point d'être dévorée par un monstre marin. C'était Andromède.

La mère d'Andromède, Cassiopée, s'était vantée d'être plus belle que les filles du dieu de la Mer. La divinité en colère envoya le monstre marin en Éthiopie, où il terrorisait les gens et les dévorait. Un oracle avait prédit que la seule manière de s'en débarrasser serait de lui donner la fille de Cassiopée en pâture. Le papa d'Andromède, Céphée, l'enchaîna donc à un rocher et attendit que le monstre vienne la dévorer.

Pour Persée, ce fut le coup de foudre. Il attendit que le monstre marin fasse surface et alors il lui trancha la tête. Persée ramena Andromède à la maison et demanda sa main à ses parents. Ils la lui accordèrent. Bien sûr, une fille comme Andromède n'était pas passée inaperçue avant l'arrivée de Persée, et il se trouvait qu'elle était déjà fiancée à un type appelé Phinée. Phinée complota contre Persée, mais celui-ci le pétrifia grâce à la tête de Méduse. Puis il épousa la princesse.

Tiens, voilà ton cadeau !

Persée et son épouse rentrèrent en bateau à son île. Ils découvrirent que la mère de Persée avait rejeté les avances de Polydectès, et qu'elle s'était enfuie avec Dictys pour se cacher. Selon certains récits, ils se cachèrent auprès des autels des dieux, où aucun mal ne pouvait leur être fait. Pendant ce temps, Polydectès donnait une fête avec tous ses amis ce soir-là. Persée entra dans la salle du banquet, annonça qu'il avait le cadeau promis pour la mariée, sortit la tête de Méduse du sac, et pétrifia Polydectès et ses convives.

Ironie et oracles...

Dictys devint roi de l'île. Persée, Andromède et Danaé rentrèrent à Argos pour essayer de se réconcilier avec Acrisios, le père de Danaé. Lorsqu'ils arrivèrent, ils apprirent que celui-ci avait quitté la ville et que personne ne savait où il se trouvait. Ce qui s'était en fait passé était qu'Acrisios avait appris les exploits de Persée et qu'il s'était enfui, en craignant qu'Argos ne soit la prochaine étape du nouveau héros. Persée entendit parler d'une compétition sportive qui allait se tenir à Larissa. N'ayant rien de spécial à faire, il décida d'y participer. Il se trouva qu'Acrisios était venu assister au même événement. Persée lança accidentellement le disque dans les tribunes. Celui-ci frappa son grand-père au pied et le tua, exactement comme l'avait prédit l'oracle des années auparavant. Et non, nous ne savons pas plus que vous comment un coup au pied peut tuer quelqu'un instantanément, mais peut-être qu'Acrisios eut un arrêt cardiaque. Pausanias raconte une version différente : Persée était parti à Larissa chercher son grand-père pour se réconcilier avec lui. Il décida de démontrer son adresse au lancement du disque, et Acrisios se trouva accidentellement sur la trajectoire du disque.

Persée et Andromède vécurent heureux ensuite. Ils eurent un fils, Électryon, qui devint le grand-père d'Héraclès. Persée donna la tête de Méduse à Athéna, qui la plaça sur son bouclier afin qu'un tel pouvoir ne tombe pas dans n'importe quelles mains.

Héraclès superstar

Héraclès, que l'on connaît mieux sous son nom romain, Hercule, était le plus balaise des costauds. Il était fort, viril et sexy et il savait aussi qu'il était bien plus excitant que n'importe quel autre mec. Il se servait habituellement de sa force brute uniquement – à quoi bon utiliser son cerveau lorsqu'on est aussi costaud – mais il fit aussi preuve d'esprit à l'occasion, comme par exemple lorsqu'il persuada deux fleuves de changer de cours pour aller faire la grande lessive des écuries d'Augias.

Figure 6-2 : Héraclès avec ses attributs distinctifs, la massue, la peau de lion et l'arc.

Héraclès (voir la Figure 6-2) était *extrêmement* populaire auprès des Grecs de l'Antiquité. Homère le mentionne, et d'autres conteurs ajoutèrent constamment des histoires à sa légende. Apollodore et Pausanias écrivirent des tas de récits à son sujet, de même qu'Hérodote. Les Grecs vénéraient leurs héros mythologiques avec de petits autels qui leurs étaient dédiés. Héraclès en avait davantage que tout autre héros. Peut-être parce qu'il avait consacré sa vie à des travaux utiles et beaucoup souffert pour aider les hommes.

Zeus fait encore des siennes

Zeus était le père d'Héraclès. Brûlant de désir pour une femme nommée Alcmène, il prit la forme du mari de celle-ci pour coucher avec elle. Alcmène eut deux fils jumeaux. L'un était le fils légitime, Iphiclès, et il n'était qu'un humain, l'autre était Héraclès, le fils de Zeus.

Il désirait mettre au monde un héros exceptionnel. Car, selon la prévision, il y aurait une guerre entre les Dieux et les Géants : un oracle disait que seul un mortel pourrait venir à bout des Géants.

Héra, l'épouse jalouse de Zeus en voulut à Héraclès toute sa vie (le nom « Héraclès » signifie « gloire d'Héra » ou « célèbre à cause d'Héra »). Alors qu'il était encore bébé, Héra envoya deux serpents pour qu'ils le tuent dans son berceau, mais le petit Héraclès attrapa chaque serpent par le cou et les étrangla tous les deux. Sa mère se précipita pour trouver son bambin en train de rire avec un serpent mort dans chaque main.

À l'âge de 18 ans, Héraclès tua le lion de Cithéron, dont il porta la peau le reste de sa vie. (Il s'agissait peut-être en fait de la peau du lion de Némée, qu'il tua lors du premier de ses douze travaux – voir la section suivante). Il combattit ensuite le roi d'Orchomène, qui exigeait des Thébains un lourd tribut. Les Thébains, reconnaissants, lui donnèrent une princesse pour épouse. Il en eut trois fils, mais un jour, dans un accès de folie provoqué par Héra, il tua femme et enfants. Héra lui causa cet accès de folie soit parce qu'elle était tout simplement méchante, soit parce qu'elle s'était débrouillée pour qu'il reçoive un oracle lui enjoignant de se mettre à son service, ce qui le rendit furieux d'avoir à abandonner son épouse et ses enfants, à tel point qu'il perdit la tête et les tua. Bourrelé de remords, il se rendit à l'oracle de Delphes pour apprendre ce qu'il devait faire pour expier ses actes. La prêtresse, la Pythie, lui dit d'aller voir Eurysthée, roi de Mycènes, pour se mettre à son service.

Les douze travaux d'Héraclès

Eurysthée, bien que quelque peu effrayé par Héraclès, chercha par tous les moyens à se débarrasser de lui. Il lui déclara qu'il devrait réaliser dix tâches apparemment irréalisables. Mais Héraclès fut heureux de se voir proposer une occasion d'expier le meurtre de son épouse et de ses enfants. Les dix travaux devinrent douze, car Eurysthée refusa de reconnaître deux d'entre eux. Ces travaux furent réalisés dans un certain ordre, que nous avons gardé ici :

1. Le *lion de Némée* était (grâce à sa peau) invulnérable aux coups des armes ; Héraclès l'étrangla ; il se servit des griffes du lion pour dépecer l'animal et porta ensuite cette peau en guise d'armure.
2. L'*Hydre de Lerne* avait neuf têtes, et il en repoussait deux chaque fois qu'on en coupait une. Héraclès demanda à son neveu Iolaos de brûler chaque cou au fur et à mesure qu'il coupait les têtes, puis il enterra la dernière, immortelle, sous un rocher. Il trempa ses flèches dans le sang empoisonné du monstre pour les rendre mortelles. Malheureusement pour Héraclès, comme Iolaos l'avait aidé à tuer l'Hydre, Eurysthée déclara que, pour cette raison, cet exploit ne compterait pas comme l'un des dix travaux ;
3. La *biche de Cérynie* avait des cornes d'or et des pieds d'airain et, pour Artémis, elle était sacrée. Il fallut un an à Héraclès pour la capturer et la ramener vivante ;
4. Héraclès piégea le grand *sanglier d'Érymanthe* dans la neige ;
5. Les *écuries d'Augias* n'avaient pas été nettoyées depuis des années. Héraclès dévia le cours de deux fleuves voisins pour les faire passer dans les écuries et les nettoya ainsi en un seul jour. Cet exploit fut réalisé en creusant beaucoup et en donnant aux fleuves un cadeau pour leur coopération. Mais Héraclès avait demandé une rétribution au roi Augias (le propriétaire des écuries, bien sûr) pour accomplir cette tâche, et Eurysthée déclara en conséquence qu'elle ne comptait pas comme l'un des dix travaux ;
6. Il fit sortir les *oiseaux de Stymphale* aux becs et aux serres d'airain, qui se nourrissaient de chair humaine, à l'aide de cymbales de bronze qu'il reçut d'Athéna, et il les abattit de ses flèches ;
7. Il captura le *taureau de la Crète* qui dévastait le royaume de Minos, et le ramena à la nage à Mycènes ;
8. Il captura les *juments de Diomède*, le roi de Thrace qui les nourrissait exclusivement de chair humaine. Héraclès donna le maître en pâture aux animaux.
9. Enjoint d'aller chercher la *ceinture de la reine des Amazones*, *Hippolyté*, qui était une guerrière redoutable, Héraclès lui demanda simplement si elle voulait lui donner sa ceinture en cadeau. Elle accepta. Mais à cause

d'une machination d'Héra, toujours haineuse, Héraclès tua quand même Hippolyté plus tard. Héra fit croire aux Amazones que leur reine était en danger, et elles attaquèrent Héraclès, qui pensa à son tour qu'Hippolyté leur en avait donné l'ordre, ce pourquoi il la tua. Héraclès, voyez-vous, c'était plutôt le genre de gars qui tire d'abord et qui réfléchit ensuite.

10. Il ramena les *troupeaux de bœufs de Géryon*, après avoir tué ce monstre à trois corps sur une île occidentale. Sur son chemin pour s'y rendre, il érigea les *colonnes d'Héraclès* (colonnes d'Hercule) aux confins de la Méditerranée : le mont Calpé (à Gibraltar) et le promontoire d'Abyla (à Ceuta, au Maroc). Cela aurait dû être son dernier travail, mais Eurysthée refusa de valider les deuxième et cinquième tâches, et il enjoignit donc à Héraclès d'en accomplir deux de plus.

11. Les *pommes d'or du jardin des Hespérides* posèrent un problème délicat à résoudre. Héraclès alla voir Atlas et accepta de tenir le Ciel pendant qu'Atlas irait cueillir les pommes pour lui. (Lorsque Zeus avait vaincu les Titans, il avait puni Atlas en le condamnant à porter pour toujours la voûte céleste sur ses épaules.) Atlas revint avec les pommes, mais il dit pourtant à Héraclès que celui-ci devrait continuer à tenir le Ciel et qu'il irait porter lui-même les pommes à Eurysthée. Héraclès était plus rusé qu'Atlas : il se déclara d'accord, mais demanda à Atlas de reprendre le Ciel pour une minute le temps de mettre un coussinet sur sa tête. Bien sûr, dès qu'Atlas eût reprit le Ciel, Héraclès lui, prit la tangente !

12. Pour son dernier travail, Héraclès s'en fut aux Enfers pour en ramener *Cerbère*, le chien tricéphale d'Hadès. Eurysthée décida ensuite qu'il ne voulait pas du chien monstrueux et le fit ramener aux Enfers par Héraclès.

Après quoi, Héraclès fut enfin, de nouveau, un homme libre.

Le centaure sournois et la méprise tragique

Héraclès adorait les femmes (dans une de ses aventures, il couche avec 50 sœurs au cours de cinquante nuits !), et ce penchant causa aussi sa perte. Il s'était remarié à une femme nommée Déjanire. Il demanda à Nessos, un centaure (être fabuleux, mi-homme mi-cheval), de faire traverser un fleuve à son épouse (Héraclès, désireux d'économiser le prix de la traversée, voulait traverser à la nage). Nessos essaya de violer Déjanire sur l'autre rive. Elle cria, et Héraclès tua le centaure d'une flèche depuis l'autre berge. En mourant, Nessos dit à Déjanire de conserver un peu de son sang et de la semence qu'il avait versée, de les mélanger, et de s'en servir comme d'un philtre d'amour si jamais son mari tombait amoureux d'une autre femme.

Le centaure

Ixion s'unit avec une nuée que Zeus avait façonnée à la ressemblance d'Héra. Les Centaures naquirent. Ils offraient l'aspect monstrueux d'un buste d'homme terminé par un corps de cheval. Ils se nourrissaient de chair crue et vivaient comme des bêtes dans les forêts de Thessalie. Leurs mœurs brutales, leur amour immodéré du vin et des femmes les rendaient redoutables aux mortels. Seuls deux d'entre eux, Pholos et Chiron, se distinguaient de leurs semblables par une bonté et une sagesse exemplaires. Ils sont l'objet de légendes particulières. Quant à leurs congénères, on les voit, parfois, figurer dans les cycles héroïques. Ils interviennent, notamment, dans celui de Thésée : Pirithoos, roi des Lapithes, son compagnon d'armes, ayant l'idée néfaste d'inviter les Centaures à ses noces, ceux-ci s'enivrèrent et cherchèrent à violenter la jeune épouse, Hippodamie. Une mêlée générale s'ensuivit. Elle mettait aux prises les Centaures, armés de troncs d'arbres et de tisons enflammés, et les Lapithes. Ces derniers parvinrent à les mettre en fuite. Les Centaures furent alors contraints de se retirer aux abords du Pinde. Là, Héraclès les pourchassa. Il blessa involontairement le généreux centaure Chiron, qui, pour ne pas souffrir trop longtemps, implora qu'on lui permît de mourir. Il parvint à trépasser en cédant son immortalité à Prométhée. Héraclès, en outre, étouffa le centaure Nessus, qui lui disputait une de ses femmes, Déjanire. Tous ces mythes, qui prêtent aux Centaures l'aspect d'hommes-chevaux, proviennent sans doute du fait que les Thessaliens, habiles dans l'art de l'équitation, semblaient, aux yeux des Grecs, s'identifier à leurs montures.

Mort et résurrection

Un jour, Héraclès gagna un concours de tir à l'arc organisé par un roi nommé Eurytos. Ce type avait promis la main de sa fille au vainqueur de ce concours. Mais Eurytos refusa de lui accorder la main d'Iole, sa fille, de crainte que, dans un accès de folie, il ne la tue, comme il avait tué sa première femme. Héraclès lui déclara donc la guerre, le tua lui et ses fils, et pris Iole comme captive et concubine.

Il envoya son héraut chez lui dire à Déjanire de lui envoyer une belle tunique à porter pour faire ses sacrifices. Le héraut parla de Iole à Déjanire, et celle-ci pensa que le moment était venu de se servir de son philtre d'amour. Elle en enduisit la tunique et l'envoya à son époux.

Dès qu'Héraclès enfila la tunique, il se sentit consumé de brûlures. Le poison de l'Hydre qui se trouvait dans le sang de Nessos faisait son œuvre. Il déchira la tunique qui collait à sa peau en s'arrachant aussi des lambeaux de peau. Mais c'était trop tard.

Déjanire se pendit lorsqu'elle apprit ce qui s'était passé. Héraclès construisit un bûcher funéraire au sommet du mont Oeta, et demanda à ses compagnons de l'allumer. Alors que le feu brûlait, on entendit un coup de tonnerre, et Héraclès fut ravi à la terre et s'en fut vivre avec les dieux sur le mont Olympe. Héra finit par se réconcilier avec lui et lui donna en mariage Hébé, sa fille, le symbole de l'éternelle jeunesse.

Thésée, un héros national

Athènes vouait un culte à Thésée car l'on supposait qu'il avait contribué à faire d'Athènes la cité-État qu'elle avait finit par devenir, et parce qu'il personnifiait beaucoup des qualités que les Athéniens considéraient importantes pour leur cité : l'intelligence, l'art de la négociation, le courage, la justice et la protection des opprimés. Ils considéraient Thésée comme un dirigeant fort et équitable, lointain précurseur de la démocratie. Son histoire constitue le bon exemple d'un mythe qui fit moisson d'un tas d'événements pour les cristalliser et en faire un tout bien ficelé. Bien que la transformation d'Athènes en grande puissance de l'époque ait probablement pris de nombreuses années et demandé les efforts de nombreux dirigeants, il était très simple et satisfaisant d'en attribuer tout le mérite à Thésée. Ce mythe illustre en outre le fait que l'on peut devenir un héros tout en commettant de graves fautes morales. En chemin, il abandonna Ariane et causa la mort de son propre père sans regret ni remords, et sans que cela nuise à sa réputation.

Thésée était le fils naturel d'Égée, le roi d'Athènes, et d'une femme à laquelle Égée n'était manifestement pas marié, originaire d'une petite ville du sud de la Grèce, Trézène. Égée rentra à Athènes avant la naissance de son fils. Mais avant de partir, il cacha une épée et une paire de sandales sous un énorme rocher et dit à la mère de Thésée que, lorsque le garçon serait suffisamment fort pour déplacer le rocher et trouver les cadeaux qui se trouvaient dessous, il pourrait se rendre à Athènes et proclamer qu'il était le fils d'Égée.

Thésée grandit et devient fort, et, un jour, sa maman lui parla du rocher. Bien qu'à peine âgé de 16 ans, il le souleva sans peine et trouva les objets laissés par son père. Sa mère essaya de le convaincre de prendre le bateau pour se rendre à Athènes, mais Thésée pensait que la voie terrestre lui donnerait davantage d'occasions de réaliser des exploits héroïques, et il se mit donc en route à pied.

La Grèce était à cette époque infestée de hors-la-loi et de bandits. Thésée rencontra plusieurs brigands et les tua en leur faisant subir leurs propres supplices favoris. Voici quelques-uns des scélérats dont il se servit pour faire son propre film d'aventures :

- Sinis attachait les gens à deux pins qu'il pliait jusqu'au sol, pour les relâcher brutalement. Il mourut de la même manière des mains de Thésée.
- Le bandit Sciron faisait s'agenouiller les gens pour qu'ils lui lavent les pieds en haut d'une falaise, puis il les poussait dans le vide d'un coup de pied. Thésée lui donna un coup de pied qui le fit tomber dans le vide.
- Procruste mettait ses victimes sur un lit de fer. Ensuite, pour les ajuster aux dimensions du lit, soit il leur coupait les pieds, soit il étirait leurs membres. Grâce à Thésée, il fut le dernier à s'allonger sur ce lit.

Les nouvelles des exploits de Thésée le précédèrent à Athènes et, lorsqu'il arriva, il fut accueilli en héros. Médée, qui avait épousé Égée, comprit immédiatement qui était Thésée et persuada le roi Égée, qui ne savait pas qu'il s'agissait de son propre fils, l'invita à un banquet en vue de l'empoisonner, de crainte que les gens ne le proclament roi. Il se trouvait que Médée (voir la section « Jason le Jeté » plus loin dans ce chapitre) était à la cour d'Égée ; c'est qui elle tendit la coupe de poison à Thésée, mais, au même moment, Thésée tira son épée afin qu'Égée sache qui il était. (Autre version : à ce moment-là, Égée vit l'épée que portait Thésée.) Quoi qu'il en soit, Égée reconnut l'épée, et il empêcha Thésée de boire la coupe dont il jeta le contenu. Il proclama que Thésée était son fils et son héritier. Médée, répudiée par Égée, s'enfuit en Asie.

Thésée, le Minotaure et le fil d'Ariane

Égée avait des problèmes avec Minos, le roi de Crète, qui avait envahi Athènes quelques années plus tôt et exigeait un tribut annuel de sept jeunes filles et de sept jeunes hommes. Ces jeunes gens étaient jetés dans le labyrinthe du Minotaure, un monstre au corps de taureau et à la tête d'homme, qui les dévorait.

Thésée était arrivé à Athènes juste avant que le bateau emportant le tribut annuel ne quitte la ville. Il proposa d'être l'un des jeunes hommes, considérant que c'était une formidable occasion de tuer le Minotaure et de mettre un terme à la subordination d'Athènes à la Crète.

Ariane jette son dévolu sur Thésée

Lorsque les jeunes Athéniens arrivèrent en Crète, leurs hôtes les conduisirent à pied au labyrinthe. Ariane, la fille de Minos, vit Thésée et tomba amoureuse de lui. Elle alla donc trouver Dédale, qui avait lui-même construit le labyrinthe et était devenu une légende vivante, pour lui demander de l'aider à sortir Thésée du labyrinthe. Dédale lui conseilla de donner à Thésée une pelote de fil. Il pourrait en fixer une des extrémités à l'entrée du labyrinthe et la dérouler au fur et à mesure qu'il y pénétrait. (Les plongeurs qui plongent dans des grottes sous-marines ou dans des épaves immergées utilisent la même technique aujourd'hui.)

Thésée tue le Minotaure, puis rentre au bercail en abandonnant Ariane en chemin et... en oubliant quelque chose

Ariane rencontra Thésée et lui proposa de l'aider à s'échapper s'il lui promettait de l'emmener avec lui à Athènes et de l'épouser. Bien entendu, il accepta, et elle lui donna la pelote de fil. Il en fixa l'extrémité à la porte du labyrinthe et s'y aventura ensuite à la recherche du Minotaure. Il trouva le monstre endormi et le tua à mains nues. Thésée et ses compagnons s'enfuirent ensuite du labyrinthe, en prenant Ariane au passage, puis ils sautèrent dans leur bateau et firent route vers Athènes.

Au cours de leur voyage de retour, ils s'arrêtèrent sur l'île de Naxos, où Thésée déposa Ariane, bien que la raison de cet acte ne soit pas vraiment claire. Certaines sources affirment qu'une tempête dérouta son bateau et qu'il avait le cœur brisé de devoir quitter Ariane, d'autres disent qu'il l'abandonna sur l'ordre de Dionysos, le dieu du Vin, qui l'épousa à sa place. Alors que le bateau s'approchait d'Athènes, Thésée oublia de tenir une deuxième promesse qu'il avait faite : en cas de victoire sur le Minotaure, son père lui avait demandé de hisser une voile blanche en remplacement de la voile noire que le bateau arborait habituellement. Thésée oublia cette promesse et laissa la voile noire. Égée la vit approcher, et, fou de chagrin à cause de la mort supposée de son fils, il se jeta dans la mer du haut d'une falaise. La mer qui entoure Athènes s'appelle aujourd'hui la mer Égée, elle fut baptisée ainsi en son honneur.

Thésée et la laie de Crommyon

Thésée n'eut pas qu'à combattre des humains et, comme Héraclès, dut affronter de terribles animaux. La bourgade de Crommyon était ravagée par une laie d'une puissance extraordinaire, née des amours monstrueuses de Typhon et d'Echidna, un serpent géant ; le vaillant Thésée parvint néanmoins à l'occire d'un coup d'épée bien placé.

L'administration centralisée de Thésée, le « bon » roi

Thésée était désormais roi d'Athènes. Il décida qu'il voulait un gouvernement du peuple où tous les citoyens seraient égaux. Il transforma donc Athènes en une communauté en regroupant les villages de l'Attique qui devinrent parties intégrantes de l'État athénien. Tout cela avec Thésée comme commandant en chef, bien sûr. Athènes prospéra sous son règne, et il se lia d'amitié avec ses contemporains comme Œdipe et Héraclès.

Il attaqua les Amazones et épousa leur reine, Hippolyté. Les Amazones envahirent Athènes pour voler au secours d'Hippolyté, mais Thésée les défit. Dès lors, plus aucun ennemi ne tenta de prendre Athènes du vivant de Thésée. Voilà un homme, un vrai !

Hippolyté n'était-elle pas la femme qu'Héraclès avait tuée ? Si. Donc comment Thésée a-t-il pu l'épouser ? Il a pu l'épouser parce qu'elle n'était pas morte lorsqu'il la rencontra. Les mythes sont comme ça, ce sont des histoires qui ne concordent parfois pas complètement les unes avec les autres. Certaines sources affirment pourtant que Thésée épousa une femme du nom d'Antiope, qui était sans doute la sœur d'Hippolyté.

Un mariage de raison

Thésée, comme tous les héros, eut plus que son dû d'aventures amoureuses. Il enleva Hélène alors qu'elle était encore une enfant ; ses frères Castor et Pollux la récupérèrent à temps.

Plus tard, il épousa Phèdre, la sœur d'Ariane. Ce mariage était une union à but politique, destinée à affermir les relations entre Athènes et la Crète. Selon Apollodore, l'Amazone à laquelle Thésée avait été antérieurement mariée (Antiope ou Hippolyté) fit irruption à la cérémonie en menaçant de tuer tout le monde. Les invités lui fermèrent rapidement la porte au nez, puis ils la tuèrent. Apollodore mentionne également une autre version de sa mort, selon laquelle Thésée la tue dans une bataille. En tout cas, la nouvelle épouse de Thésée fut une Crétoise.

Thésée avait eu de son premier mariage avec Hippolyté, la reine des Amazones (ou Antiope, la sœur de cette dernière) un fils, qu'il appela, avec beaucoup d'imagination, Hippolyte. Il faut dire que le petit avait beaucoup pris de sa mère : il passait son temps à chasser et à courir dans les bois, loin des villes et, surtout, de la compagnie humaine. Se sentant très proche d'Artémis, la vierge chasseresse, il avait même décidé de ne jamais s'intéresser aux femmes, méprisant ouvertement Aphrodite. La déesse de l'Amour ne tarda pas à se venger : elle fit naître dans le cœur de Phèdre, la seconde femme de Thésée, une passion dévorante pour Hippolyte ; bien entendu, celui-ci refusa avec véhémence les avances de sa belle-mère, qui, dépitée, alla raconter à Thésée que son fils avait voulu la violer. Thésée, roi peu commode et autoritaire, se mit dans une fureur noire, bannit son fils et pria Poséidon son protecteur de le tuer. Tandis qu'Hippolyte longeait la côte d'Attique sur un char, le dieu de la Mer s'exécuta et fit surgir des flots un hideux monstre marin ; les chevaux, terrorisés, firent un écart et Hippolyte, retenu par les rênes, fut traîné par ses chevaux et trouva une mort atroce. Apprenant ce qu'elle avait fait, Phèdre, libérée de son amour incontrôlable, se pendit. Telle fut la tragédie de Phèdre et Hippolyte, qui inspira des générations de dramaturges.

Thésée et Pirithoos

Thésée s'était lié d'amitié avec Pirithoos, un héros lapithe, avec qui il fit les quatre cents coups ; les deux compères décidèrent en effet d'enlever Hélène, la fille que Léda avait eue de Zeus changé en cygne, et qui n'était encore qu'une enfant ; ses frères Castor et Pollux vinrent la délivrer. Mais Thésée et Pirithoos ne s'en tinrent pas là : estimant qu'enlever une enfant n'était pas digne de vrais héros, ils jetèrent leur dévolu sur… Perséphone, la reine des Enfers ! Hadès ne se laissa pas faire : il les fit asseoir sur les « sièges d'oubli », desquels ils ne purent se relever. Devenu un véritable zombie, Thésée resta prisonnier des années aux Enfers, et Athènes fut gouvernée pendant ce temps par Ménesthée ; Thésée n'aurait jamais revu la lumière du jour si Héraclès, descendu aux Enfers pour l'un de ses fameux travaux, n'avait reçu l'autorisation de ramener avec lui le héros athénien. Pirithoos, en revanche, ne put quitter son siège d'oubli… et il doit encore y être assis aujourd'hui !

La chute de la falaise, un mystère jamais élucidé

Quelques années plus tard, Thésée rendait visite à son ami Lycomède, roi de l'île de Syros. Son hôte le jeta du haut d'une falaise parce qu'il était jaloux de sa gloire et de ses succès, et parce qu'il craignait que les gens ne le préfèrent, ou peut-être pour rendre service à un autre roi, Ménesthée, qui avait été rétabli sur le trône d'Athènes pour Castor et Pollux pendant que Thésée était aux Enfers. (Selon Plutarque, Thésée est tombé de la falaise parce qu'il a sans doute glissé accidentellement.) Les Athéniens élevèrent pour Thésée un magnifique mausolée, et ils en firent un sanctuaire pour les pauvres.

Jason le Jeté

Jason est surtout connu pour avoir emmené les Argonautes à la conquête de la Toison d'or. C'est l'une des histoires d'aventures typiques de la civilisation occidentale. Jason fut, lui aussi, un mari et un père déplorables. Son épouse, Médée, était magicienne, et elle devint l'archétype des méchantes sorcières que l'on trouvera dans les contes de fées ultérieurs.

Apollonios de Rhodes, un poète grec du IIIe s. av. J.-C., écrivit un long poème racontant la quête de la Toison d'or. Pindare et Ovide racontèrent aussi cette histoire. Euripide, le poète tragique du Ve s. av. J.-C., écrivit *Médée*, une tragédie déchirante sur Jason et Médée.

La Toison d'or

Mais, c'est quoi au juste la Toison d'or ? Eh bien, il y a fort longtemps, un roi grec était sur le point de sacrifier son fils Phrixos afin de sauver son peuple d'une famine. Mais, alors que le garçon se trouvait sur l'autel près d'être sacrifié, Hermès envoya un bélier avec une toison d'or pur pour l'enlever, avec sa sœur, et mettre les deux enfants à l'abri. Hellé, la sœur du garçon, tomba du bélier au-dessus du détroit qui sépare l'Europe et l'Asie. Elle se noya dans la mer qui, depuis, porte son nom, l'Hellespont, ou détroit des Dardanelles. Phrixos, le garçon, atterrit en pays de Colchide, où il fut recueilli par le roi Aiétès. Puis Phrixos, plutôt ingrat, sacrifia le bélier à la gloire de Zeus et fit cadeau de la Toison d'or à Aiétès.

Retournons maintenant en Grèce. L'oncle de Phrixos était un roi de Grèce, mais son frère, Pélias, avait usurpé le trône. Jason était le fils du roi déchu, ce qui fait de Pélias l'oncle de Jason. Jason était donc l'héritier légitime du trône que Pélias usurpait. Un oracle avait prévenu Pélias qu'il périrait des mains d'un de ses parents qui ne porterait qu'une seule sandale. Il fut donc assez choqué lorsqu'il vit son neveu Jason débarquer un jour chez lui en ne portant qu'une seule sandale (Jason avait perdu sa sandale en aidant une déesse à traverser un fleuve). Jason déclara qu'il était venu réclamer le trône. Pélias lui dit qu'il lui abandonnerait le royaume si Jason se rendait en Colchide pour en ramener la Toison d'or, persuadé que le jeune homme ne reviendrait pas vivant d'une si périlleuse mission.

Les Argonautes, ces héros célèbres

On appelle ainsi les héros qui firent voile pour la Colchide sous la direction de Jason, afin de rapporter à Pélias, roi d'Iolcos, soucieux d'écarter son neveu du trône, la Toison d'or du bélier consacré à Arès par le roi de Colchide, Aiétès. Au nombre d'environ cinquante, les illustres Argonautes, parmi lesquels on cite Jason, Admète, Amphion, Zéthos, Tydée, Thésée, Héraclès, les Dioscures, Orphée et une foule d'autres héros, s'embarquèrent sur le navire Argo, construit sous la direction d' Athéna dans des bois de Dodone. On peut suivre, d'après le récit d'Apollonios de Rhodes, le voyage des illustres navigateurs.

La déesse Héra, qui protégeait Jason, les aida en route. Ils eurent de nombreuses aventures sur le trajet qui les menait en Colchide, et Jason perdit son sang-froid à plusieurs reprises. Il fallut que ses compagnons l'encouragent. Héraclès les plaqua tous lorsque son copain Hylas se noya. Les Argonautes rencontrèrent aussi les Harpies, des divinités dégoûtantes mi-femmes mi-oiseaux, qui firent pourrir leurs vivres et laissèrent derrière elles une puanteur effroyable. Ils parvinrent tout juste à faire passer le bateau entre les Symplégades, deux rochers flottants qui s'entrechoquaient régulièrement et écrasaient les navires ; pour cela, ils firent d'abord s'écarter les rochers en laissant une colombe voler à travers, puis ils ramèrent de toutes leurs forces pour passer. Ultérieurement, ils passèrent le pays des Amazones et devant le rocher sur lequel Prométhée était enchaîné.

Leur périple les conduisit aussi sur l'île de Lemnos, puis les mena dans l'île de Samothrace, où, sur les conseils d'Orphée, ils s'initièrent aux mystères. Ayant franchi l'Hellespont, les Argonautes jetèrent l'ancre sur la côte de l'île Cyzique, pays des Diolones, gouverné par le roi Cyzicos, qui les accueillit avec tous les honneurs de l'hospitalité. Mais après avoir quitté l'île, ils furent pris dans une immense tempête et rejetés sur le territoire de Cyzicos, par une nuit sombre. Les indigènes ne reconnurent pas leurs hôtes de la veille et, les prenant pour des pirates, ils engagèrent contre les intrus une lutte sans merci, au cours de laquelle leur roi fut tué par Jason.

Au petit jour, les combattants des deux camps s'aperçurent de leur méprise et, par des jeux et des veillées funèbres, rendirent honneur aux dépouilles mortelles du roi et de ses guerriers. Après avoir quitté l'île, l'Argo fit escale sur la côte de Mysie, où Hylas fut entraîné dans les eaux par des nymphes trop éprises de lui. Héraclès et Polyphème, qui étaient partis à sa recherche, furent abandonnés par leurs compagnons, qui levèrent l'ancre et firent voile vers le pays des Bébryces chez le roi Amycos, qu'ils tuèrent ainsi que beaucoup de ses sujets.

Parvenus ensuite à Thrace, les Argonautes, avec l'aide des Boréades Calaïs et Zétès, réussirent à débarrasser le devin Phinée des Harpyes qui le tourmentaient sans cesse. En témoignage de reconnaissance, le devin donna à ses hôtes des conseils sur le moyen d'éviter les dangers qu'ils encouraient lors de leur voyage. Les Argonautes purent ainsi sans trop d'encombre passer entre les Symplégades, ou les Roches flottantes, qui, poussées l'une contre l'autre par des courants contraires, écrasaient les navires.

Après avoir atteint la mer Noire, ils abordèrent en Colchide chez le roi Aiétès, possesseur de la Toison d'or. Grâce au concours de Médée, la fille du roi, Jason put s'en emparer et reprit la route de la mer. Médée, qui s'était enfuie avec les Argonautes, tua son frère Absyrtos et répandit tout au long de sa route les membres du malheureux, afin d'empêcher Aiétès, occupé à ramasser les restes de son fils, de continuer à les poursuivre. Ce geste criminel déplut cependant à Zeus, qui dépêcha sur le navire *Argo* une puissante tornade. Un devin déclara que seule Circé pourrait purifier les héros criminels. L'*Argo* remonta alors le cours de l'Éridan (le Pô) et du

Rhône, puis descendit vers la Méditerranée et gagna la Sardaigne et l'île d'Aeaea, le royaume de Circé, où ils firent escale ; la magicienne purifia les Argonautes, et ils purent reprendre la mer. Ils résistèrent aux chants mélodieux des sirènes grâce à Orphée, qui, de sa lyre, surpassa les dangereuses magiciennes, passèrent ensuite sans dommage entre Charybde et Scylla et atteignirent Corcyre, le pays des Phéaciens.

Le roi Alcinoos, ami d'Aiétès, leur demanda la restitution de Médée, mais seulement si elle était vierge. Aussi Jason s'empressa-t-il d'épouser celle qui l'avait suivi si fidèlement. Le navire fit route par la suite vers la Libye, la Crète, où le Géant Talos, qui tuait tous les étrangers, succomba aux enchantements de Médée en se déchirant la veine du pied, ce qui provoqua sa mort. Lorsque les Argonautes quittèrent cette île, une nuit opaque les entoura soudain. Ils supplièrent Phoebos de les éclairer. Le dieu les exauça et les navigateurs réussirent à aborder dans la petite île des Sporades. Dès lors, leur périple touchait à sa fin. Après avoir débarqué à Égine, ils regagnèrent Iolcos, avec la précieuse Toison d'or.

Cet immense voyage ne serait, selon certains mythographes, que l'image d'une entreprise de colonisation dans le Pont-Euxin et en Asie Mineure, ou bien le symbole de la découverte dans le Caucase (l'ancienne Colchide) de merveilleuses mines d'or.

Parmi les héros grecs les plus célèbres, on trouve :

- **Héraclès**
- **Castor**
- **Pollux**
- **Orphée**
- **Pélée**, le père d'Achille
- **Atalante**
- et quelques autres « mecs » qui n'avaient rien de mieux à faire.

Médée la Magicienne

La fille d'Aiétès, Médée, était une magicienne et tenait ses pouvoirs du Soleil, son grand-père. Or Héra savait que Jason aurait besoin d'aide pour s'emparer de la Toison d'or. Elle ordonna donc à Éros de faire tomber Médée, amoureuse de Jason.

Jason et ses compagnons se présentèrent au roi, qui les accueillit et les invita à dîner. Puis Jason se mit à parler sérieusement : il voulait la Toison d'or. Aiétès, qui ne voulait pas la lui céder, lui dit donc qu'il pourrait l'obtenir s'il réalisait une tâche impossible : mettre au joug deux taureaux aux sabots d'airain qui crachaient le feu, labourer un champ avec, y semer des dents de dragon, et repousser l'armée de soldats qui jaillirait immédiatement des dents semées. Jason répondit qu'il allait essayer.

La rencontre nocturne de Médée et de Jason, et l'onguent d'invincibilité

Médée rendit visite à Jason cette nuit-là et lui donna un onguent avec lequel il devait s'enduire et enduire ses armes pour devenir invincible, insensible au fer et au feu. Elle lui dit que, si les soldats du dragon l'attaquaient, il devrait jeter une pierre au milieu d'entre eux, et alors ils se battraient les uns contre les autres. Jason promit de l'emmener avec lui en Grèce et lui jura une fidélité éternelle, et elle rentra sans bruit au palais.

Ouais, elle m'a bien aidé

Le lendemain, Jason se présenta à Aiétès et à tous les spectateurs qui étaient venus regarder. Il attela sans peine les taureaux géants et laboura le champ, en jetant, au fur et à mesure, les dents du dragon dans les sillons. Lorsqu'il eut fini de labourer et de semer, les soldats étaient déjà debout et prêts à l'attaquer. Il jeta une pierre au milieu d'eux, et ils se taillèrent mutuellement en pièces, exactement comme l'avait dit Médée.

Le roi Aiétès n'était pas content du tout. Il commença à réfléchir pour trouver des moyens de se débarrasser de Jason, mais Médée courut une fois de plus voir les Argonautes pour leur dire qu'ils devaient s'emparer de la Toison d'or et s'enfuir avec avant que son père ne les capture.

Il semble bien que les liens de parenté ne soient pas toujours les plus forts...

Un serpent géant gardait la Toison d'or. Médée l'endormit grâce à un charme, et Jason retira facilement la Toison d'or de l'arbre auquel elle était suspendue. Puis ils regagnèrent l'Argo à toute vitesse, et s'enfuirent en ramant de toutes leurs forces en emmenant avec eux Médée et son frère. Comme ils étaient poursuivis par Aélès, Médée conçut un stratagème horrible : elle tua son frère, le dépeça, et jeta les morceaux de son corps un par un à la mer. Aiétès dut s'arrêter pour récupérer les morceaux du cadavre de son fils, et il abandonna la poursuite. Jason et Médée s'enfuirent.

Derrière chaque héros se cache une grande sorcière

De retour en Grèce, les Argonautes se séparèrent, et Jason et Médée apportèrent la Toison d'or à Pélias. Ils découvrirent que celui-ci avait forcé le père de Jason au suicide, et que sa mère elle aussi était morte. Jason demanda à Médée de l'aider à se venger.

Oh oui, Jason trouvait Médée très gentille...

Médée dit aux filles de Pélias qu'elle pourrait rendre à leur père sa jeunesse, et leur fit la démonstration de sa technique : elle dépeça un vieux bélier, fit bouillir les morceaux dans son chaudron, proféra quelques paroles magiques, et un agneau ressortit d'un bond du chaudron. Convaincues, les filles de Pélias découpèrent leur père en morceaux et le firent cuire. Puis elles allèrent chercher Médée pour que celle-ci dise la formule magique. Mais la magicienne avait disparu. Pélias était mort, et Jason tenait sa revanche.

... mais il voulut quand même changer d'épouse en faveur d'un modèle plus royal...

Jason et Médée s'exilèrent à Corinthe, où ils eurent deux fils. Ils vécurent heureux comme cela pendant quelques années. Mais un jour, Jason annonça qu'il allait épouser la fille de Créon, le roi de Corinthe. Il s'agissait d'une décision politique : il voulait des enfants royaux, alors que ceux que lui avait donnés Médée n'avaient aucun droit et n'étaient pas des héritiers qui lui convenaient. Le roi corinthien, qui se méfiait de Médée, de ses pouvoirs magiques et de ses deux fils, ordonna qu'elle quitte le pays avec ses enfants. Jason expliqua alors à Médée qu'elle était trop folle et trop dangereuse pour lui, et que c'était sa faute s'il fallait qu'elle s'en aille. Pourtant, en grand seigneur qu'il était, il avait demandé au roi de Corinthe de l'envoyer en exil et de ne pas la tuer. Il allait en outre faire en sorte qu'elle ait suffisamment d'argent pour son voyage, quelle qu'en soit la destination.

... et ce fut l'enfer

Médée lui passa un beau savon, et lui rappela toutes les fois où elle lui avait sauvé la peau. Mais il refusa de reconnaître qu'elle ait fait quoi que ce soit pour l'aider, en affirmant que sa réussite était due aux dieux qui avaient été à ses côtés. À partir de là, Médée se mit vraiment en colère. Elle tua la mariée en lui faisant cadeau d'une magnifique tunique empoisonnée et en faisant en sorte que ses propres fils l'apportent à sa rivale. Lorsque celle-ci l'enfila, sa chair se mit à fondre et elle s'écroula, morte.

Puis Médée prit la décision la plus affreuse que peut prendre une mère. Elle savait que ses garçons seraient sans défense sans leur père, et elle ne pouvait supporter l'idée de les voir devenir des esclaves. Elle les tua donc elle-même. Jason vint la voir, indigné qu'elle ait assassiné sa fiancée. Il trouva ses fils morts, et vit Médée s'enfuir sur un chariot tiré par des dragons. Il la maudit alors qu'elle s'enfuyait.

Chapitre 7

L'Iliade, la fin de la guerre de Troie, et *L'Odyssée*

Dans ce chapitre :

- La guerre de Troie et sa distribution des rôles
- La guerre de Troie dans *L'Iliade* d'Homère
- La mort d'Achille et le cheval de Troie
- L'odyssée d'Ulysse

La guerre de Troie et les aventures d'Ulysse étaient les histoires les plus excitantes de l'Antiquité. La belle Hélène enlevée à son mari, les exploits des héros virils Achille et Patrocle, le cheval de Troie, Ulysse aux mille ruses et ses rencontres avec des monstres, des sorcières et des séductrices : toutes ces histoires proviennent pour la plupart de *L'Iliade* et de *L'Odyssée*, qui furent toutes deux écrites par Homère, et elles furent ensuite complétées par plusieurs autres mythographes.

Quasiment tous les hommes et femmes de l'Antiquité, instruits ou non, connaissaient ces contes et les adoraient.

Les Grecs de l'Antiquité n'avaient pas de livre sacré qui leur indiquait ce qu'ils devaient croire. Mais ils avaient *L'Iliade* et *L'Odyssée* d'Homère, deux longs poèmes qui racontaient la guerre de Troie. Ces livres n'étaient pas religieux, bien qu'ils fussent bourrés d'histoires de dieux, de prières et de sacrifices, mais ce n'était pas grave. De même que les Chrétiens se servent de la Bible, les Juifs de la Torah et du Talmud et les Musulmans du Coran, les Grecs se servirent de la poésie d'Homère qui leur racontait qui ils étaient. Tout au long de l'Antiquité, les petits Grecs apprenaient par cœur les poèmes homériques et grandissaient au rythme des exploits d'Hector et d'Ulysse.

Les poèmes d'Homère racontent la guerre de Troie. *L'Iliade* parle des événements qui se produisirent durant la dernière année de cette guerre, et *L'Odyssée* raconte l'histoire du héros Ulysse, qui mit dix années à essayer de rentrer chez lui après la fin de la guerre.

La métrique des poèmes épiques

Les poèmes épiques furent transmis d'abord oralement, ils étaient écrits en vers parce qu'ils étaient destinés à être déclamés ou à être chantés accompagnés de musique. Mais surtout, les poèmes épiques racontaient les grands exploits du passé. Voici quelques éléments spécifiques qui caractérisent les poèmes épiques d'alors :

- **le système de versification, ou *métrique*, emploie l'*hexamètre dactylique* (non, non, rien à voir avec le ptérodactyle)** : *L'Iliade* et *L'Odyssée* sont des poèmes écrits en grec. Mais pas dans la langue que tout le monde parlait à l'époque. Ils le sont dans un dialecte poétique artificiel que les gens comprenaient mais qui était assez différent de la langue parlée. Cette poésie n'a pas de rimes (ou du moins elle ne devrait pas rimer), mais elle est *métrique*, ce qui veut dire qu'elle possède un rythme fondé sur une alternance de syllabes longues et de syllabes brèves. La métrique de la poésie épique emploie *l'hexamètre dactylique*, ce qui signifie que chaque vers est divisé en six mesures ou pieds, et que chaque pied se compose lui-même soit de deux syllabes longues (appelées spondées), soit d'une syllabe longue et de deux brèves (appelées dactyles).
- **les expressions toutes faites (épithètes : expansives, digressives, répétitives), les scènes classiques, les discours standard et les morceaux traditionnels** : certains mots, certaines phrases, certains vers et pans entiers de vers deviennent des *formules*, qui présentent ainsi des blocs de texte pratiques qui s'insèrent bien dans la métrique et sont faciles à retenir pour les aèdes qui les chantaient à la cour des rois ou sur la place publique. Les formules que l'on remarque le plus sont les combinaisons du type *nom-épithète* ; le poète ne dit jamais simplement « Achille », mais ajoute au contraire toujours une épithète à ce nom propre : « Achille au pied léger », « Achille le Divin », « Achille fils de Pélée ». De même, Hector est parfois « divin », parfois « assassin ». Ces épithètes permettent aussi au poète d'éclairer ses personnages sous des angles différents à des endroits particuliers du poème, tout en respectant la métrique.
- **les comparaisons** : dans la poésie d'Homère, le poète décrit fréquemment une action au moyen d'une comparaison enveloppée dans une métaphore filée. Qu'est-ce que cela signifie ? La comparaison est un passage du type « Exactement comme… » qui évoque une image (du monde de la nature, habituellement) pour illustrer comment Diomède, par exemple, se lança dans la bataille.
- **les invocations** : au début d'un poème épique, le poète invoque la Muse pour qu'elle l'inspire. Souvent, il lui demande de chanter elle-même. C'est ainsi que *L'Iliade* commence par « Chante, Déesse, la colère d'Achille. »

Plantons le décor : voici les événements qui ont conduit à la guerre de Troie

L'Iliade commence neuf ans après le début de la guerre de Troie, qui se déroula à Troie. Cette ville se trouvait dans le nord-ouest de ce qui est aujourd'hui la Turquie, près de la côte donnant sur le détroit des Dardanelles (qui unit la mer Égée à la mer de Marmara). Mais beaucoup de choses durent d'abord se passer pour mettre en branle cette grande guerre.

Le jugement de Pâris

Cette histoire de souffrances et de carnages sur trois générations commença tout simplement parce qu'un organisateur de cérémonie nuptiale oublia d'inviter une déesse importante.

Pélée, un homme mortel, fut donné en mariage à Thétis, une Néréide (Nymphe de la mer). Pélée avait participé à plusieurs aventures, en accompagnant Méléagre à la chasse au *sanglier de Calydon* et Jason à la recherche de la Toison d'or. Il avait été marié auparavant, mais cette union avait tourné au vinaigre lorsqu'il avait accidentellement tué son beau-père. Il savait, par un oracle, que le fils de Thétis était destiné à devenir plus puissant encore que son père. Il avait donc tout intérêt à ce que la belle Néréïde épousât un mortel…

Ce mariage fut un événement important ; tous les mortels célèbres et tous les dieux et déesses y assistèrent. Mais Thétis (ou tout autre responsable des cérémonies ayant dressé la liste des invités) avait décidé de ne pas inviter Eris, la Discorde, en espérant ainsi éviter des conflits. Bien entendu, ça ne marcha pas. Eris, ulcérée par cet affront, s'invita elle-même à la cérémonie, durant laquelle elle jeta une pomme d'or, dédiée « à la plus belle », sur la piste de danse.

La pomme d'or se transforma en pomme de discorde. Qui donc était la plus belle, la plus merveilleuse ? La concurrence était rude, entre

- Athéna, fille de Zeus et vraie « fille à papa »
- Héra, épouse de Zeus et impérieuse reine des dieux
- Aphrodite, déesse de l'Amour.

Elles demandèrent à Zeus de décerner le trophée. Comme il n'était pas fou, il refila le bébé à un jeune prince nommé Pâris. Pâris était le fils de Priam, le roi de Troie.

Comment se fait-il que Pâris ait obtenu cet honneur douteux ? Eh bien, en réalité, Zeus savait que cette décision poserait des problèmes, mais il savait aussi que Troie était condamnée par le destin à disparaître. Des années plus tôt, Laomédon, le roi de Troie, avait eu des ennuis avec Apollon et Poséidon. Les deux dieux avaient accepté de construire les murs de la ville, mais Laomédon avait ensuite refusé de les payer le prix convenu. Les dieux olympiens en gardèrent une colère terrible. Zeus a demandé à Pâris qu'il tranche entre les trois déesses afin de mettre les choses en branle. En fait, juste après la naissance de Pâris, sa mère fit le rêve qu'elle avait donné naissance à une torche qui allait mettre le feu à la cité tout entière – et il est évident que cette torche, c'était son bébé, Pâris. Les parents essayèrent de se débarrasser de leur bébé en l'abandonnant dans la nature, mais le petit Pâris fut sauvé par un berger et, une fois adulte, revint à Troie, où il fut accueilli par ses parents.

Chaque déesse essaya de soudoyer Pâris :

- Athéna lui promit la victoire à la guerre.
- Héra lui promit le pouvoir.
- Aphrodite lui promit la plus belle femme du monde.

Pâris accepta l'offre d'Aphrodite, mais fut pourtant forcé de constater que la plus belle femme du monde était déjà mariée. C'était Hélène, la fille de Léda, une mortelle, et de Zeus. (Zeus avait séduit et fécondé Léda en prenant la forme d'un cygne. Hélène naquit donc en sortant d'un œuf !) Elle était mariée à Ménélas, le roi de Sparte. Pâris se rendit donc de Troie, en Asie mineure, à Sparte, dans le sud de la Grèce, afin de l'enlever.

L'enlèvement d'Hélène

Pâris avait déjà une épouse, Œnone, qui l'avertit de ne pas procéder à l'enlèvement, mais il ne l'écouta pas. Il partit pour Sparte en bateau afin de se faire recevoir au palais de Ménélas. Une fois sur place, soit :

- il enleva Hélène de force pour la ramener à Troie, soit
- il la séduisit et ils s'enfuirent ensemble à Troie.

À vous de choisir entre la version romantique, et la version plus banale et vulgaire.

Il faut savoir que l'un des portefeuilles de Zeus, c'était celui de « protecteur de l'hospitalité » (Zeus Xenios). Le fait de kidnapper la femme de son hôte, cela heurte sans aucun doute les lois de l'hospitalité. Donc, si Troie n'avait pas déjà été destinée à être détruite, désormais, elle l'était pour de bon !

Lorsque Ménélas découvrit que son épouse avait été enlevée, il fila chez son grand frère Agamemnon, le roi de Mycènes. Celui-ci consentit à mettre sur pied une expédition et à partir en guerre contre Troie pour ramener Hélène.

En raison de cette grande expédition pour la récupérer, la carte de la Figure 7-1 vous permet de voir d'où venaient tous ces bateaux, et où ils se rendirent.

Agamemnon disposait d'un atout pour la planification de son invasion. Lorsque le père d'Hélène, Tyndare, avait organisé les noces de sa fille, quasiment tous les célibataires de Grèce lui avaient fait une proposition. Cette situation semblait pourtant potentiellement dangereuse, car Tyndare courait le risque de gagner un gendre et mille ennemis pleins d'amertume. Ulysse le rusé lui suggéra de demander à tous les prétendants de promettre :

- de ne pas tuer l'heureux élu ;
- de répondre à l'appel de l'heureux élu, si jamais il réclamait leur aide. En y regardant de plus près, cet effort destiné à éviter les ennuis conduisit directement à une guerre de dix ans qui envoya de nombreuses âmes de héros tout en bas, chez Hadès. Peut-être que ce n'était pas une si bonne idée que ça, après tout.

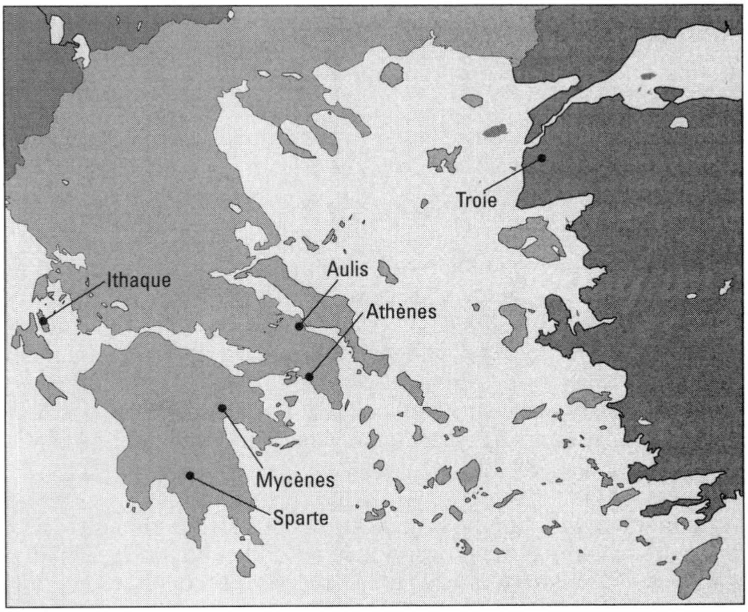

Figure 7-1 : Carte de la région.

Malheureusement, maintenant qu'Hélène avait été vraiment enlevée, ces gars-là ne débordaient pas d'enthousiasme pour aider Ménélas ! Ulysse, par exemple, fit semblant d'être fou lorsque le recruteur arriva pour le chercher ; il attela un bœuf et un âne à sa charrue et sema du sel dans ses champs. Le recruteur mit alors le bébé d'Ulysse devant la charrue, et Ulysse s'arrêta juste avant de faucher l'enfant. Il dut alors bien admettre qu'il était " apte " à partir en guerre.

L'union de Pélée et de Thétis dura suffisamment longtemps pour qu'ils aient un fils, Achille.

Thétis avait, elle aussi, essayé de tirer son fils d'affaire. Alors qu'Achille avait 9 ans, le prophète Calchas lui avait prédit que Troie ne pourrait pas être prise sans la participation d'Achille, et elle essaya donc d'éviter toute cette guerre qui coûterait la vie à son fils (Thétis, en tant que déesse de la mer, savait prédire l'avenir) en le dissimulant. Elle envoya Achille au palais de Lycomède, sur l'île de Scyros, dans lequel il passa plusieurs années, déguisé en fille et se comportant comme telle, bien qu'il ait aussi fécondé la fille du roi, qui lui donna un fils.

Les Grecs envoyèrent Ulysse chercher Achille chez Lycomède. Ulysse ne pouvait naturellement pas deviner à l'œil nu qui était Achille parmi toutes ces filles, et il usa donc d'un stratagème. Selon une version de cette histoire (celle des *Métamorphoses* d'Ovide), Ulysse laissa tomber lourdement un panier rempli de jolis vêtements de fille, ainsi que d'une armure et d'armes. Toutes les filles se précipitèrent sur les robes, alors qu'Achille s'intéressa à l'armure – il était fait !

Le sacrifice d'Iphigénie

Même lorsque son armée fut enfin au complet, les problèmes d'Agamemnon furent loin d'être terminés. Alors que les Achéens se préparaient à monter à bord de leurs bateaux, les vents tombèrent, empêchant les bateaux de naviguer vers l'est sur la mer Égée en direction de Troie. Agamemnon consulta alors le devin Calchas, qui annonça qu'il s'agissait d'une accalmie provoquée par Artémis, qui aimait Troie et ne supportait pas Agamemnon. Le roi pouvait faire cesser ces vents, mais seulement au prix du sacrifice d'Iphigénie, sa propre fille, à Artémis.

Agamemnon envoya un message à son épouse, Clytemnestre, lui disant qu'il voulait donner Iphigénie pour épouse à Achille. La mère et la fille firent leurs bagages et s'en allèrent à Aulis en se préparant à un mariage. Lorsqu'elles arrivèrent, Agamemnon tua sa fille sur un autel, exactement comme s'il avait sacrifié un animal. Le calme plat cessa, et la flotte grecque put enfin partir. La guerre de Troie avait donc commencé par ce crime horrible. Clytemnestre en porta rancœur à son mari pour toujours ; voir le chapitre VIII pour savoir quelle fut la punition d'Agamemnon.

La rancœur d'Artémis envers Agamemnon

Pourquoi Artémis ordonna-t-elle aux vents de cesser de souffler sur Aulis ? On sait qu'Artémis – les mésaventures d'Actéon ou de Niobé racontées plus haut nous l'ont appris – était une déesse particulièrement susceptible ; et Agamemnon, un roi particulièrement orgueilleux... En effet, pour passer le temps, tandis que les marins chargeaient les navires en rade à Aulis, Agamemnon partit chasser ; il aperçut une superbe biche qu'il tua d'une seule flèche. Mais au lieu de remercier la divine chasseresse pour cet incroyable coup de chance, le chef de l'expédition des Achéens s'écria au contraire qu'Artémis elle-même n'aurait pu mieux faire ! La déesse n'en manqua pas un mot et fit en sorte qu'une accalmie surnaturelle tombât soudainement sur le port d'Aulis, plombant du même coup le moral des troupes, qui supportaient mal ce délai, et compromettant d'autant l'autorité d'Agamemnon. C'est alors qu'il demanda à Calchas de lui expliquer la cause de cette bonace et qu'il sacrifia son honneur de père à son rôle d'homme politique... Agamemnon était de ceux chez qui l'ambition l'emporte sur les liens du sang. Artémis n'était pourtant pas une déesse (à ce point) cruelle et sanguinaire, réclamant pour calmer son courroux la mort d'une innocente : on dit qu'à l'instant où le bourreau frappa sur l'autel la pauvre Iphigénie, elle disparut et fut remplacée par une biche ; Artémis emmena Iphigénie loin de là, en Tauride (la Crimée actuelle), où elle devint sa prêtresse et eut pour tâche de répandre son culte sur cette lointaine terre barbare.

La distribution des rôles

Les Grecs

Il est important de se rappeler que, dans la guerre de Troie, les deux camps étaient les Achéens d'une part, et les Troyens de l'autre. Les auteurs postérieurs aux guerres médiques, qui virent opposer au Ve siècle av. J.-C. les Grecs aux Perses, venus précisément d'Asie Mineure, ont fait un amalgame à des fins politiques et ont assimilé les Troyens, qui vivaient en Asie Mineure à des Barbares, comme les Perses, et les Achéens aux Grecs. Ce raccourci historique avait l'immense avantage de donner à la guerre entre Perses et Grecs un arrière-plan historique de près de mille ans et justifiait encore la victoire des Grecs en en faisant une seconde guerre de Troie. Et c'est de là que vient l'habitude de croire que la guerre de Troie s'est déroulée entre Grecs et Troyens, alors même qu'à l'époque d'Homère le terme de « Grecs » ou d'« Hellènes » n'existait pas dans ce sens (il ne désignait qu'une tribu parmi tant d'autres). Il est clair que les Troyens, dans *L'Iliade*, sont des Grecs à part entière : ils portent des noms grecs, parlent grec, vénèrent les dieux grecs, signes incontestables de leur identité ethnique. De même, les adversaires des Troyens, qui sont nommés Achéens ou Danaens dans l'épopée, ne sont que les membres de tribus de la Grèce continentale venus défier les habitants d'une cité grecque d'Asie Mineure devenue particulièrement puissante, Troie.

Les héros grecs étaient issus de tous les coins du monde hellénique : ils représentaient Mycènes, Sparte, Pylos, la Crète, Thessalonique et des centaines d'autres villes. Homère les cite toutes, *in extenso*, dans le livre II de *L'Iliade* dans la partie connue sous le titre " Catalogue des bateaux " ; la liste est si longue qu'Homère lui-même semble intimidé alors qu'il en commence la lecture, et qu'il appelle la Muse deux fois à la rescousse au cours de ce récit.

- **Agamemnon** : roi de Mycènes, chef des Achéens.
- **Ménélas** : plaignant du litige, roi de Sparte ; mari d'Hélène. Ménélas est dépeint comme une chiffe molle (comme d'ailleurs son pendant troyen, Pâris).
- **Achille** : le « plus brave des Achéens ».
- **Patrocle** : meilleur ami d'Achille.
- **Phœnix** : le vieil homme qui éleva Achille, car Pélée était apparemment trop occupé à régner sur Phthie.
- **Ulysse (*Odysseus*)** : roi d'Ithaque. Le plus malin des Achéens.
- **Ajax fils de Télamon (*Aias* en grec)** : grand et valeureux, mais pas méchant ; à ne pas confondre avec Ajax, fils d'Oïlée, petit, couard et méchant.
- **Diomède** : héros polyvalent. Durant *L'Iliade*, comme Achille fait la gueule la plupart du temps (on trouvera des détails plus loin dans ce chapitre), Homère se sert de Diomède pour donner un exemple générique du grand guerrier.
- **Nestor** : Nestor – roi de Pylos et doyen des Achéens – est trop âgé pour combattre, mais il donne des tas de conseils et aime raconter de longues histoires sur sa gloire passée.

Achille

Le plus grand des héros grecs, Achille, a été chanté longuement par Homère dans *L'Iliade*. Sa gloire a traversé les siècles. Sa légende s'est enrichie de mille détails. Aussi, par souci de simplification, on distingue généralement l'Achille de la tradition homérique et celui des traditions posthomériques. Fils de Thétis et de Pélée, roi de Phthie en Thessalie, Achille, confié à Phoenix, apprit de ce savant précepteur l'art de l'éloquence et le maniement des armes. On dit également qu'il reçut du centaure Chiron des leçons de médecine. Avide de gloire et d'exploits, il suivit, en compagnie de son inséparable ami Patrocle, les deux héros grecs Nestor et Ulysse, qui rejoignaient le siège de Troie. Il préférait, malgré les avertissements de Thétis, une vie courte, mais glorieuse, à une existence plus longue, mais obscure.

Sa beauté, sa bravoure, sa fermeté d'âme, la précieuse protection que lui accordèrent Héra et Athéna contribuèrent à accroître sa renommée. Cependant, le caractère du héros n'était pas dénoué de faiblesses. Ombrageux, excessif dans ses passions et ses rancunes, il abandonna la lutte lorsque Agamemnon lui eut ravi Briséis, la belle captive dont il était amoureux. Privés de son appui, les Grecs essuyèrent défaite sur défaite. Mais à la nouvelle de la mort de son ami Patrocle, tué par Hector, Achille sortit de sa réserve et revêtit une armure magique, forgée par Héphaïstos à la demande de Thétis. Il s'engagea de nouveau dans la bataille. Il tua Hector à l'issue d'un combat singulier et traîna le corps de son ennemi tout autour de la ville de Troie, sous les yeux des Troyens épouvantés. Puis, s'apaisant, il finit par consentir, en un beau geste de piété, à restituer la dépouille d'Hector à Priam, son père. Les jours du héros étaient toutefois comptés. Achille ne devait pas voir la victoire finale des Grecs. Il tomba, devant les portes Scées, au pied des murailles de Troie, frappé de la main de Pâris guidé par Apollon. Il fut enseveli, au milieu des pleurs et des gémissements, sur le rivage de l'Hellespont.

Selon les traditions postérieures, Thétis tenta, à plusieurs reprises, de procurer à son fils Achille l'immortalité. Pour cela, elle le frottait le jour avec de l'ambroisie et le plongeait la nuit dans le feu. Enfin, elle le trempa dans les eaux du Styx. Le corps d'Achille devint invulnérable, à l'exception du talon, par où sa mère l'avait tenu. Lorsque la guerre de Troie éclata, Thétis recommanda à son fils de se déguiser en femme et de se mêler, sous le nom de Pyrrha, au groupe des filles du roi Lycomède, afin d'échapper à la pression des guerriers. Mais Ulysse, ayant appris du devin Calchas que la présence d'Achille dans les rangs de l'armée des Grecs était nécessaire à leur victoire, contraignit Achille par la ruse à le suivre : il se déguisa à son tour en marchand et alla proposer aux filles du roi Lycomède des tissus de grande qualité et des armes.

Toutes les filles se dirigèrent vers les voiles et les tuniques, excepté Achille qui allait essayer les armes, se montrant sous son vrai jour. Plus tard, au cours du siège de Troie, il fut sur le point de trahir ses alliés par amour pour Polyxène, fille de Priam, mais il périt, le talon percé d'une flèche qui était son point faible. Il est vrai que ces récits tardifs, s'ils n'ajoutent rien à la gloire d'Achille, n'ont pas réussi à émousser l'adoration des Grecs pour leur héros préféré, qui, selon une tradition courante, passerait une éternité bienheureuse soit dans l'île Blanche, à l'embouchure du Danube, soit aux Champs Élysées.

En fait, bien plus qu'un héros, Achille fut considéré dans l'Antiquité comme un demi-dieu et vénéré en mainte région de la Grèce. On lui dédia des temples et un culte, notamment à Sparte et à Élis. On l'imagina poursuivant une vie posthume radieuse, entouré de divinités dont il partageait l'existence et les plaisirs au sein d'une joie éternelle, entrecoupée de festins et de combats sans nombre.

Ajax

Trop âgé pour prendre part à la guerre de Troie aux côtés des Grecs, Télamon, roi de Salamine, y envoya ses deux fils, Teucer et Ajax. Ce dernier, dans *L'Iliade*, passe pour le plus vaillant des guerriers après Achille : à lui seul, il repoussa une contre-attaque de Troyens qui menaçaient d'incendier le navires grecs. Il se signala au cours de combats singuliers et blessa même Hector. Mais comme il était écrit que ce dernier ne pouvait mourir que de la main d'Achille, Ajax accepta une trêve. Après la mort d'Achille, Ajax et Ulysse se disputèrent les armes du héros, et Ulysse l'emporta ; pris d'un soudain accès de démence, Ajax sortit alors la nuit de sa tente et égorgea les troupeaux, pensant tuer des guerriers. Lorsqu'il reprit ses sens, il fut l'objet de la risée générale et, devant ce déshonneur, se jeta sur son épée et se tua. Toujours prompt à envelopper les récits mythiques de métamorphoses et de métaphores, Ovide raconte que le sang d'Ajax donna naissance à une fleur, Hyacinthe, dont les premières lettres *a i* sont aussi les premières lettres d'Ajax (Aias en grec). Télamon vengea la mort de son fils en attirant les vaisseaux d'Ulysse contre les récifs de la côte de son royaume. Le tombeau d'Ajax fut élevé au cap Réthée. Un culte fut rendu au héros à Salamine et un temple lui fut spécialement affecté.

Patrocle

Né en Locride, où régnait son père Ménoetios, époux de Sthénélé, Patrocle, jeune encore, tua, dans un excès de colère, l'un de ses compagnons de jeux. Il dut s'exiler. Accueilli par Pélée, roi de Myrmidons, à Phthie en Thessalie, il reçut la purification nécessaire à l'expiation de son meurtre. Mais, comme il s'était lié d'amitié avec Achille, le fils de ce généreux monarque, il ne rentra pas dans son pays.

Lorsque la guerre de Troie éclata, il y suivit son ami, à la tête d'un contingent de Myrmidons, et se livra sous les murs de Troie à de vaillants exploits. Il suivit Achille sous sa tente, lorsque ce dernier se brouilla avec Agamemnon. Il refusa, comme lui, de continuer la lutte. Pourtant, comme le sort des armes ne favorisait pas les Grecs, Patrocle consentit à reprendre le combat, et Achille lui prêta même ses armes et son armure. Il réussit à repousser les Troyens. Mais, au cours d'un combat singulier, il fut tué par Hector. Rendu furieux par cette mort, Achille fut saisi d'un tel désir de vengeance qu'il sortit de sa réserve, reprit les armes et tua Hector. Il honora la mémoire de son ami par des jeux funèbres solennels. Les deux inséparables compagnons devaient se retrouver, plus tard, dans l'île Blanche, demeure mythique et bienheureuse des héros, où ils continuent, par-delà la mort, une existence éternellement héroïque.

Diomède

Diomède, fils de Tydée, passe pour l'un des plus vaillants héros de toute l'Antiquité. Élevé par le centaure Chiron, il succéda à son grand-père Adraste sur le trône d'Argos et prit une part effective à l'expédition des Épigones, afin de venger la mort de son père, l'un des Sept Chefs. Par la suite, il se lia d'amitié avec Ulysse et l'accompagna à Troie à la tête de quelque quatre-vingts vaisseaux. Outre les exploits qu'il accomplit avec son ami, soit en allant chercher Philoctète et ses flèches indispensables à la victoire à Lemnos, soit en s'emparant des chevaux de Rhésos, soit en enlevant de Troie le Palladion, qui passait pour protéger la ville, Diomède n'hésita pas à affronter en combat singulier les plus réputés des héros troyens, tels Hector et Énée ; il ne fut jamais vaincu. De plus, protégé par Athéna, il osa s'attaquer au dieu Arès, qu'il blessa au flanc – à la déesse Aphrodite, dont il perça la main de sa lance.

Mais cette audace déplut à la déesse de l'Amour. Elle inspira à l'épouse de Diomède, Aegialé, des amours adultères ; Diomède, regagnant Argos, découvrit l'infidélité de sa femme. Il quitta alors son royaume et aborda en Italie du Sud, en Apulie, où il rencontra le roi de la contrée, Daunus, qui lui donna sa fille en mariage ; Diomède s'installa dans le pays et fonda de nombreuses villes de l'Italie méridionale. Selon les uns, il fut tué par le roi Daunus, selon les autres, il disparut sur l'ordre des dieux sous les yeux de ses compagnons, qui furent métamorphosés en oiseaux. Enterré dans une des îles qui portent aujourd'hui son nom, il fut adoré comme un dieu.

Nestor

L'un des douze fils de Nélée et de Chloris, Nestor, vit périr ses frères de la main d'Héraclès, mais fut épargné. Roi de Pylos, guerrier sage et juste, il participa en particulier à trois hauts faits, qui, dans la mythologie grecque, occupent une place de choix. Il défit, aux côtés des Pyliens, les Épiens. Il prit part au combat des Lapithes contre les Centaures et à la chasse du sanglier de Calydon, en compagnie des Argonautes. Apollon, lui ayant accordé de vivre trois générations d'hommes, il put s'embarquer à la tête de quatre-vingt-dix vaisseaux qu'il conduisit au siège de Troie. Son rôle éminent, en tant qu'élément modérateur, et son souci constant d'apaiser les discordes entre les héros grecs – tels Achille et Agamemnon – sont attestés par les nombreux portraits élogieux qu'en trace Homère dans *L'Iliade* et dans *L'Odyssée*. Après la chute de Troie, il fut l'un des rares guerriers grecs à revenir sans encombre dans sa patrie, où il demeura jusqu'à sa mort, faisant régner dans ses États la justice et la piété.

Ménélas

Comme son frère Agamemnon, ce fils d'Atrée fut mêlé au conflit qui opposait son père à Thyeste. Lorsque les circonstances attribuèrent à ce dernier le trône d'Atrée, il se réfugia à la cour du roi Tyndare de Sparte, qui avait une fille d'une grande beauté, Hélène. Ménélas s'en éprit et l'épousa. Tandis qu'Agamemnon réussissait à reprendre le trône d'Argos, il s'installa sur celui de Sparte que lui avait légué son beau-père en mourant. Il devait vivre heureux avec Hélène, qui lui donna de nombreux enfants, jusqu'au jour où Pâris, fils de Priam, roi de Troie, de passage à Sparte, vint le trouver. Ménélas le reçut avec bienveillance, puis dut partir pour offrir un sacrifice. En son absence, Pâris séduisit Hélène, l'enleva et, avec elle, gagna Troie. Apprenant la fuite de son épouse, Ménélas convoqua tous les anciens prétendants d'Hélène pour tirer une vengeance exemplaire de cet affront. Ménélas et Ulysse furent envoyés en ambassade à Troie pour réclamer pacifiquement la restitution d'Hélène. Mais, devant le refus des ravisseurs, ils se préparèrent à la guerre. La plus grande partie des États grecs manifesta sa solidarité et mit sur pied une armée commune. Pendant le guerre de Troie, qui devait durer dix ans, Ménélas tua de nombreux troyens, et Pâris aurait péri sous ses coups si Aphrodite ne l'avait protégé.

À la mort de Pâris, Hélène, ayant épousé Déiphobos, ce fut vers la maison de ce Troyen que Ménélas se dirigea lorsqu'il put mettre la ville à feu et à sang. Déiphobos périt de sa main. La rencontre d'Hélène et de Ménélas, après tant d'années d'absence, fut dramatique. Mais, ébloui par sa beauté, le héros pardonna à sa jeune femme, et la réconciliation fut totale. Après un voyage de retour mouvementé, qui dura huit ans, parce que Ménélas dans sa joie avait négligé de sacrifier aux Dieux, il vécut à Sparte longtemps encore avec son épouse, au milieu de la prospérité et du bonheur. À sa mort, il fut transporté par les dieux jusqu'aux lointaines contrées de la félicité éternelle, les Champs Élysées.

Les Troyens

Les Troyens, eux non plus, n'étaient pas tous de Troie. Beaucoup de héros venus d'autres cités d'Asie Mineure les rejoignirent. Mais, malgré toute cette diversité géographique, tous les héros sont en fait grecs, dans les deux camps ; ils parlent tous la même langue, ils ont les mêmes coutumes et les mêmes valeurs, et ils vénèrent les mêmes dieux.

Voici la liste des principaux héros troyens :

- **Priam** : roi de Troie, un vieil homme respecté et père de cinquante enfants !
- **Hécube** : femme de Priam, avec qui elle eut quatorze enfants.
- **Pâris (connu aussi sous le nom d'Alexandre)** : l'un des nombreux fils de Priam. Ravisseur d'Hélène. Pâris est plutôt mauviette.

- **Andromaque** : c'est elle, la femme d'Hector (comme dirait Brassens) ; belle et courageuse entre toutes, elle donne à Hector un fils, Asty.
- **Énée** : une sorte de Diomède troyen. Pour en savoir davantage à son sujet, voir le chapitre XI. Il ne joue qu'un rôle mineur dans *L'Iliade*, mais Virgile saura en faire un véritable héros.
- **Cassandre** : sœur d'Hector, elle fut ardemment courtisée par Apollon qui lui promit le don de divination. Comme elle repoussa ses avances, il la punit à prédire l'avenir, mais à ne jamais être crue.
- **Sarpédon** : l'un des nombreux fils illégitimes de Zeus.
- **Hector** : le fils aîné de Priam. Et certainement pas une femmelette : il est le plus beau et le plus vaillant des Troyens. Tout le monde sait que seul Hector pourra sauver Troie, mais comme tout le monde sait aussi que Troie est condamnée, tout le monde sait donc qu'Hector est condamné.

Cassandre

Fille de Priam et d'Hécube, cette Troyenne de sang royal fut une prophétesse infaillible. Elle avait reçu ce don d' Apollon, qui lui demandait de céder à ses instances. Elle fit mine d'accepter, mais, nantie de sa faculté divinatoire, elle refusa de tenir sa promesse. Le dieu, indigné, fit en sorte que les prophéties de Cassandre ne fussent jamais prises au sérieux. Aussi, Cassandre assista, impuissante, aux préparatifs de la guerre de Troie qu'elle avait prédite. Elle s'opposa sans succès à l'entrée dans Troie du fameux cheval de bois. Lors de la prise de la ville, elle fut poursuivie et retenue prisonnière par Ajax (le Petit), fils d'Oïlée.

Après le sac de Troie, elle échut en partage au roi Agamemnon, qui conçut pour elle un amour véritable. Ils eurent trois enfants. C'est en vain qu'elle supplia son maître et amant de ne pas retourner dans sa patrie. Agamemnon fut tué à Argos par Clytemnestre, son épouse, et Cassandre, ainsi que ses deux enfants, partagèrent le même sort.

Hector

Si Achille est le champion des Achéens, Hector est le chef incontesté des Troyens ; fils aîné de Priam et d'Hécube, il dirige les armées des Troyens et de leurs alliés ; respecté pour sa piété et sa sagesse, Hector est sans doute le personnage le plus humain de l'épopée homérique. En effet, alors que les autres guerriers sont tous marqués par un vice qui leur sera fatal (Agamemnon et Ajax sont orgueilleux, Achille est irascible, Ulysse est fourbe, Pâris est lâche, etc.) Hector, lui, n'a pour seul défaut que de trop aimer les siens, en particulier sa femme, la belle Andromaque, et son fils, le petit Scamandrios (les Troyens le surnomment en revanche Astyanax, « le Seigneur de la ville », car ils espèrent le voir succéder un jour à son glorieux père sur le trône de la ville).

Dans *L'Iliade*, c'est lui qui mène l'assaut contre les Achéens, alors qu'Achille a déserté le champ de bataille. Il défie en combat singulier le grand Ajax, fils de Télamon ; leur duel dure jusqu'à la tombée de la nuit, et les deux guerriers, reconnaissant leur valeur mutuelle, se quittent en échangeant des présents : Ajax donne au fils de Priam son baudrier, tandis qu'Hector fait présent à Ajax de son épée (c'est avec cette épée qu'Ajax, dans la tragédie de Sophocle, se suicide). Protégé par Apollon, c'est encore lui qui conduit l'armée troyenne jusqu'au camp achéen, et qui manque de peu de réduire en cendres les navires de ses ennemis, en même temps que leurs espoirs de victoire. Sans l'aide d'Athéna, Diomède ou Nestor seraient morts de sa main, et il terrasse Patrocle, pourtant revêtu des armes d'Achille, dont il le dépouille.

D'après *L'Iliade*, la mort d'Hector était le préalable nécessaire à celle d'Achille, et le duel entre les deux héros occupe de nombreux vers. Zeus pèse les âmes des deux guerriers et constate qu'Hector doit mourir. Dès lors, l'issue du duel est inévitable, Apollon est contraint d'abandonner son protégé, et Hector succombe aux coups de son adversaire. Au moment de mourir, il prédit néanmoins à Achille sa mort prochaine et le supplie de restituer son corps à son père. Mais l'orgueilleux Achille, aveuglé par sa colère, n'a cure des dernières volontés du mort, et son père est obligé d'aller le supplier dans sa tente de lui rendre la dépouille de son fils bien-aimé.

L'Iliade se clôt sur les funérailles d'Hector, car désormais, privée de son rempart le plus solide, Troie ne peut plus échapper à son destin. Ainsi, on peut dire qu'Hector est le héros principal de *L'Iliade* : à lui tout seul, il symbolise le tragique d'une condition humaine, où les plus braves, les plus pieux, les plus justes, en un mot les meilleurs, ne sont pas récompensés à la mesure de leur grandeur.

Énée

Issu de la race royale de Dardanos et parent de Priam, roi de Troie, dont il épousa la fille Créüse, Énée était le fils d'Anchise et de la déesse Aphrodite. Élevé dans les bois par des Nymphes et le centaure Chiron, Énée ne prit pas part au commencement de la guerre de Troie ; cependant, un jour qu'il gardait ses troupeaux, il fut attaqué par Achille, qui lui ravit une partie de son bétail. Il se réfugia alors à Lyrnessos et, poursuivi par Achille, dut quitter cette ville pour Troie, où il s'engagea dans les rangs des guerriers troyens. Au cours de cette longue guerre, Énée fut un héros courageux, sage et pieux ; il savait payer de sa personne, mais il eut bien souvent recours, dans des situations périlleuses, au secours et à la protection des Dieux, notamment lorsqu'il se mesura à Achille : Poséidon le voyant en danger de mort, le ravit, dans une nuée, aux yeux de son ennemi. Lors de la destruction de Troie et l'extinction de la race de Priam, Énée, selon l'une des plus anciennes traditions, se serait retiré sur l'Ida avec son père, son fils et quelques fidèles, et il aurait fondé un nouveau royaume de Troade.

Cependant, selon des traditions plus tardives, Énée s'enfuit de Troie, portant son père Anchise, aveugle et paralysé, sur son dos, traînant son fils Ascagne d'une main, tenant dans l'autre les dieux de la cité – les Pénates –, ainsi que le Palladion. Il réunit quelques compagnons sur l'Ida et s'embarqua pour les Hespérides, l'Occident mal connu. Au cours d'un périple mouvementé, il établit de solides liens d'amitié avec le pilote de son navire, Palinure, avec Achate, dont la fidélité devint proverbiale, et avec bien d'autres Troyens. Il fit escale en Thrace, passa par Délos, puis arriva en Crète. Pendant plus de sept ans, il erra ensuite sur la mer à la recherche d'un rivage, bravant les tempêtes et la colère des divinités, en particulier celle d' Héra. Sur le point de toucher les côtes d'Italie, après avoir fait étape en Sicile, à Drépanon, où mourut le vieil Anchise, les navires d'Énée furent rejetés brusquement par une tempête sur la côte africaine, près de Carthage. La reine Didon, la fondatrice de Carthage, y accueillit le héros et l'aima. Mais les dieux ne souhaitaient pas un mariage entre Didon et Énée ; Zeus ordonna à celui-ci de regagner les rivages de la Sicile, où il reçut l'hospitalité du roi Aceste. Parvenu enfin sur les côtes d'Italie, à Cumes, il descendit aux Enfers, guidé par la sibylle, puis, revenu parmi les vivants, il se dirigea vers le Latium. Là, après avoir conclu une alliance avec Evandre, il combattit et tua Turnus, le chef des Rutules, afin d'obtenir la main de Lavinia, la fille du roi Latinus. C'est sur cette victoire que s'achève le poème de Virgile.

Pâris

Appelé aussi « Alexandre », Pâris était le fils cadet de Priam, roi de Troie, et d'Hécube. Avant sa naissance, sa mère rêva qu'elle enfantait un brandon enflammé qui incendiait toute la ville, rêve prémonitoire de la ruine de Troie. Redoutant ce mauvais présage, Hécube abandonna Pâris sur le mont Ida, où il fut recueilli par le berger Agélaüs. Ayant réussi à découvrir son origine, le héros retourna à la cour de Priam, se fit reconnaître au cours de jeux funèbres par son frère Déiphobos et par sa sœur Cassandre, la prophétesse, et fut accueilli aussitôt avec joie par son père, qui le croyait mort.

À Pâris se rattache l'histoire d'un jugement célèbre. Lorsque Pélée et Thétis célèbrent leurs noces, tous les Dieux furent invités à l'exception d'Eris, la Discorde. Furieuse de cette omission volontaire, la déesse jeta une pomme d'or parmi les convives avec cette inscription : « À la plus belle ». Aussitôt, Aphrodite, Athéna et Héra revendiquèrent cette prodigieuse épithète. Pour les départager, Zeus en appela au jugement de Pâris. Les trois déesses se présentèrent devant lui, dans leur nudité. Héra lui promit la souveraineté sur l'Asie, Athéna la gloire des guerriers, et Aphrodite la plus belle des femmes. C'est à cette dernière que Pâris offrit la pomme. Afin d'exaucer sa prophétie, la déesse le protégea et lui permit d'enlever Hélène, épouse de Ménélas, roi de Sparte : telle fut l'origine de la guerre de Troie. Et, jalouses de n'avoir point été choisies, Athéna et Héra témoignèrent au cours de cette guerre d'une haine farouche à l'égard du Troyen Pâris et protégeaient les Grecs. Pâris échappa de peu aux coups de Ménélas, qui l'avait provoqué en combat singulier. Aphrodite le cacha dans une nuée. Il tua de nombreux guerriers et, surtout, perça mortellement Achille au talon. Blessé lui-même par une flèche de Philoctète, Pâris devait succomber peu après, sa première épouse Oenone ayant refusé de le soigner.

Hécube

Fille de Dymas, roi de Phrygie, ou fille de Cissée, roi de Thrace, suivant les traditions, Hécube épousa Priam, souverain de Troade, et donna le jour à de nombreux enfants, qui, tous, devaient s'assurer dans la légende de la guerre de Troie une célébrité tragique : Hector, Pâris, Créüse, Laodicé, Polyxène, Déiphobos, Hélénos, Pammon, Politès, Antiphos, Hipponoos, Polydoros, Troïlos, Cassandre. Un devin ayant prédit que Pâris ruinerait la ville de Troie, Hécube exposa cet enfant ; mais celui-ci réussit à survivre et à rejoindre plus tard sa ville natale, où il fut accueilli avec joie par son père Priam. Si Hécube joue un rôle modeste dans la légende, les malheurs dont elle fut accablée, le massacre de ses enfants, presque sous ses yeux, sa solitude autant que sa fermeté d'âme lui ont donné une grandeur incontestable : après la prise de Troie, alors qu'elle était choisie comme esclave par Ulysse, elle aperçut sur le rivage le corps de Polydoros, qu'elle avait confié avec des trésors considérables au roi de Chersonèse, Polymestor. Hécube décida de se venger ; elle convoqua le roi traître, lui arracha les yeux et tua ses deux fils. Poursuivie par les compagnons du roi, qui voulaient la mettre à mort, sur le point d'être lapidée, elle fut métamorphosée en chienne et sauta dans la mer, au lieu appelé depuis lors Cynossema (« le tombeau du chien »).

Priam

Le roi des Minyens s'appelait primitivement Podarcès, c'est-à-dire « pieds légers ». Il était le fils de Laomédon tué par Héraclès pour avoir refusé le prix convenu en échange de la délivrance de sa fille Hésioné. Épargné parce qu'il avait été le seul à soutenir Héraclès contre son père, il fut racheté par sa sœur et prit alors pour nom Priam, « celui qui a été vendu ». Il monta sur le trône de Troie, épousa Arisbé puis, en secondes noces, Hécube. Selon Homère, il fut le père de nombreux enfants qui, presque tous, jouèrent un rôle éminent au cours de la guerre de Troie : Hector, Pâris, Déiphobos, Polyxène, Pammon, Politès, Antiphos, Hipponoos, Polydoros, Troïlos, Cassandre, Créüse, Laodicé, Hélénos, qu'il vit périr à peu près tous. Tout jeune encore, Priam soutint les Phrygiens dans un combat contre les Amazones ; mais il était d'un âge avancé lorsque éclata la guerre de Troie, et *L'Iliade* raconte qu'il ne prit pas une part active à la guerre. Il consentait à présider les conseils ; mais seul Hector décidait du déroulement des opérations.

Il a, en fait, un rôle pathétique à la fin de *L'Iliade*, au moment où il supplie Achille de lui rendre le corps de son fils Hector. La douleur d'un père et l'émotion du vainqueur ennemi, l'une et l'autre confondues dans les mêmes et fatals malheurs de la guerre, donnent au texte de *L'Iliade* et au personnage de Priam un puissant relief. Lorsque Troie fut envahie par les Grecs, le roi se réfugia avec Hécube au fond de son palais et enserra l'autel de Zeus. Mais le dieu suprême ne pouvait rien faire en faveur du malheureux souverain, qui fut égorgé par Néoptolème.

Les Dieux

Le siège de Troie est donc une guerre panhellénique, au sens où toutes les parties du monde grec y sont impliquées ; mais c'est aussi un sujet digne d'épopée, parce que les dieux ont participé activement à la guerre, et protégeaient de leur faveur l'un ou l'autre camp.

- **Zeus** : le roi des dieux, se doit d'être impartial ; il est en effet l'arbitre ultime, qui pèse les âmes d'Hector et d'Achille lors de leur duel ; son impartialité est d'ailleurs proprement tragique, lorsqu'il doit regarder mourir son fils bien-aimé Sarpédon, incapable de fléchir le cours du destin.
- **Héra** : depuis le jugement de Pâris, qui lui a préféré Aphrodite, l'irascible reine des dieux est farouchement anti-troyenne et fait tout pour aider les Achéens.
- **Athéna** : elle aussi garde une dent contre Pâris et les Troyens ; en outre, ses protégés Ulysse et Diomède sont dans le camp des Achéens, ce qui lui donne une bonne raison d'intervenir en faveur de ces derniers. Elle apparaît même dans la mêlée pour sauver Diomède avec son bouclier, alors qu'Arès voulait le tuer. Elle changea cependant brutalement d'avis sur les Achéens, au moment du sac de la ville, quand Cassandre se fait violer par Ajax, fils d'Oïlée, dans son propre temple et sous les yeux de sa statue !

- **Poséidon** : lui aussi est nettement philoachéen. On se souvient que Laomédon n'avait pas rempli son contrat, et qu'il avait refusé de payer Apollon et Poséidon, comme cela était convenu, alors qu'ils avaient bâti pour lui l'imprenable rempart de Troie. Poséidon, qui est à la fois susceptible et rancunier, intervient à plusieurs reprises dans la bataille pour aider les Achéens. Énée est le seul Troyen – sans doute parce que, contrairement aux fils de Priam, il ne descend pas de Laomédon – à trouver grâce à ses yeux.
- **Apollon** : contrairement à Poséidon, Apollon ne tient pas rancune aux Troyens de l'impair de Laomédon. Il est sans doute le dieu le plus philotroyen : protecteur indéfectible d'Hector, il le fait disparaître aux yeux d'Achille, quand celui-ci cherche à le tuer ; il tombe amoureux de Cassandre, la fille de Priam ; il envoie la peste ravager le camp des Achéens, comme le raconte le premier chant de *L'Iliade* ; bref, si Zeus l'avait laissé faire, les Troyens, guidés par le puissant Hector, auraient sûrement résisté victorieusement au siège de leur ville.
- **Aphrodite** : la grande gagnante du concours de beauté ne pouvait que protéger de ses faveurs les Troyens ; ils étaient beaux et raffinés, ils avaient bon goût et, surtout, comptaient dans leurs rangs Pâris, qui l'avait élue Miss Olympe, et Énée, son propre fils ! Aussi n'hésita-t-elle pas à entrer dans la mêlée pour aider les Troyens et sauver son fils ! Elle protège de près Pâris, qui ne brillait pas par le courage : quand il est menacé, elle l'entoure d'un nuage magique et le dépose bien à l'abri dans le palais de Priam.
- **Arès** : l'amant d'Aphrodite est lui aussi un farouche défenseur d'Hector et des Troyens. Il adore se mêler directement aux combats et faire un carnage d'Achéens. Mais il n'eut pas toujours le dessus. Alors qu'il allait tuer Diomède, Athéna, invisible, protégea l'Achéen de son bouclier, et ce dernier frappa Arès à la cuisse, l'obligeant à remonter illico sur l'Olympe en poussant un cri qui effraya les deux armées.

L'Iliade décrit un épisode de la guerre de Troie dans sa neuvième année

L'Iliade d'Homère (de *Ilion*, l'autre nom de Troie) se déroule au cours de la dixième année de la guerre de Troie. Le poème traite des événements qui eurent lieu sur une courte période – seulement deux semaines – pendant la guerre. La réputation de ce poème provient en partie du fait de la manière dont il associe les événements et les thèmes de la guerre dans un tout, en se concentrant sur la querelle entre Achille et Agamemnon, et la tragédie d'Hector qui en résulte.

Deux gars pour une fille, combien de possibilités ?

Les Grecs avaient passé les années précédentes à piller les villes voisines pour y chercher des butins, des captives et de l'amusement. Durant l'un de ces raids, Achille emmena les Grecs à la victoire sur la ville de Chrysè, où ils prirent de nombreuses femmes captives et se les partagèrent entre eux comme trophées de guerre.

Au moment où *L'Iliade* commence, les Grecs sont campés sur la plage à environ un kilomètre et demi de la ville, et les Troyens sont en sécurité derrière leurs murs. Un vieil homme nommé Chrysès, prêtre d'Apollon de la ville de Chrysè, arrive au camp grec pour essayer de racheter sa fille, Chriséis (à propos, ces noms ne sont pas réellement des noms, ils signifient simplement « homme de Chrisè », et « fille de Chrisès », ces personnages ne comptent pas en tant qu'individus, mais en tant que partie de l'histoire).

Agamemnon avait capturé Chriséis, et il ne voulait pas la rendre. Agamemnon dit au vieil homme de ficher le camp, et le menaça si jamais il osait revenir. Mauvaise manœuvre – il n'est *jamais* recommandé de montrer les dents à un prêtre d'Apollon. Apollon offensé frappa le camp grec d'une épidémie de peste.

Des querelles de garçons

Après la mort de plusieurs Achéens, on demanda au devin Calchas d'expliquer ce qui se passait. Calchas dit que la seule manière d'apaiser Apollon, c'était de rendre la fille. Agamemnon refusa, ce qui entraîna une dispute avec Achille. Finalement, Agamemnon consentit à rendre Chriséis à son père pour sauver l'armée, mais insista sur le fait qu'en remplacement il fallait qu'il obtienne une femme nommée Briséis, prise de guerre d'Achille. Achille, contraint d'obéir, prit néanmoins la mouche et refusa dès lors de se battre.

Ce conflit est la source de la colère d'Achille, et il donne du souffle au poème jusqu'à sa fin.

Touche pas à mes affaires !

Pourquoi Achille était-il autant en colère ? C'était une question d'honneur. Tous les héros voulaient obtenir autant de distinctions qu'ils le pouvaient, en se battant bien ou en donnant de bons conseils. Les prix (l'or, l'argent, les chevaux, les femmes captives, etc.) constituaient ainsi les signes visibles de leur réussite. Voir le chapitre VI pour en savoir davantage sur les héros et sur leur code de conduite. Donc, lorsque Agamemnon prit la femme d'Achille, il réduisit la gloire d'Achille pour rehausser la sienne. Pour aggraver les choses, la mère d'Achille lui avait dit qu'il allait avoir une courte vie, et donc il était pressé de collecter autant de trophées que possible.

Achille reprend ses jouets et rentre chez lui

Achille adressa une prière à sa mère, Thétis, et lui demanda de convaincre Zeus de permettre aux Troyens de prendre l'avantage pendant un moment, afin d'humilier Agamemnon et de souligner la valeur d'Achille dans le camp achéen. Thétis savait que cela ne ferait que causer des problèmes, mais elle accepta quand même de convaincre Zeus. Alors qu'Achille boudait, les Troyens et les Achéens se livrèrent une bataille sauvage entre la plage et la cité, qui eut pour résultat que les Achéens étaient désormais sur la défensive.

Patrocle essaie de sauver la situation et se déguise en Achille

Les Achéens accumulaient les défaites ; Hector, le plus vaillant des Troyens, emmena son peuple jusqu'au camp achéen et, fort de la protection d'Apollon, manqua de tuer Nestor et Diomède. Pour les Achéens, le désastre était imminent, et les bateaux risquaient d'être incendiés d'un instant à l'autre ; Patrocle, le meilleur ami d'Achille – on raconte qu'il était aussi son amant – eut alors pitié de leurs (anciens) alliés. Il proposa un plan destiné à aider les Achéens, sans qu'Achille doive céder et se battre : selon ce plan, Patrocle porterait l'armure d'Achille, et se montrerait aux Troyens ; ils se mettraient à paniquer, et les Achéens les vaincraient. En tout cas, c'était l'idée.

Mais Patrocle se laissa emporter et entraîner dans la bataille. Ce fut une grande journée pour lui, il tua des Troyens par dizaines. Mais finalement, il se retrouva en face du chef des Troyens, Hector. Ils projetèrent leurs lances. Celle de Patrocle manqua sa cible, mais pas celle d'Hector. Patrocle périt, et Hector lui retira l'armure d'Achille.

Achille ivre de douleur

Lorsque Achille apprit que Patrocle était mort dans la bataille, il perdit la tête. Tout ce à quoi il pouvait penser, c'était à la vengeance et il voulait tuer Hector. Il fit ramener le corps de Patrocle dans sa tente et sa mère Thétis lui fit fabriquer une nouvelle armure.

Une cruelle vengeance

Dans les débuts de *L'Iliade*, Achille est, de manière générale, un type bien. Même les Troyens s'accordaient là-dessus. Mais après la mort de Patrocle, Achille cesse d'être un chic type. Dans ce sens, *L'Iliade* est une tragédie, car Achille s'accroche à son sens de l'honneur mais perd son bon caractère. Lorsqu'il retourne à la bataille, il tue tout ce qui bouge. À un moment donné, il rencontre un garçon troyen, qu'il avait déjà capturé une fois et libéré contre rançon. Le garçon prie pour qu'Achille lui laisse la vie sauve. Achille lui rit au nez et le tue. Il attaque même le fleuve Scamandre, et l'emporte presque ! Finalement, il se trouve face à face avec Hector.

Ce dernier, qui, jusque-là, avait donné l'image du courage et du bon sens, est sauvé par Apollon. Mais Zeus somme son fils d'abandonner Hector. Achille le pourchasse dans toute la ville jusqu'à ce qu'Hector finisse par s'arrêter pour combattre. Ce n'était pas une joute, surtout parce que les dieux étaient tous du côté d'Achille. Il tue Hector et traîne son cadavre autour de Troie derrière son char, pendant onze jours !

Achille redevient humain

Hector mort et son cadavre déshonoré, Achille commence à se calmer et à redevenir un type bien. Il organise des concours d'athlétisme en l'honneur de Patrocle, et distribue les prix d'une manière très, très équitable. Même le vieux Nestor, qui ne peut pas lutter contre les autres hommes plus jeunes, obtient un prix parce qu'il est vieux et sage. Finalement, le vieux roi Priam, père d'Hector, se rend à la tente d'Achille pour demander le corps de son fils. Achille et Priam pleurent ensemble – Priam pour son fils et pour sa cité, et Achille pour son propre père et pour son ami Patrocle – et Achille rend le corps d'Hector à Priam contre rançon. *L'Iliade* se termine sur la scène du bûcher d'Hector en train de brûler, et sur un banquet funéraire.

La fin de la guerre de Troie

Certaines des meilleures histoires de la guerre de Troie ne se trouvent toutefois pas dans *L'Iliade* d'Homère. La mort d'Achille, les conflits qui en résultent, et la légende du cheval de Troie proviennent d'autres sources.

La mort d'Achille

Avec la mort d'Hector, le destin de Troie était scellé. Les combats reprirent. Juste après les événements décrits dans *L'Iliade*, Achille périt d'une flèche décochée par Pâris et guidée par Apollon, l'indéfectible protecteur de Troie. Un fait assez ironique, car Pâris avait la réputation d'être le plus poltron des types se battant pour Troie, et, en ces temps-là, une flèche était considérée comme une arme de lâche. Mais Achille avait vécu. La prophétie de sa mère était avérée : il vécut une vie courte, mais très glorieuse.

Ulysse et Ajax se disputent l'armure d'Achille

Achille était mort, et la question se posait désormais de savoir qui allait hériter de son armure magique. Ulysse et Ajax la convoitaient tous deux. Dans certains récits, ils jetèrent les dés ou ils jouèrent aux échecs pour la gagner. Selon une autre version, on interrogea pour savoir qui des Achéens avait été le plus valeureux. Ajax aurait dû recevoir l'armure, car il était plus brave qu'Ulysse, mais Ulysse l'emporta. C'en était trop pour le pauvre Ajax. Il devint fou et voulut tuer tous les Grecs. Il n'y parvint pas et ne put tuer que quelques vaches par erreur. Ce dernier échec humiliant le poussa au suicide. Les Achéens n'autorisèrent pas que son corps fût brûlé sur un bûcher funéraire, en raison de sa mort honteuse, et à la place, ils l'enterrèrent.

Selon une autre version, on interrogea les Troyens pour savoir qui des Achéens avait été le plus valeureux et méritait de recevoir les armes d'Achille. Ajax aurait naturellement dû les gagner, car il était bien plus brave qu'Ulysse, mais les Troyens, soit par envie de nuire aux Achéens, soit parce que le fourbe Ulysse les en avait convaincus, déclarèrent que les armes revenaient à Ulysse. C'en était trop pour le pauvre Ajax. Il devint fou et voulut tuer tous les Achéens. Croyant tuer les chefs de l'armée, il massacra pendant la nuit les troupeaux des Achéens. Au petit matin, il retrouva sa lucidité et, humilié par ce qu'il avait fait, se donna la mort avec l'épée qu'il avait reçue d'Hector. Les Achéens n'autorisèrent pas que son corps fût brûlé sur un bûcher funéraire, en raison de sa mort honteuse, et, à la place, ils l'ensevelirent.

L'arc de Philoctète et la mort de Pâris

Philoctète était un guerrier qui avait accompagné les Achéens dans leur expédition contre Troie. Lorsqu'ils s'arrêtèrent sur l'île de Ténédos, un serpent mordit Philoctète au pied, qui se mit dès lors à puer terriblement. Tellement qu'Ulysse le Rusé dut abandonner le pauvre gars sur l'île de Lemnos. C'est là qu'il demeura avec son pied puant qui refusait de guérir. Tout ce qu'il avait à manger, c'étaient les oiseaux qu'il tuait grâce à son arc, qui avait auparavant appartenu à Héraclès.

Quand les Achéens arrivèrent devant Troie, ils reçurent un autre oracle : ils ne vaincraient jamais Troie sans l'aide de cette arme magique : l'arc de Philoctète. Ulysse et Diomède le capturèrent donc ou, au contraire, réussirent, en s'humiliant profondément, à faire accepter à Philoctète leurs excuses, et ce dernier rejoignit alors les Grecs à la bataille. Dans la tragédie de Sophocle, *Philoctète*, Ulysse et Néoptolème, le fils d'Achille essaient de convaincre par la ruse Philoctète de revenir à Troie. Leur plan ne marche pas, mais Héraclès apparaît au dernier moment et ordonne à Philoctète de se rendre à Troie. Là, il se sert de son arc pour tuer Pâris.

Et le cheval de Troie, bien sûr !

Patrocle, Hector, Achille, Pâris et Ajax étant tous morts, les deux camps commençaient à se trouver à court de héros. Il était temps de terminer la guerre. C'est bien sûr Ulysse qui élabora le plan qui permit de gagner la guerre de Troie. Pendant la nuit, il fit construire par les Achéens un gigantesque cheval de bois, dont l'intérieur était creux. (La Figure 7-2 en montre une version recréée.) Une troupe de soldats d'élite s'y cacha, alors que le reste de l'armée achéenne regagna ses bateaux et s'en fut se cacher derrière une île proche, hors de la vue des Troyens. Ils abandonnèrent le cheval devant les portes de Troie en guise d'offrande à Poséidon.

Figure 7-2 : les autorités turques ont construit un cheval de bois pour que les touristes puissent se faire prendre en photo devant !

Lorsque les Troyens se réveillèrent le lendemain matin, l'armée achéenne avait disparu, mais ce gigantesque cheval se trouvait devant les portes de la ville. Un « déserteur » fit irruption et raconta aux Troyens que les Achéens avaient reçu des signes leur disant de laisser Troie en paix, et qu'avant de repartir, ils avaient abandonné ce grand cheval comme offrande au dieu de la mer.

Il va sans dire que certains des Troyens étaient sceptiques en entendant cette histoire. L'un d'eux, Laocoon, pensait que le cheval pourrait être en fait rempli de soldats grecs n'attendant qu'une chose : que les Troyens fassent entrer le cheval dans la ville. Les Troyens testèrent la plausibilité de cette théorie en demandant à Hélène d'appeler les noms de quelques-uns des Grecs, en imitant les voix de leurs épouses respectives. À l'intérieur du cheval, Ulysse dut vraiment user de toute sa persuasion pour que les gars restent silencieux.

Quelqu'un jeta une lance, qui vint se planter dans le côté du cheval. Puis la déesse Athéna, qui haïssait Troie et adorait Ulysse, fit sortir des eaux un serpent géant qui dévora Laocoon et ses fils. Cette scène est représentée à la Figure 7-3. Les Troyens interprétèrent cet événement comme le signe que le scepticisme de Laocoon déplaisait aux dieux. C'était certes vrai, mais la conclusion qu'ils en tirèrent ne fut pas si intelligente. Ils décidèrent de tirer le cheval à l'intérieur de la ville, d'aller se coucher, et de s'en occuper le lendemain.

Figure 7-3 : Laocoon et ses fils dévorés par les serpents.

Bon, eh ben, voilà pour Troie...

La nuit tombée, trois grands événements intervinrent successivement et donnèrent l'avantage aux Achéens :

1. l'armée achéenne revint sur la plage avec ses bateaux, et marcha jusqu'aux murs de la cité ;
2. Ulysse et ses soldats sortirent du cheval et ouvrirent les portes de la cité ;
3. ils incendièrent la ville tout entière, tuèrent les hommes et prirent les femmes en esclavage.

Les Grecs furent cruels. Le roi Priam se réfugia près d'un autel, ce qui aurait dû le protéger, mais les Grecs le tuèrent alors qu'il s'accrochait à l'autel (il fut décapité par le fils d'Achille, Néoptolème, encore appelé Pyrrhos). Les Grecs prirent aussi le fils d'Hector, Astyanax, et le jetèrent du haut des remparts pour le tuer. Finalement, la plupart des Grecs (mais pas Ulysse le Rusé !) oublièrent d'offrir des sacrifices aux dieux pour les remercier de leur aide. Ce qu'ils eurent à regretter amèrement par la suite…

L'Odyssée : un héros rentre à la maison après la guerre de Troie

Tous les Grecs eurent du mal à rentrer chez eux après la guerre. Ménélas fut emporté sur les mers par les vents et se retrouva en Égypte. Il dut lutter contre Protée, le dieu marin, pour apprendre comment rejoindre Sparte. Agamemnon n'eut pas autant de chance. Il rentra tout de suite chez lui, mais fut immédiatement exécuté par son épouse, Clytemnestre. Voir le chapitre VIII pour les détails sanglants.

Le retour le plus célèbre est celui d'Ulysse, qui fait l'objet de son propre poème épique, *L'Odyssée*. C'est l'histoire d'aventures par excellence, elle est pleine de sexe, de scènes de violence, de tromperies, et de monstres. Elle pose aussi une question intéressante. Entre les créatures fantastiques que rencontre Ulysse sur le chemin du retour et les prétendants de son épouse, Pénélope, qu'il retrouve dans sa maison à Ithaque, qui sont les plus monstrueux ?

Ne m'attends pas ce soir, chérie

Lorsque Ulysse partit pour Troie, il laissa sur l'île d'Ithaque son épouse Pénélope avec leur fils Télémaque, qui était encore bébé. Au moment où commence *L'Odyssée*, la guerre est terminée depuis dix ans, mais Ulysse n'est toujours pas rentré.

Pénélope avait des problèmes. C'était une femme riche et belle, d'environ quarante ans, bref, un très beau parti. Mais était-elle disponible ? Des tas d'hommes d'Ithaque et des îles avoisinantes supposaient qu'elle l'était, car Ulysse devait être mort depuis tout ce temps. Tous ces types se rendirent à Ithaque et s'installèrent dans la maison d'Ulysse. Ce sont les prétendants, les « méchants » de *L'Odyssée*.

Pénélope disait toujours qu'elle choisirait l'un des prétendants pour l'épouser, mais elle ne le fit jamais. Un jour, elle déclara à tous ces types pleins d'espoir qu'elle était occupée à tisser un beau linge qui servirait de linceul lorsque le vieux père d'Ulysse, Laërte, mourrait, et qu'elle choisirait un nouveau mari lorsqu'elle aurait terminé. Chaque jour, Pénélope tissait beaucoup, mais chaque nuit aussi elle défaisait son travail de la journée. Elle réussit à faire durer ce manège pendant deux ans avant que l'une de ses esclaves ne la dénonce et que les prétendants ne la forcent à terminer le travail.

Mais au fait, pourquoi Pénélope ne disait-elle pas à ses prétendants d'aller se faire aimer ailleurs ? Pour deux raisons :

- d'abord, cela rajoute du suspense au poème que d'avoir Pénélope sous pression constante de céder à un nouveau galant : Ulysse ferait bien de se dépêcher s'il veut recevoir son dû ;
- si Pénélope ne s'était pas jouée de ses prétendants, ceux-ci seraient allés trouver son père et ils lui auraient fait organiser un nouveau mariage pour sa fille ; en les promenant comme elle le fit, elle gagnait du temps tout en conservant un certain contrôle sur sa propre vie.

À ce moment-là, Télémaque avait environ 20 ans. Il voyait tous ces prétendants manger toute la richesse de la famille, qui était supposée être son héritage. Mais que pouvait-il bien faire, ce jeune homme seul contre soixante-dix prétendants ?

Quel long et étrange voyage !

Ulysse et ses hommes firent un voyage extraordinaire après avoir quitté Troie. La première chose qu'ils firent fut de se rendre au pays des Cicones et de les affronter. Cette aventure ne se passa pas bien, et ils ne réussirent que tout juste à sauver leurs peaux en s'échappant. (Ulysse fait quantité d'erreurs idiotes au début de *L'Odyssée*, mais elles lui servent de leçon, et cette expérience l'aidera plus tard à faire face aux méchants prétendants lorsqu'il sera de retour chez lui.) La leçon tirée de cette aventure : ne t'engage pas dans un combat si tu n'es pas sûr de pouvoir le gagner.

Ils s'en furent ensuite au pays des Lotophages, les Mangeurs de lotus. Ces gens-là ne faisaient rien d'autre que de manger des *lotus*, une sorte de fruit qui rendait amorphe quiconque en mangeait. Quelques-uns des hommes d'Ulysse se camèrent au lotus, et il dut les ramener de force au bateau.

Ulysse et les Cyclopes

La rencontre d'Ulysse avec le Cyclope Polyphème fut sa plus célèbre aventure. Ulysse accosta sur une île et dit à ses hommes qu'il voulait voir le genre d'hommes qui y vivaient – peut-être lui donneraient-ils des cadeaux ! Sur l'île, ils trouvèrent une grotte géante remplie d'objets géants, ils s'y introduisirent et attendirent que le propriétaire rentre. Lorsqu'il rentra, ils virent que c'était un homme monstrueusement grand avec un seul œil. Il fit rentrer ses moutons dans la grotte avec lui, puis il fit rouler un gigantesque rocher sur l'entrée de la grotte : une forme primitive de « fermer la porte à clé ».

Alors, il s'adressa aux invités indésirables : « Qui êtes-vous, et d'où venez-vous ? Êtes-vous des pirates ? » (C'était une question qu'Ulysse se vit poser par quasiment tous les gens qu'il rencontrait. Apparemment, être un pirate, ce n'était en ces temps qu'un métier comme un autre, que personne ne se sentait obligé de dissimuler.) Ulysse lui dit que son nom était « Personne » et il suggéra à son « hôte » que celui-ci lui fasse un cadeau, car ce genre de gestes étaient de ceux qui plaisaient à Zeus lorsque deux étrangers se rencontraient.

Le Cyclope dit qu'il s'appelait Polyphème et qu'il se souciait comme d'une guigne de ce qui plaisait à Zeus. *Son* propre père, à lui, c'était Poséidon ! Mais, pour faire un joli cadeau à sa nouvelle connaissance un peu chétive, il promit à Ulysse de ne le manger qu'en dernier. Puis il attrapa deux des hommes d'Ulysse, les jeta violemment au sol pour les tuer, et les dévora tout crus. Il dormit toute la nuit, et il mangea deux hommes de plus à son petit déjeuner. Puis il sortit avec ses moutons et referma l'entrée de la grotte en faisant rouler le gigantesque rocher, enfermant ainsi les hommes à l'intérieur.

Ulysse passa la journée à élaborer un plan. Il trouva un long morceau de bois, aiguisa l'une des extrémités pour en faire un pic, et durcit la pointe au feu. Polyphème rentra à la maison ce soir-là et dévora deux hommes de plus, mais cette fois-ci Ulysse lui donna du vin, beaucoup de vin, suffisamment pour le mettre en état d'ivresse. Puis ses hommes et lui prirent leur pieu, le chauffèrent dans le feu, et le plantèrent droit dans l'œil unique de Polyphème. Le Cyclope aveugle essaya d'attraper ses attaquants mais il ne le put. Il poussa des cris pour alerter les autres Cyclopes, mais lorsque ceux-ci lui demandèrent qui l'attaquait, tout ce qu'il put répondre fut le nom qu'Ulysse lui avait dit : Personne. Personne ne put donc l'aider ! Cet Ulysse était décidément rusé comme un renard !

Ulysse prit les moutons et les attacha par groupes de trois, les uns à côté des autres. À l'aurore, les hommes s'accrochèrent sous les moutons tandis que ceux-ci sortaient de la grotte. Polyphème inspectait le dos des moutons pour être bien sûr que personne ne se trouvait dessus, mais il ne pensa pas à vérifier leur ventre, et les hommes purent donc s'échapper. Ils s'enfuirent vers leur bateau et mirent les voiles. En partant, Ulysse cria une dernière insulte au Cyclope. Polyphème, de rage, prit un gigantesque rocher et le jeta en direction du bateau. Il faillit l'écraser et, en tout cas, fit des vagues gigantesques. Ulysse cria son nom en direction du Cyclope une fois qu'ils se trouvèrent en sécurité. Grave erreur, car Poséidon sut ainsi qui haïr.

Les vents de la futilité

Ils arrivèrent aux îles Éoliennes, au royaume du roi Éole, le dieu des Vents. En cadeau, il donna à Ulysse un sac contenant tous les vents sauf celui qui soufflerait pour les ramener chez eux. Mais les compagnons d'Ulysse, ces imbéciles, crurent que le sac était plein de trésors. Et dès qu'Ulysse fut endormi, ils l'ouvrirent. Tous les vents en sortirent d'un seul coup et ils se retrouvèrent au beau milieu d'une épouvantable tempête. Ils retournèrent finalement sur la plage d'Éole, mais celui-ci était trop en colère pour vouloir les aider à nouveau.

Circé trouve enfin son maître et l'envoie en visite aux Enfers

Ensuite, ils accostèrent sur l'île de la magicienne Circé. Circé appartenait à une famille de puissantes sorcières : fille du soleil, elle est aussi la tante de Médée. Elle transforma d'abord tous les compagnons d'Ulysse en animaux. Hermès apparut et donna à Ulysse une racine magique pour le protéger contre les sorts et lui expliqua comment récupérer ses hommes : il devait menacer de tuer Circé avec son épée à moins qu'elle ne les libère. Apparemment, cela plut à Circé : dès qu'elle vit à quel type d'homme elle avait affaire, elle tomba immédiatement amoureuse de lui. Ses hommes et lui passèrent encore une année bien agréable chez elle dans son palais.

Ce fut Circé qui leur dit ce qu'ils devaient ensuite faire : se rendre aux Enfers et demander au prophète mort Tirésias (voir le chapitre VIII) comment ils pourraient rentrer chez eux. Les morts aimaient le sang et, lorsqu'ils se rendirent aux Enfers, Ulysse tua un mouton et remplit un bassin de son sang. Tous les fantômes se précipitèrent pour en avoir, mais Ulysse les tint en échec avec son épée jusqu'à ce que Tirésias apparaisse. Le devin but le sang puis leur dit qu'Ulysse rentrerait sans doute chez lui et qu'en tout cas ils devaient à tout prix éviter de causer du tort aux bœufs consacrés à Hélios (le Soleil). Un tas d'autres âmes de disparus vinrent leur « faire un petit coucou » ; elles furent si nombreuses qu'Ulysse et ses compagnons, effrayés, s'enfuirent en courant vers le bateau.

Les Sirènes enchanteresses

L'île des Sirènes constituait l'obstacle suivant. Les *Sirènes* étaient des créatures à corps d'oiseau et buste de femme qui chantaient merveilleusement bien et se servaient de leur chant pour attirer les navigateurs sur les récifs entourant l'île afin qu'ils fassent naufrage. Ulysse boucha les oreilles de ses compagnons à la cire pour les protéger, mais il voulait lui-même entendre ce chant. Il se fit donc attacher au mât, et fit promettre à ses hommes de ne pas le détacher, sans se soucier de ce qu'il pourrait leur raconter. Lorsqu'il entendit le chant des Sirènes, il supplia et implora ses hommes de le libérer pour qu'il puisse aller voir les Sirènes. Mais les hommes ne pouvaient pas l'entendre et ils l'ignorèrent. Ils passèrent donc l'île en toute sécurité.

Charybde et Scylla, les bœufs d'Hélios, Calypso

Le passage entre Charybde et Scylla était l'épreuve suivante. (Certains affirment qu'il s'agit du détroit de Messine entre la Sicile et l'Italie). Scylla était un monstre femelle à six têtes et, si l'on s'en approchait trop, elle happait les marins pour les dévorer. Mais Charybde était un tourbillon qui engloutissait d'énormes quantités d'eau et, s'ils s'en approchaient trop, le bateau tout entier serait englouti. Ulysse choisit dont Scylla ; au moment où ils passèrent près d'elle, elle se baissa et happa six hommes ; tous les autres furent atterrés, mais le bateau put traverser sans autre problème.

Fatigués, affamés et démoralisés, Ulysse et ses hommes s'arrêtèrent sur l'île du Soleil, où Hélios élevait ses célèbres bœufs et auxquels, selon Tirésias, il ne fallait toucher sous aucun prétexte. Les compagnons d'Ulysse se souciaient comme d'une guigne de l'avertissement : ils tuèrent et dévorèrent les bœufs sacrés alors qu'Ulysse s'était éloigné. Dès qu'ils quittèrent cette île, Apollon détruisit le bateau et tous les hommes périrent, sauf Ulysse qui fut épargné. Il s'accrocha à l'épave, et fut jeté sur le rivage de l'île de Calypso. Là, il dut passer plusieurs années en tant qu'esclave d'amour au service de cette Nymphe. Finalement, sur l'entremise des dieux, Calypso lui rendit sa liberté, et il construisit un radeau sur lequel il repartit pour échouer finalement sur le rivage de l'île des Phéaciens (aujourd'hui Corfou).

Oh, mon pauvre cœur brisé

Ulysse se demandait maintenant : Mais où suis-je donc ? Il était assis sur la plage, en train de pleurer. La Nymphe Calypso l'avait ensorcelé, et il avait été son esclave d'amour pendant des années. Heureusement, Athéna, sa déesse protectrice, décida que cela suffisait maintenant et elle demanda à Zeus la permission de faire rentrer son protégé à la maison. Zeus accéda à cette requête, en faisant toutefois remarquer à Athéna que ce ne serait pas chose facile, car Poséidon en voulait vraiment à Ulysse pour avoir privé de la vue son fils le Cyclope.

Athéna mit quand même les choses en branle. Elle rendit visite à Télémaque et l'incita à partir en voyage à la recherche de son père. Le but était double :

- cela ferait de lui un homme ;
- cela le tiendrait à l'écart des prétendants, qui avaient comploté de le tuer parce qu'il était l'héritier d'Ulysse et voulait les empêcher de mettre la main sur les biens du héros.

Elle envoya ensuite Hermès signifier à Calypso qu'elle devrait rendre la liberté à son animal domestique. Calypso, pas très contente, accepta tout de même d'aider Ulysse à construire un radeau.

Le naufragé sur l'île des Phéaciens

Ulysse partit à bord de son radeau sur les flots pour rentrer chez lui. Tout se passa bien jusqu'à ce que Poséidon le remarque et essaye de le tuer en lui envoyant une gigantesque tempête. Cela faillit marcher : le radeau fut disloqué, mais Ulysse réussit à nager jusqu'au rivage de l'île de Corfou (Corcyre).

Alors qu'il était étendu nu sur la plage, Nausicaa, la fille adolescente du roi des Phéaciens, le trouva, le trouva mignon, et l'emmena chez elle. Ce genre d'aventure arrivait souvent à Ulysse. Au palais royal, Ulysse raconta toute l'histoire de ses voyages, du moment où il avait quitté Troie après la guerre jusqu'à son arrivée à l'île de Calypso.

Au retour, les têtes tombent

Après avoir écouté ce récit fabuleux, le roi des Phéaciens donna à Ulysse un nouveau bateau et un tas de cadeaux d'adieu. Avec son équipage phéacien, Ulysse gagna Ithaque. Il était endormi lorsqu'ils arrivèrent. L'équipage le déposa donc avec ses affaires sur la plage et repartit sans le réveiller. Lorsqu'il ouvrit les yeux, à Ithaque, il fut complètement désorienté.

Un jeune homme vint à sa rencontre lui parler. C'était Athéna déguisée. Elle l'informa qu'il se trouvait à Ithaque et que sa maison était pleine de prétendants qui importunaient son épouse et son fils. Elle lui promit de l'aider à les déloger, et ils élaborèrent ensemble un plan.

Déguisé en vieux mendiant

Déguisé en mendiant, Ulysse s'en fut loger chez son vieux porcher, gardien fidèle, et Athéna fit en sorte que Télémaque vint l'y trouver. Ulysse enleva son déguisement et se présenta à son fils, qui ne l'avait pas vu depuis vingt ans.

Le lendemain, Ulysse, déguisé à nouveau en mendiant, se rendit à son palais. Sur le chemin, personne ne se rendit compte qu'il était déguisé. Personne, sauf son très vieux chien Argos, couvert de tiques, abandonné et couché sur un tas de fumier, qui le reconnut aussitôt. Argus avait attendu vingt ans pour revoir Ulysse une dernière fois. Lorsqu'il le vit, le chien remua la queue et mourut.

Il trouva les prétendants à table, repus et ballonnés après un copieux repas. Ils se moquèrent tous de lui. Pénélope apparut. Elle ne savait pas qui était le mendiant, mais voulut lui parler. D'abord, elle se plaignit auprès des prétendants du fait qu'ils ne lui avaient pas fait de cadeaux précieux comme ils l'auraient dû, et ils réagirent au quart de tour en la couvrant d'une pluie d'or et de bijoux. Puis elle fit venir le mendiant pour lui parler. Ulysse ne révéla pas sa véritable identité, mais il lui dit qu'il avait récemment vu son mari en vie. Pénélope pleura lorsqu'elle entendit ces mots. Elle laissa le mendiant dormir sous son toit cette nuit-là.

La seule personne à percer le déguisement divin d'Ulysse fut Euryclée, la vieille nourrice d'Ulysse. En lui lavant les pieds, elle le reconnut à une vieille cicatrice qui datait de son enfance. Ulysse la pria instamment de garder le silence, ce qu'elle fit.

L'arc d'Ulysse ne connaît qu'un seul maître

Le lendemain matin, encore inconsciente du fait qu'Ulysse était de retour, Pénélope apporta le vieil arc d'Ulysse pour mettre les prétendants au défi : si l'un d'eux réussissait à le bander et à faire passer une flèche à travers douze anneaux alignés, elle le prendrait comme époux. Télémaque disposa les anneaux et encouragea les prétendants à essayer. Tous essayèrent, mais aucun ne fut assez fort pour bander l'arc.

Le « mendiant » Ulysse demanda qu'on lui laisse tenter sa chance. Les prétendants protestèrent, mais Télémaque insista pour qu'il essaye. Rapide comme l'éclair, Ulysse saisit l'arc et décocha une flèche à travers les douze anneaux. Télémaque et ses assistants accoururent lui apporter d'autres flèches, et Ulysse massacra tous les prétendants, sauf deux d'entre eux, qui demandèrent grâce. Ulysse tua l'un de son épée, mais épargna l'autre parce que c'était un musicien.

Les vieux domestiques se réjouirent que leur maître soit de retour. Ils coururent annoncer à Pénélope que son mari était revenu. Pénélope, qui n'était pas folle, voulut mettre cet homme étrange une fois de plus à l'épreuve pour s'assurer qu'il était vraiment Ulysse. Elle lui dit donc : « Super ! Déplaçons notre lit pour le mettre à un meilleur endroit, et ensuite mettons-nous-y ! » Ulysse déjoua le piège : « Personne ne peut déplacer ce lit-là, répondit-il, parce qu'il est bâti sur une souche enracinée dans le sol. » Ce fait, que personne d'autre qu'Ulysse ne pouvait connaître, convainquit Pénélope que c'était bien son mari qui se trouvait enfin devant elle.

Les parents des prétendants tués causèrent quelques tracas, mais Athéna intervint et leur dit que leurs fils n'avaient que mérité ce qui leur était arrivé, et expliqua à Ulysse comment faire un dernier voyage pour apaiser Poséidon. Après quoi, son long périple s'acheva.

Chapitre 8

La tragédie grecque

Dans ce chapitre :

- La tragédie grecque, en l'honneur de Dionysos et d'Athéna
- Une idée fausse très répandue, la « faute » tragique
- Les auteurs dramatiques enthousiasment les audiences
- Après le spectacle, n'allez pas dîner chez les Atrides !
- Œdipe et les Cadméens

L'une des meilleures manières de découvrir les mythes grecs consiste à étudier la tragédie grecque. Il s'agit de pièces de théâtre écrites au Ve s. av. J.-C., qui étaient jouées aux frais du contribuable dans la ville d'Athènes. La plupart des tragédies grecques traitent de sujets mythologiques, en particulier de deux familles aux problèmes légendaires, et d'événements et de personnages de la guerre de Troie. Il se trouve que seule une poignée de ces tragédies a survécu jusqu'à aujourd'hui, représentant une infime fraction de l'ensemble des tragédies grecques qui existèrent au Ve siècle. Mais même si l'échantillon rescapé est faible, ces tragédies nous apprennent quand même beaucoup de choses sur les mythes grecs, surtout sur la façon dont plusieurs versions différentes d'un même mythe pouvaient exister côte à côte, voire sur la façon dont un auteur pouvait changer la version canonique d'un mythe pour les besoins de sa pièce.

Qu'est-ce qu'il y a au théâtre aujourd'hui ?

Les gens parlent toujours des pièces de théâtre qu'ils ont vues, et certains en font même un métier. Le premier « critique professionnel de pièces de théâtre » du monde occidental fut le philosophe Aristote. Il écrivit, parmi environ une douzaine d'autres ouvrages, *La Poétique*, un livre sur la poésie qui traitait tous les genres poétiques – poèmes épiques, comédies, tragédies et dithyrambes (cantiques consacrés à Dionysos). Pourtant, la partie de l'ouvrage qui a survécu traite, pour la plus grande part, de tragédie. Aristote était un homme à la pensée claire et méthodique, qui abordait prudemment les sujets. La manière dont il décida de parler de la tragédie a grandement déterminé la manière dont les gens ont, depuis, parlé de la tragédie, et du théâtre en général.

Aristote définit différents aspects de la tragédie et déclara qu'ils sont tous importants pour le succès de la pièce, notamment :

- **la musique** : toutes les pièces de théâtre étaient accompagnées de musique ;
- **le spectacle** : c'est-à-dire les décors et costumes ;
- **l'intrigue** : ce qui se passe ;
- **les personnages** : qui dit quoi et comment ;
- **le chœur** : il représente la cité, le peuple. Il commente la scène, donne son avis, juge les protagonistes.

La Poétique d'Aristote est une œuvre normative, c'est-à-dire qu'elle énonce comment le poète devrait faire les choses, en fonction, bien sûr, de ce qu'Aristote considère comme ce qui est le mieux. Mais Aristote était un type malin : son opinion avait du poids à son époque, et elle compte encore aujourd'hui. Le problème, c'est que les Athéniens du Ve siècle n'avaient pas lu Aristote ! Aussi, on ne peut pas appliquer les critères aristotéliciens aux trois grands Tragiques : Eschyle, Sophocle et Euripide…

Le théâtre grec nécessitait trois acteurs et un chœur. Tous les acteurs et les membres du chœur étaient des hommes, même s'ils jouaient des rôles de femme dans la pièce. Les acteurs et les choreutes (membres du chœur) portaient tous des costumes et des masques. Les pièces de théâtre étaient toutes accompagnées de musique, en tout cas vraisemblablement au moins par un flûtiste et un percussionniste, mais, aujourd'hui, personne ne sait à quoi ressemblait la musique d'accompagnement de ces pièces.

Temple certains jours, théâtre d'autres

À Athènes, les tragédies et les comédies étaient jouées dans le théâtre de Dionysos. Il s'agissait d'un théâtre grec type avec une scène semi-circulaire en bas et des niveaux de fauteuils se déployant graduellement vers le haut à partir de la scène. Les visiteurs de l'Acropole, la colline centrale d'Athènes, peuvent en fait regarder vers le bas le théâtre de Dionysos, qui est découpé dans l'un des flancs de la colline. (En réalité, le théâtre qui s'y trouve aujourd'hui est le nouveau théâtre amélioré construit par les Romains, mais ce n'est pas grave.) Ce théâtre était plus qu'un simple théâtre. C'était un temple dédié au dieu Dionysos. En fait, Dionysos n'avait aucun autre temple à Athènes, seulement ce théâtre, ce qui faisait que le public n'avait qu'à bien se tenir, parce que mal se comporter dans le théâtre était considéré comme un sacrilège susceptible de faire l'objet d'un châtiment sévère. Un jour, deux spectateurs se bousculèrent pour la même place, et le gars qui avait causé la dispute fut reconnu coupable de sacrilège. Tous ses biens furent confisqués, et il fut banni de la cité !

Selon Dionysos, il faut se battre pour faire valoir ses droits à faire la fête !

Dionysos était le dieu du Vin, de la Folie occasionnelle, de l'Ivresse et du Théâtre. Ces trois domaines formaient un tout, car tous exigent de mettre la réalité normale entre parenthèses, même si ce n'est que pour un court moment. Deux fois par an, Athènes rendait honneur à Dionysos (et s'amusait bien ce faisant) en célébrant des « festivals de théâtre », des grandes fêtes dans toute la ville centrées sur la représentation de pièces de théâtre. Les deux fêtes données à Athènes étaient la *Dionysie* de la Cité, un gigantesque festival de théâtre de printemps en l'honneur de Dionysos, et les Lénéennes en hiver, plus douillettes, un festival de plus petite envergure en l'honneur de Déméter.

Et le gagnant est...

Les Dionysies comme les Lénéennes étaient des concours dramatiques : les pièces représentées étaient mises en concurrence. Une fois que toutes les tragédies avaient été jouées, un jury décernait les prix – de la meilleure trilogie, des meilleurs costumes, des meilleurs acteurs – d'une façon assez semblable à la remise des Oscars aujourd'hui. Gagner le prix « de la meilleure trilogie » pouvait, à l'époque, assurer le succès d'un dramaturge.

Des subventions pour le théâtre !

Tous les Athéniens (sauf les esclaves), tous les étrangers résidents et tous les visiteurs étrangers étaient conviés à voir les pièces pour le prix d'un billet. En fait, les Athéniens étaient tellement convaincus de l'importance de ces pièces de théâtre qu'au IVe s. av. J.-C. la démocratie athénienne mit en place un *fonds théorique*, sorte d'administration publique chargée de subventionner les billets de théâtre en faveur de tous les Athéniens qui étaient trop pauvres pour en acheter. Le théâtre était, à Athènes, un véritable service public.

Le b.a.-ba de la tragédie

Ce que toutes les tragédies grecques ont en commun et ce qui en fait des tragédies grecques est presque impossible à expliquer. La plupart de ces tragédies, mais en aucun cas toutes, traitaient de mort et de souffrance. La plupart des tragédies sont sérieuses, mais pas toutes, et de loin. *Hélène*, la tragédie d'Euripide, est en fait comique ; personne n'est tué, et elle a une fin heureuse. Aristote, auteur du premier ouvrage de vulgarisation sur cet art, explique qu'à son avis les meilleures tragédies ont certains éléments en commun, mais il ne dit pas que toute tragédie devrait posséder tel ou tel élément.

Alors, qu'est-ce qui faisait d'une pièce une tragédie ? La mythologie apporte peut-être une réponse. Parmi les tragédies qui ont survécu, toutes, sauf une, ont des intrigues s'appuyant sur la mythologie. L'exception, c'est *Les Perses* d'Eschyle, qui raconte la bataille de Salamine au cours des guerres médiques du début du Ve siècle (conflits ayant opposé les Grecs à l'Empire perse). On pourrait même dire que la victoire sur les Perses fut si importante, et si improbable, qu'elle devint « instantanément » de la mythologie. De toute façon, à par *Les Perses*, toutes les tragédies ont des trames mythologiques, ce qui les distingue des comédies, qui, elles, traitaient invariablement du monde quotidien d'Athènes.

Dans la tragédie, le chœur représentait en général les « gens normaux » qui, pendant toute la pièce, observaient les principaux personnages et commentaient leurs comportements. Les tragédies étaient groupées en trilogies, qui sont des suites de trois tragédies. Un poète écrivait donc trois pièces de théâtre qui devaient être jouées ensemble, l'une après l'autre. Parfois, les trois pièces racontaient une seule et même histoire, mais en trois parties (c'est le cas de la trilogie dont les trois pièces existent encore aujourd'hui, *L'Orestie* d'Eschyle). Dans d'autres cas, les trois pièces racontaient trois histoires différentes, mais sur le même thème.

Les mythes et le recyclage mythologique

De quoi parlaient ces tragédies grecques ? De sujets tragiques, bien sûr, mais pas uniquement. Les tragédies avaient tendance à traiter de personnages et d'événements mythologiques. La guerre de Troie a bien sûr fourni abondante matière aux poètes tragiques, mais également d'autres mythes. Ils se servirent aussi des légendes de deux familles royales mythologiques, la maison de Cadmos de Thèbes et celles des Atrides de Mycènes. Dans de nombreuses tragédies, l'un ou l'autre des personnages fait observer que « lorsqu'une famille est maudite elle sera malheureuse à jamais. » Les histoires respectives de ces deux familles élargies donnent sans aucun doute des preuves venant étayer cette thèse.

Ce corpus mythologique fournissait beaucoup de matériau aux poètes tragiques, mais pas suffisamment pourtant pour qu'ils puissent éviter de se répéter. Après tout, ils devaient produire environ une vingtaine de pièces par an, et ils réussirent à tenir ce rythme effréné pendant près d'un siècle !

Quelques histoires nous sont parvenues dans différentes versions provenant de plusieurs poètes tragiques. Par exemple, on trouve l'histoire d'Électre dans des pièces d'Eschyle, de Sophocle et d'Euripide. Les trois poètes partirent du même mythe, mais chacun d'eux en présenta une version légèrement différente. À l'évidence, les Athéniens ne leur en voulaient pas pour ça.

La « faute tragique » est en réalité une idée fausse

Le moment est venu de mentionner deux conceptions erronées très répandues au sujet de la tragédie grecque. Nombreux pensent que les tragédies grecques ont pour objet une « faute tragique » (hybris, qui signifie en grec « orgueil »), et que, à cause de son orgueil ou de sa démesure, le héros est la victime d'un désastre tragique. C'est bien ça ? Eh bien non !

Comment une erreur causée par l'ignorance...

Mais alors, d'où vient cette notion de « faute tragique » ? Elle vient d'une erreur que les gens font en lisant le philosophe Aristote dans le texte grec original. Aristote dit dans *La Poétique* que, dans les meilleures pièces, la tragédie provient d'une erreur causée par l'ignorance, ou *hamartia* en grec. Pour Aristote, ce type d'erreur n'était aucunement un acte intentionnel. Si, en réparant mon toit, je laissais accidentellement tomber une planche sur quelqu'un et que cette personne était tuée, on pourrait parler d'*hamartia* : quelqu'un est mort, mais ce n'était pas un crime parce que je n'avais pas l'intention de tuer cette personne.

... se transforma en véritable péché !

Ce qui pourtant se produisit, c'est que les érudits du XIXe siècle lurent Aristote en grec après avoir lu le *Nouveau Testament* en grec. Dans le *Nouveau Testament* (écrit cinq cents ans après Aristote), *hamartia* veut dire « péché ». Ils pensèrent donc qu'Aristote disait que les meilleures tragédies dépendent d'un péché quelconque ou, comme ils l'appelèrent, d'un « faute tragique ». En outre, cette façon de voir les choses, c'est-à-dire celle du *Nouveau Testament*, fonctionne assez bien lorsqu'on l'applique aux tragédies de Shakespeare : Hamlet a des problèmes parce qu'il est irrésolu, le roi Lear est vaniteux, Macbeth est mené par le bout du nez par son épouse, etc.

Mais ce n'est pas comme ça que les Grecs voyaient les choses

Pourtant, ce n'est pas comme cela que la tragédie grecque fonctionne. Et quel est le plus tragique des deux ? Le personnage qui n'obtient « que ce qu'il mérite », ou celui qui fait réellement tout son possible, mais souffre quand même ?

Les trois grands

Eschyle, Sophocle et Euripide furent les trois grands poètes tragiques du Ve s. av. J.-C. Eschyle fut le premier des trois, suivi ensuite de Sophocle (qui fut un peu le contemporain d'Eschyle), puis vint Euripide. Bien sûr, de très nombreux autres poètes écrivaient des tragédies à cette époque. Le numéro quatre sur la liste des poètes tragiques fut probablement Agathon. Aucune de ses pièces n'a survécu, mais on le connaît bien à partir d'autres sources, surtout à cause de son apparition dans le *Banquet* de Platon. Ion de Chios, un homme aux multiples talents, écrivit aussi des tragédies et d'autres œuvres de poésie dans de nombreux autres genres, y compris (peut-être) la comédie (ce qui ferait de lui le seul poète connu pour avoir écrit à la fois des comédies et des tragédies). Après le Ve siècle, il n'y eut plus de grands poètes tragiques grecs, et les Athéniens se mirent de plus en plus à recréer les vieux classiques.

Eschyle

Ce fut le premier des trois : sa carrière commença aux alentours de 499 av. J.-C. et dura jusqu'à sa mort en 456 av. J.-C. Eschyle fut un pionnier. Avant lui, la tragédie grecque n'était bâtie que sur deux acteurs, ce qui en limitait l'intérêt. C'est Eschyle qui eut l'idée d'en ajouter un troisième. Avec trois acteurs sur scène, il pouvait créer une véritable tragédie, car la troisième personne pouvait servir de repoussoir aux deux autres. Par exemple, deux amants et un méchant ; ou un tueur, une victime et un témoin ; ou un imposteur, un non-imposteur et le gars qui doit distinguer le vrai du faux. Les pièces d'Eschyle ont remporté au moins treize fois le premier prix aux concours dramatiques. Parmi les plus fameuses, on peut citer *Agamemnon*, *Les Sept contre Thèbes*, et *Prométhée enchaîné*. Nous en parlerons davantage plus loin.

Sophocle

Sophocle fut le second. Sa carrière fut un peu contemporaine de celle d'Eschyle et, plus tard, de celle d'Euripide. Ses premières pièces étaient en concurrence avec celles d'Eschyle en l'an 468 av. J.-C., et ses dernières pièces furent créées en 406 av. J.-C., ce qui fait en tout une carrière de soixante-deux ans ! Il écrivit plus de 120 pièces, ce qui fait de lui le plus prolifique de tous les poètes tragiques, et il remporta des premiers prix à 20 festivals. Ses pièces les plus célèbres sont *Œdipe roi* et *Antigone*. Les tragédies de Sophocle sont puissantes, en partie parce qu'il les a écrites dans une langue simple, qui contraste avec l'expression ampoulée d'Eschyle.

Euripide

Le troisième grand poète tragique fut Euripide. La première représentation publique d'une de ses pièces eut lieu en 455 av. J.-C., l'année qui suivit la mort d'Eschyle. Il mourut en 407 ou 406 av. J.-C., juste avant Sophocle. On sait qu'Euripide écrivit 90 pièces, mais il ne remporta pas, et de loin, autant de prix qu'Eschyle ou que Sophocle. En revanche, il connut un immense succès à l'époque hellénistique. Euripide fut sans aucun doute le plus innovateur des trois. Il aimait prendre des intrigues bien connues et les modifier. Dans sa tragédie *Électre*, par exemple, l'héroïne Électre, fille d'Agamemnon, est présentée comme une morveuse gâtée, ce qu'elle reste durant toute la pièce. Il aimait faire des plaisanteries et insérait des références subtiles et pleines d'esprit dans ses pièces.

La maison de Cadmos

La première famille de la tragédie grecque, c'était celle de la famille royale de Thèbes, la maison de Cadmos. Thèbes est une ville qui a véritablement existé au centre de la Grèce. Elle avait donc une véritable histoire, comme n'importe quelle autre ville.

Dans l'Antiquité, deux célèbres villes s'appelaient Thèbes. L'une se trouvait au centre de la Grèce, l'autre en Égypte. La Thèbes grecque était appelée « Thèbes aux sept portes », et la cité égyptienne « Thèbes aux mille portes ». L'Égypte était un peu comme l'Amérique de l'Antiquité, tout y était plus grand qu'ailleurs.

Des débuts un peu bizarres

C'est à cause du désir charnel et d'une vache que tout commença. Agénor, fils de Poséidon et de la nymphe Libye, était roi de Phénicie (le Liban d'aujourd'hui). Il avait une fille très belle appelée Europe. Zeus en tomba amoureux (voir le chapitre IV pour en savoir plus) et se transforma en taureau pour l'enlever et s'unir à elle. Agenor envoya ses fils à la recherche de sa fille disparue. L'un deux, Cadmos voyagea depuis l'Asie Mineure vers le continent qui se trouvait à l'ouest (et qui fut appelé Europe, en souvenir de sa sœur).

Des vaches et des hommes

Cadmos ne retrouva jamais Europe. Au bout d'un certain temps, il se rendit à l'oracle de Delphes pour demander à Apollon ce qu'il devait faire. La prêtresse lui dit d'oublier sa sœur, mais de suivre *une* vache errante et de fonder une cité à l'endroit même où celle-ci s'arrêterait pour se reposer. Cadmos quitta Delphes et arriva en Béotie (région du centre de la Grèce). Là, il y rencontra un homme du nom de Pelagon, qui possédait un grand troupeau de vaches. L'une d'elles s'écarta du troupeau, et Cadmos la suivit.

La vache finit par s'arrêter pour se reposer, et Cadmos trouva ainsi l'emplacement pour fonder sa nouvelle ville ! Il y avait une source à proximité, ce qui était bien pratique. Mais, celle-ci était consacrée au dieu Arès, qui y avait placé un dragon pour la garder. Cadmos tua le dragon, puis sacrifia sa vache à la déesse Athéna. Celle-ci lui suggéra de planter les dents du dragon pour voir ce qui se passerait. Lorsqu'il le fit, les dents se transformèrent immédiatement en soldats, les Spartois ou « hommes semés ».

Ces dents de dragon sont magiques !

Cadmos jeta des pierres au milieu du groupe. Chaque soldat pensa qu'un autre soldat lui jetait des pierres, et ils commencèrent tous à se battre les uns avec les autres. Lorsque la poussière retomba, tous les hommes étaient morts sauf cinq, et ils étaient trop fatigués pour inquiéter quiconque. Cadmos avait désormais une population pour sa nouvelle cité (modeste certes, mais il faut bien commencer quelque part).

Une famille qui a de la réussite

Cadmos fut forcé de servir Arès pendant huit années afin d'expier le meurtre du dragon. Mais ensuite, Athéna fit en sorte qu'il devint roi de la nouvelle ville de Thèbes. Zeus lui trouva même une épouse, la fille d'Arès et d'Aphrodite, une déesse nommée Harmonie. (La Guerre et l'Amour avaient un enfant qui s'appelait l'Harmonie !)

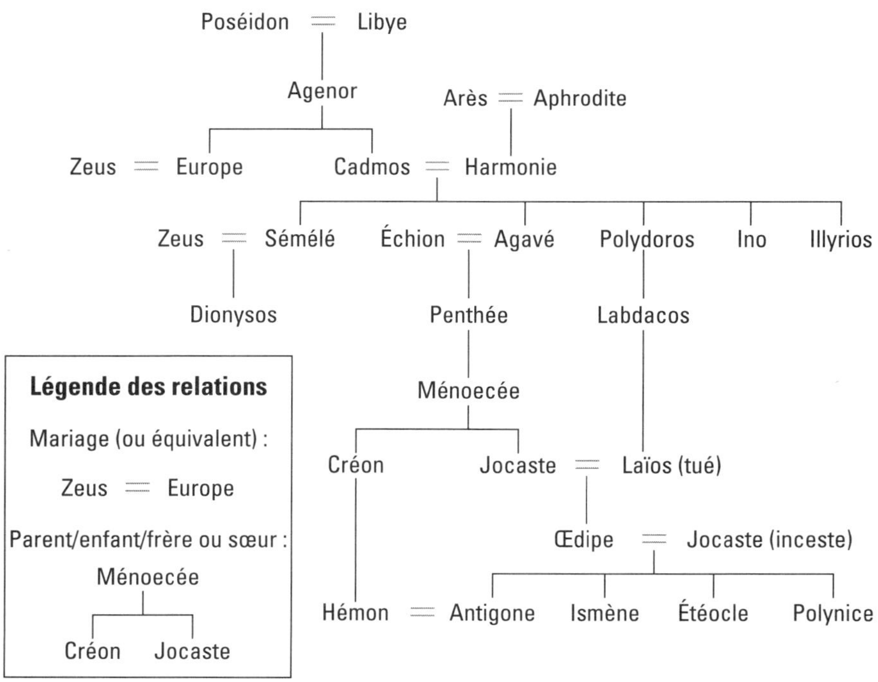

Figure 8-1 : la maison de Cadmos. À votre avis, qu'est-ce qui cloche ?

Cadmos et Harmonie eurent plusieurs enfants : quatre filles, Sémélé, Agavé, Antonée, Ino et deux garçons : Polydoros et Illyrios.

L'arbre généalogique de la maison de Cadmos est présenté à la Figure 8-1. Agavé, fille de Cadmos, épousa Echion, et ils eurent un enfant, Penthée. Lorsque Cadmos quitta Thèbes, c'est soit son fils Polydoros, soit son petit-fils Penthée, qui lui succéda. Cette partie du mythe est confuse. Illyrios naquit en dernier, après que Cadmos et Harmonie eurent déménagé pour s'installer en Illyrie (l'Albanie et la côte dalmate actuelle), où Zeus les transforma finalement en serpents lorsqu'ils furent vieux.

La saga d'Œdipe

Labdacos, le fils de Polydoros, devint roi de Thèbes, et son fils Laïos lui succéda. Laïos finit par se caser et épousa Jocaste, la fille de Ménoecée, lui-même fils de Penthée. Laïos et Jocaste étaient donc des cousins au troisième degré, mais, à la lumière de ce qui va arriver plus tard, un mariage entre cousins, ce n'est rien de bien grave ! Jocaste avait aussi un frère, Créon.

Oh, il y aura toujours un oracle quelque part

Après que Laïos eut épousé sa cousine Jocaste, il reçut un oracle d'Apollon qui disait en substance : « Apollon a le regret de t'informer que tu auras un fils qui te tuera. » Souvenez-vous que la règle numéro un avec les oracles d'Apollon, c'est qu'ils se réalisent toujours, quoi qu'il arrive !

Quoi qu'il en soit, lorsque Jocaste donna naissance à un petit garçon, Laïos et elle l'entravèrent en perçant ses talons et en attachant ses pieds ensemble, puis ils l'exposèrent sur le flanc d'une montagne pour que les bêtes féroces le dévorent. Mais ils n'eurent pas cette chance (bien sûr que non). Un berger trouva le bébé, le recueillit, le confia à un autre berger, qui lui-même le donna au roi et à la reine de Corinthe qui voulaient adopter un fils. Ils l'appelèrent Œdipe, ce qui veut dire « Pied enflé » en grec. Ils négligèrent aussi de lui dire plus tard qu'ils l'avaient adopté, ce qui se révéla être une erreur.

L'effet de la même prophétie chez l'autre personne concernée

Lorsque Œdipe était jeune homme, un oracle lui apprit que le sort avait voulu qu'il tue son propre père et épouse sa mère. Afin d'éviter ce sort, il décida de quitter ses parents adoptifs, le roi et la reine de Corinthe, qu'il croyait être ses véritables parents, et de prendre la route. Le drame d'Œdipe est en marche : en voulant échapper à son destin, il ne fait que précipiter sa chute en accomplissant la prophétie. En marchant, il arriva à un croisement de trois routes près de Delphes. Juste à ce moment-là, un chariot arriva avec apparemment à bord un personnage important, et les gens de la suite de cette personnalité lui donnèrent des coups de bâton pour l'écarter. Furieux,

Œdipe attaqua le groupe de voyageurs et tua tout le monde, y compris le vieux type dans le chariot. Pas grave, pensa-t-il (en ces temps-là, c'était dangereux de voyager).

L'énigme de la sphinx

Continuant sa route, Œdipe arriva aux abords de la cité de Thèbes. Là, il découvrit qu'un monstre avait élu domicile dans le voisinage. C'était une *sphinx*, une créature à la tête de femme, au corps de lion, avec un serpent pour queue, et des ailes. Cette sphinx-là posait à tout le monde une énigme et tuait tous ceux qui n'en trouvaient pas la réponse. En fait, le roi avait récemment quitté la ville afin d'aller demander à la Pythie (la prophétesse de l'oracle d'Apollon) de Delphes quelle était la réponse. Mais il avait été assassiné quelque part en route, laissant Thèbes sans souverain. Voir la Figure 8-2.

Figure 8-2 : Œdipe et la sphinx.

Œdipe décida d'essayer de résoudre l'énigme, qui fut la suivante : « Quelle créature a quatre pattes le matin, deux à midi, et trois le soir ? » Œdipe sut que la réponse n'était pas un monstre mystérieux, mais l'homme, parce que les bébés avancent à quatre pattes alors que les vieillards s'aident d'une canne.

La sphinx, de dépit, se suicida, et les habitants de Thèbes choisirent Œdipe comme tyrannos (ce mot donne en français « tyran », mais, pour les Grecs, il s'agissait simplement d'un souverain unique choisi par le peuple, par opposition à un roi, qui obtenait le pouvoir en vertu de son droit de naissance).

Un petit air de famille...

Le nouveau souverain devait épouser la veuve de l'ancien roi. C'était Jocaste, la mère d'Œdipe. Œdipe et Jocaste se marièrent, et ils eurent quatre enfants :

- Étéocle
- Polynice
- Antigone
- Ismène

Au bout de nombreuses années, les Thébains commencèrent à souffrir de la peste. Œdipe envoya le frère de la reine, Créon, à Delphes pour demander à Apollon ce qui devait être fait. Mais c'est un aveugle, un sage, appelé Tirésias, qui révéla à Œdipe l'insupportable vérité.

Œdipe roi, un « blockbuster » de l'époque

Créon se rendit donc à Delphes. C'est en ce lieu et à ce moment-là de l'histoire que commence la plus célèbre tragédie grecque de tous les temps, *Œdipe roi* (*Oedipus Tyrannos*) de Sophocle. Les événements de la pièce se résument facilement. Créon a rapporté à Œdipe que, selon Apollon, la peste ne disparaîtrait pas avant que les Thébains n'aient découvert le meurtrier de leur vieux roi, Laïos, et qu'ils ne l'aient traduit en justice. Œdipe promet de s'y consacrer entièrement, et il commence une enquête. Des indices dérangeants sont peu à peu découverts. Tout le monde dit à Œdipe de ne pas insister, de cesser de poser des questions, mais il a promis de sauver la ville. Finalement, la vérité est mise au grand jour.

Jocaste, de honte, se pend. Œdipe se crève les yeux. Pourquoi ? Son raisonnement était que, s'il se contentait de se suicider, il devrait se retrouver avec son père et avec sa mère et épouse dans les Enfers, ce qui serait une situation impensable. Il décide ensuite de quitter Thèbes à jamais. Sa fille Antigone l'accompagne dans son exil.

Créon devint souverain par intérim jusqu'à ce que les fils d'Œdipe et de Jocaste aient décidé lequel d'entre eux gouvernerait la ville. Les deux jeunes hommes, Étéocle et Polynice, furent d'abord d'accord pour partager le pouvoir. Chacun à son tour devait gouverner un an. Mais personne ne fut surpris que cet accord ne tienne pas. Étéocle expulsa son frère, et Polynice se rendit à Argos afin d'y chercher des alliés qui l'aideraient à reprendre le pouvoir à Thèbes.

Sophocle a le vent en poupe : Œdipe à Colone

La pièce *Œdipe à Colone* de Sophocle, qui fut aussi un autre « blockbuster » dans son genre à l'époque, traite du pauvre Œdipe, vieillard, que l'on a vu, pour la dernière fois, sans abri et aveugle, errer en étant guidé par sa fille Antigone. Étéocle (à Thèbes) et Polynice (hors de Thèbes, mais voulant gouverner cette cité) ont chacun reçu un oracle : la personne qui possédera le corps d'Œdipe sera bénie pour l'éternité. Œdipe était un homme à part, à cause de l'extraordinaire malédiction qui pesait sur lui et à cause aussi de sa souffrance extraordinaire, alors qu'il ne méritait ni l'une ni l'autre. Œdipe en eut vent et ne voulut en aucun cas devenir l'instrument d'une lutte pour le pouvoir entre ses deux fils. Il se rendit donc à Athènes. Thésée était alors roi d'Athènes, et il accueillit Œdipe à bras ouverts. Lorsque Œdipe comprit qu'il avait enfin trouvé quelqu'un qui le respectait en raison de sa vie remarquable, il décida que celle-ci était achevée. Il se dissimula dans un bosquet d'une banlieue d'Athènes appelée Colone. Soudain, il y eut un éclair, et plus personne ne revit jamais Œdipe.

N'OUBLIEZ PAS !

Beaucoup pensent que l'idée maîtresse d'*Œdipe roi*, c'est le fait qu'Œdipe a commis une « faute tragique » (*hybris* ou orgueil excessif) et que le désastre qui frappe la cité de Thèbes est la cause de son acte. Mais ce n'est pas vrai. Ce que montre cette pièce en réalité, c'est qu'*Œdipe a agi tout à fait justement !* Apollon lui enjoint de trouver le meurtrier, et le trouve ! En fait, Œdipe est la seule personne de la pièce, avec le prophète Tirésias, qui semble prendre les dieux aux sérieux. Il doit sauver la cité. Et c'est exactement ce qu'il fait !

Les Sept contre Thèbes

Après la mort d'Œdipe, Athènes fut bénie, alors que Thèbes était encore maudite. Polynice rassembla une armée, avec six autres champions (ce qui faisait, avec lui, sept héros, un pour chaque porte de Thèbes). Ils attaquèrent la cité. Ces événements forment le sujet de la pièce *Les Sept contre Thèbes* d'Eschyle. La guerre se termina par sept combats singuliers, l'un à chaque porte. Les deux frères, Étéocle et Polynice, se firent face l'un à l'autre et réussirent à s'occire mutuellement et simultanément. Cette lutte pour le pouvoir étant terminée, Créon redevint souverain par intérim de Thèbes.

Antigone, un destin bien amer

En reprenant le fil de l'action là où elle s'y arrête à la fin des *Sept contre Thèbes*, Sophocle écrivit *Antigone*. La fille d'Œdipe était maintenant de retour à Thèbes, puisque son père était mort. Elle était aussi destinée à être mariée au fils de Créon, Hémon. Créon fit passer une loi précisant que tous les soldats morts en défendant Thèbes auraient des enterrements dignes, alors que ceux qui étaient morts en attaquant la ville seraient abandonnés à la décomposition. Antigone trouva cela insupportable : pourquoi honorer l'un de ses deux frères mais déshonorer l'autre ? La famille, même avec ses problèmes, et ses liens n'étaient-ils pas plus importants que la politique ?

Antigone se faufila donc en cachette hors de la ville et enterra le cadavre de Polynice (l'inhumation était un acte important, car, selon les croyances d'alors, l'âme d'un mort dont le cadavre n'était pas enterré ne pouvait pas descendre aux Enfers). Créon l'apprit, et il ordonna qu'Antigone reçut le châtiment prévu par la loi, à savoir qu'elle soit « tuée ». En fait, il n'ordonna pas exactement qu'elle soit tuée, parce que cela serait revenu à tuer une de ses parentes par voie de sang, et donc à transgresser un interdit absolu. Il la fit donc enfermer dans une grotte avec de la nourriture pour une journée uniquement, selon la bonne vieille excuse : « elle allait bien la dernière fois que je l'ai vue ».

Hémon, le fiancé d'Antigone, découvrit où elle se trouvait, et il la sauva. À la dernière minute pourtant, Créon fut pris de remords et il se rendit à la grotte pour en faire sortir Antigone. Trop tard ! Elle s'était pendue. Hémon l'avait trouvée morte et, lorsque son père arriva, Hémon se suicida aussi. L'épouse de Créon mit également fin à ses jours lorsqu'elle apprit toutes ces mauvaises nouvelles. Créon se retrouva bien seul.

Antigone représente celle qui choisit la justice du cœur, sa conscience, à la loi de la cité. Elle préfère braver la loi mais rester fidèle à ses principes, à ce que lui dicte son cœur. Cette décision précipitera sa mort, une mort assumée, revendiquée même.

Les Atrides, une maison maudite

Les Atrides forment l'autre grande famille complètement désaxée de la mythologie grecque, qui a fourni des tas de sujets de choix aux poètes tragiques. Contrairement aux descendants de Cadmos, qui étaient surtout malchanceux, la maison d'Atrée était pleine de personnages abjects, à commencer par le patriarche, Tantale.

Le supplice de Tantale

Il y a des siècles, le roi Tantale régnait sur la Lydie, pays qui fait partie, aujourd'hui, de la Turquie. Nul n'était plus riche que lui. La montagne du Sipyle lui donnait de l'or, ses champs s'étendaient à perte de vue et les épis de blé qui y poussaient étaient deux fois plus lourds que n'importe où ailleurs. Sur les flancs verdoyants des collines, les bouviers gardaient d'énormes troupeaux. Les dieux eux-mêmes couvraient Tantale de leurs faveurs. Ils lui permirent de participer à leurs festins à l'Olympe et d'écouter leurs discours.

Pourtant, Tantale n'était qu'un mortel. Comme pour les autres humains, le fil de sa vie avait été filé par la Moire Clotho. Il était dévidé par la deuxième Moire, Lachésis, et la troisième, Atropos, allait le couper. Mais Tantale ne pensait pas à la mort.

« J'assiste aux banquets des dieux, se disait-il, et il n'y a aucune différence entre eux et moi. Ils emplissent ma coupe avec le nectar divin, je partage avec eux l'ambroisie sacrée et je sais de quoi ils parlent. Personne ne peut penser que je ne suis pas un des leurs, moi aussi. »

« Mais tu ne sais pas tout », lui répondait sa conscience.

« C'est vrai, admettait le roi, mais les dieux eux-mêmes sont-ils omniscients ? Je vais les mettre à l'épreuve. »

Un jour, un audacieux vola dans le temple de Zeus, en Crète, un précieux chien en or. Sachant que Tantale ne craignait pas les dieux, il le lui apporta pour qu'il le dissimulât. Peu après, un prêtre visiblement indigné se présenta aux portes du palais.

« Ô roi, lui dit-il, l'usage ne veut pas que les gouvernants s'associent aux voleurs. Rends au temple ce qui ne t'appartient pas.

Le supplice de Tantale (suite)

– Je ne sais pas de quoi tu parles, lui fut-il répondu.

– Tu peux cacher un objet volé, poursuivit le saint homme dont les yeux flamboyaient, mais tu ne pourras te dérober à la colère divine.

– Si j'ai fait quelque chose de mal, sourit le coupable, l'Olympe, qui sait tout, l'aurait déjà appris et m'aurait puni. »

Le roi saura donc qu'il n'avait pas la statuette en or et le prêtre, désappointé, repartit.

Tantale était sûr que les dieux faisaient semblant d'être omniscients, mais qu'ils ne l'étaient pas plus que les mortels.

En fait, chacun des actes de Tantale était connu au ciel, mais une chance était laissée au roi félon de choisir la vérité plutôt que le mensonge, l'honnêteté plutôt que le vol et la justice plutôt que le mal.

Aussi l'arrogance de Tantale ne fit que croître.

Le nectar et l'ambroisie ne lui suffirent plus : il se mit à dérober à la table des dieux du breuvage divin et de la nourriture pour les rapporter sur terre. Ses forfaits étaient de constantes injures aux lois célestes et humaines. Un jour, il imagina un crime terrible.

Ayant assassiné son fils Pélops, il convia les dieux à un banquet où il leur offrit de se nourrir de la dépouille de son fils. La déesse des cultures, Déméter, perdue dans ses pensées, mangea un morceau de la viande présentée, mais les autres dieux, saisis d'horreur, se levèrent précipitamment de table.

Tantale s'effraya, il comprit alors la puissance des dieux et se prosterna devant eux en implorant leur pardon. Mais la mesure était comble. Zeus, divinité suprême, envoya sans hésitation le traître dans les ténèbres du monde inférieur, dans le Tartare. Pour le punir de toutes ses mauvaises actions, il fut condamné à la souffrance perpétuelle.

Depuis ce jour, au royaume des morts, Tantale doit se baigner dans une eau limpide et fraîche, tourmenté par une soif cruelle. Chaque fois qu'il se penche pour tremper ses lèvres sèches et gercées, l'eau s'échappe de ses mains et il ne retient que le sable.

Des fruits savoureux poussent à sa portée, mais Tantale ne peut apaiser sa faim dès qu'il touche une poire, une figue ou une pomme, le vent se lève soudain et l'objet de sa convoitise s'envole. Au-dessus de sa tête se tient en équilibre un énorme rocher qui menace de tomber à tout moment. Une angoisse mortelle étreint sans cesse sa gorge.

C'est ainsi que le roi félon subit parmi les ombres une triple torture.

Quant aux restes du fils de Tantale, Pélops, ils furent rassemblés par les dieux dans une marmite. Clotho retira du chaudron le jeune homme plus beau que jamais et lui rendit la vie. Seul manquait un petit morceau de son omoplate, mangé par la distraite Déméter.

Les dieux le remplacèrent par un morceau d'ivoire et, depuis lors, tous les descendants de Pélops ont une tache blanche sur l'épaule.

La malédiction du conducteur de char

Pélops ayant survécu à sa transformation en ragoût, il alla s'installer en Grèce. Il décida d'épouser Hippodamie, fille d'Œnomaos, roi de Pise en Élide (une région du sud de la Grèce). Œnomaos avait déclaré que quiconque voulait épouser Hippodamie devrait l'enlever dans un char, poursuivi par lui-même, et s'échapper avec elle. Les perdants seraient tués. Pélops réussit à obtenir Hippodamie en soudoyant Myrtilos, le conducteur du char d'Œnomaos. Myrtilos desserra les axes du char d'Œnomaos qui mordit la poussière et fut tué, et Pélops s'échappa avec la fille et Myrtilos.

Pélops jeta ensuite ce dernier à la mer, soit pour dissimuler la manière honteuse avec laquelle il avait gagné la course, soit parce que Myrtilos en pinçait lui aussi pour Hippodamie. Avant de périr dans les vagues, Myrtilos maudit Pélops et tous ses descendants. Ce meurtre avait terni la réputation de Pélops, mais le dieu Héphaïstos le purifia. Il lui donna aussi un sceptre, qui était le symbole de pouvoir dans toute la Grèce du sud, dont la péninsule fut appelée, d'après lui, le Péloponnèse (il s'agit en fait d'une presqu'île).

Il est à moi, ce royaume !

Pélops et Hippodamie eurent de nombreux fils, qui grandirent et suivirent des voies séparées, et fondèrent des royaumes dans différentes régions du Péloponnèse. Mais une question se posait : qui serait le chef lorsque Pélops mourrait ?

Pélops avait un fils illégitime, Chrysippe, né avant que Pélops ne rencontre Hippodamie. Ses fils légitimes Atrée et Thyeste tuèrent Chrysippe en le précipitant dans un puits afin de protéger leur droit à la couronne, et aussi pour faire plaisir à leur mère (pleine de ressentiment à l'égard du fils bâtard de son mari). Pélops l'apprit et maudit ces deux fils-là. La famille était maintenant doublement maudite ! Voir la Figure 8-3.

Atrée était marié à Aéropé, mais celle-ci était amoureuse de Thyeste. Un jour, alors qu'Atrée se préparait à faire un sacrifice en l'honneur d'Artémis, un magnifique agneau d'or passa par là. Atrée captura l'agneau et le fourra dans un coffre, mais il en oublia du coup de terminer son sacrifice à Artémis (grave erreur !) Aéropé vola l'agneau et le donna à Thyeste.

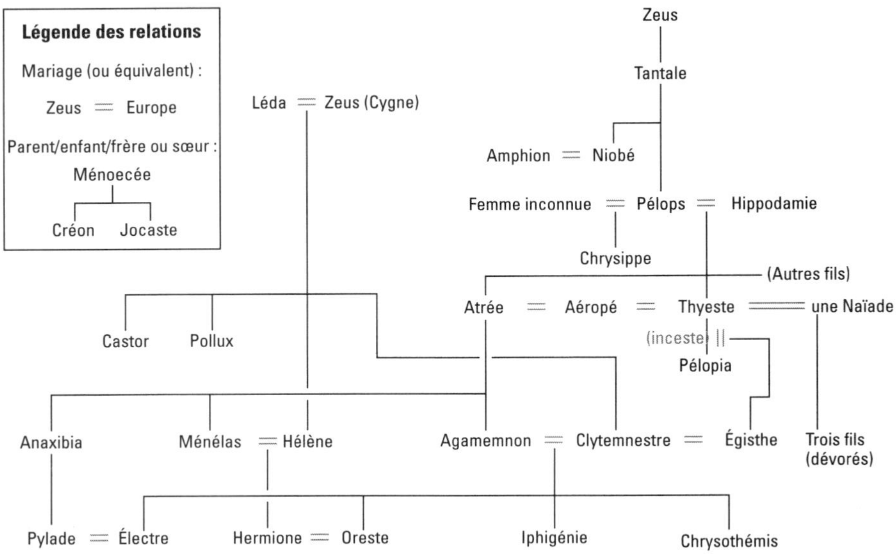

Figure 8-3 : les Atrides, une grande famille doublement maudite.

Peu après, les habitants de Mycènes reçurent un oracle leur commandant de faire en sorte qu'un des fils de Pélops devienne leur roi. Atrée et Thyeste se présentèrent pour essayer d'obtenir ce job convoité. Atrée, qui ne s'était pas rendu compte que son épouse avait dérobé l'agneau, proposa que quiconque possédait un magnifique agneau d'or devrait être roi de Mycènes. Bien évidemment, Thyeste accepta tout de suite. Cette acceptation si rapide ne manqua pas de surprendre Atrée, mais il fut carrément stupéfait de voir Thyeste sortir une boîte, l'ouvrir, et en tirer la Toison d'or.

Néanmoins, Zeus n'avait pas apprécié les moyens employés par Thyeste, et il donna donc quelques conseils à Atrée : prétendre s'accommoder des choses telles qu'elles étaient, mais demander à Thyeste de s'engager à restituer le trône le jour où le soleil irait à l'envers. Thyeste (qui aurait pourtant dû s'en douter) accepta ; le soleil se mit alors rapidement à tourner à l'envers, et ce fut Atrée qui devint, au bout du compte, roi de Mycènes.

C'est une recette que je tiens de mon grand-père

Atrée n'était pourtant pas encore satisfait. Il voulait se venger de l'adultère de son frère avec Aéropé. Il fit donc semblant de vouloir oublier le passé et invita Thyeste à dîner. Atrée tua les trois fils de Thyeste, coupa leurs mains et leurs pieds et en fit un ragoût qu'il servit en plat principal à son frère.

Après que Thieste eut mangé avec appétit, Atrée lui montra la tête et les pieds et lui dit probablement quelque chose comme « Ha ! Ha ! », ou tout ce qui semblerait approprié en de telles circonstances. Thyeste réalisa alors qu'il venait juste de manger ses propres enfants.

C'est Apollon qui expliqua alors à Thyeste comment se venger. Tout ce qu'il avait à faire, c'était de coucher avec sa propre fille, Pélopia, et le fils qui naîtrait de cette union grandirait pour se charger des choses. Thyeste commit donc un inceste avec sa fille, et celle-ci donna effectivement naissance à un fils, Égisthe. Pélopia essaya de se débarrasser du bébé Égisthe en l'abandonnant, mais des bergers le trouvèrent et le firent allaiter par une chèvre – ce qui explique peut-être le nom *Égisthe*, car le mot *aix* signifie « chèvre » en grec. Atrée entendit parler de ce bébé et il l'adopta et l'éleva comme s'il s'agissait de son propre fils.

Or Atrée, qui voulait en finir une bonne fois pour toutes avec son frère, envoya Égisthe capturer Thyeste ; le jeune homme le trouva et l'amena à son père. Mais Thyeste reconnut l'épée d'Égisthe : c'était celle qu'il portait le jour où il avait violé Pélopia, et que cette dernière lui avait prise à cette occasion. Il expliqua alors au jeune homme sa véritable ascendance, et Égisthe, fou de colère, rentra au palais tuer Atrée.

Thyeste était alors roi de Mycènes (et ses habitants doutaient probablement de la sagesse de leur décision d'avoir choisi pour roi un fils de Pélops). Sophocle a écrit une tragédie appelée *Thyeste*, mais elle ne nous est pas parvenue, ce qui est vraiment dommage.

Deux fils d'Atrée, Agamemnon et Ménélas vivaient encore. Une fois adultes, Ménélas devint roi de Sparte et Agamemnon, lui, retourna à Mycènes. Agamemnon tua Thyeste (mais pas Égisthe, son fils) et devint lui-même roi. Les deux frères épousèrent deux sœurs : Agamemnon se maria à Clytemnestre, et Ménélas à Hélène. Cela aurait pu faire une belle histoire, mais bien sûr ce n'est pas du tout ce qui se passa.

On n'a pas fini de rire !

Agamemnon fut le chef des Grecs durant la guerre de Troie. Une fonction qui, pour des raisons compliquées, le conduisit à sacrifier sa propre fille, Iphigénie (voir le chapitre VII).

Tandis qu'Agamemnon se battait à Troie pendant une décennie, le ressentiment de Clytemnestre au sujet de sa fille morte ne fit que s'aviver. Égisthe, qui était devenu l'amant de Clytemnestre et qui, en tant que fils de Thyeste, avait des tas de raisons de haïr un fils d'Atrée, surtout celui qui avait tué son père, l'encourageait.

Agamemnon et son butin de guerre

Lorsque Agamemnon rentra victorieux de Troie, ils l'attendaient de pied ferme. La pièce la plus célèbre d'Eschyle, *Agamemnon*, raconte l'histoire du retour du roi. Dans cette pièce, Agamemnon n'est pas un personnage sympathique. Entre autres choses, il se pointe avec sa nouvelle copine, Cassandre, une captive troyenne, et la première chose qu'il dit à son épouse c'est « occupe-toi d'elle, s'il te plaît, chérie ».

Clytemnestre et Égisthe tuèrent Agamemnon, mais pas son fils, Oreste, ni sa fille Électre. Oreste finit par rentrer à la maison et, avec l'aide de sa sœur Électre, il tua Égisthe et Clytemnestre. Entre autres choses, il se pointe avec Cassandre, une sœur d'Hector qu'il a reçue comme captive et dont il fait sa concubine.

Clytemnestre et Égisthe tuèrent Agamemnon ; ils auraient fait de même avec Oreste, qui était son seul descendant mâle, si Électre n'avait eu la présence d'esprit de le cacher et de le faire emmener loin de Mycènes. Les amants assassins épargnent Chrysothémis et Électre, mais traitent cette dernière, qui est ouvertement hostile à sa mère, comme une esclave. Oreste grandit à la cour du roi de Phocide, Strophios, et devint l'inséparable ami du prince Pylade. Une fois adulte, Apollon lui apparut et l'exhorta à rentrer à Mycènes pour se venger. Oreste accompagné de Pylade se rendit donc à Mycènes et, avec l'aide de sa sœur Électre, il tua les traîtres.

Cette histoire fait l'objet de trois tragédies qui ont survécu jusqu'à nos jours :

- *les Chloéphores* d'Eschyle ;
- *Électre* de Sophocle ;
- *Électre* d'Euripide.

Pourchassé par les Érinyes

Oreste s'attira des ennuis, parce que tuer sa propre mère, c'était sacrément tabou. Les Érinyes (assimilées aux Furies romaines), des déesses qui n'avaient d'autre raison d'être que de punir les gens qui faisaient des choses comme ça, lui tombèrent dessus en moins de deux. C'était un peu injuste, parce que le dieu Apollon avait expressément dit à Oreste de se venger.

La tragédie *Oreste* d'Euripide raconte cette histoire, de même que *Les Euménides* d'Eschyle. Dans la pièce d'Eschyle, Oreste arrive finalement à Athènes avec les Érinyes sur les talons. Là, la déesse Athéna organise un jugement avec Apollon représentant le défendeur (Oreste) et les Érinyes comme procureur. Le jury, composé d'Athéniens, était dans une impasse, et Athéna trancha donc en faveur d'Oreste. Son raisonnement ? Les mères sont moins importantes que les pères, et donc Oreste avait eu raison de tuer sa mère pour venger son père. Sa justification ? Elle-même avait un père, mais pas de mère ! (Voir le chapitre V pour en savoir plus sur sa lignée.) Vous l'avez compris, pour Athéna, les mères étaient bien moins importantes que les pères !

Oreste, enfin tiré d'affaire, finit par épouser Hermione, la fille de Ménélas et d'Hélène, laquelle avait été la cause de la guerre de Troie. Hermione était certes la cousine germaine d'Oreste, mais, à en juger par sa mère, elle était probablement très belle. Électre épousa Pylade, lui aussi un cousin germain. Les cousins germains sont normalement trop proches pour qu'on puisse les épouser sans risque, mais avec une famille comme celle-là, c'était probablement tout aussi bien.

Troisième partie

La mythologie romaine, ce butin culturel de l'Empire

Dans cette partie…

Les Romains aimaient emprunter les dieux et déesses des peuples qu'ils soumettaient militairement. Avec leur panthéon en grande partie emprunté aux cultures étrangères, ils réussirent à engendrer et à élaborer un système très souple de croyances et de rites, dans lequel tout le monde se retrouvait.

Chapitre 9

Existait-il une véritable mythologie romaine avant l'Empire ?

Dans ce chapitre :

- À la conquête du monde
- Écrivons l'« histoire » pour qu'elle soit acceptable
- Des citoyens très pragmatiques et très superstitieux
- Des religions adoptées au fil des conquêtes, y compris la religion égyptienne et le christianisme

Rome emprunta presque tous ses mythes à la mythologie grecque et à d'autres sources. Les Romains avaient bien sûr leurs propres dieux maison et, comme tout le monde, ils aimaient raconter des histoires. Mais au fur et à mesure que l'Empire s'agrandissait, les Romains adoptèrent les dieux et les héros des peuples qu'ils avaient soumis. Il ne fallut pas longtemps pour que la limite entre la mythologie « romaine » et la mythologie « étrangère » ne s'estompe, pour disparaître ensuite complètement.

Mais même si les dieux romains ressemblaient incroyablement aux dieux grecs ou même si tel ou tel mythe romain ressemble à un plagiat d'un mythe perse ou égyptien, ces dieux et mythes sont quand même romains : ils étaient importants pour les Romains, vrais pour les Romains, et ils avaient un parfum romain caractéristique. Ainsi, *L'Énéide* de Virgile (voir le chapitre XI), qui raconte l'histoire des origines de Rome et de sa grandeur, relate comment un prince troyen, une reine africaine, des dieux grecs et indigènes et une prophétesse italienne servirent les besoins des conquérants du monde… les Romains !

Ce chapitre montre pourquoi la mythologie romaine est un terrain si glissant. Il explique comment Rome fonctionnait, comment les Romains travaillaient ensemble, et comment ils traitaient les non-Romains qui devinrent partie intégrante de l'Empire.

Les divinités d'avant l'Empire

À l'apogée de l'Empire romain, environ un million de personnes vivaient dans la ville de Rome et plus de cinquante millions dans tout l'Empire. Elles parlaient des centaines de langues et vénéraient une multitude de divinités. Rome en maintenait la cohésion grâce à une administration centrale d'expression latine extrêmement efficace, mais aussi en permettant, autant que possible, aux peuples d'observer leurs propres coutumes.

Pourtant, Rome ne fut pas toujours une grande cité contrôlant un immense empire. Aux VIIIe et VIIe s. av. J.-C., Rome était une modeste bourgade, rien de plus. Au début, les Romains vénéraient des divinités qui étaient sans forme (il n'en existait donc pas de statues qui auraient pu nous parvenir), associées étroitement à la Terre (il n'en existait donc pas non plus de temples), et sans personnalité distincte (il n'existait donc pas de grand corpus mythologique racontant leurs aventures, leurs amours, leurs guerres, etc.).

Ce n'est que lorsque les Romains commencèrent à fréquenter les Grecs (qui avaient de nombreuses colonies sur le territoire de ce qui est aujourd'hui l'Italie) et d'autres peuples de l'Italie ancienne, surtout les Étrusques (voir ci-dessous), que les dieux romains commencèrent à prendre une apparence humaine et que les Romains commencèrent à raconter des mythes les concernant.

Ainsi, à l'origine, la religion et la mythologie romaines ressemblaient beaucoup aux religions et aux mythologies d'autres peuples en Italie. Un bref survol de ces peuples, Étrusques et peuples italiques, nous permettra de mieux comprendre à quoi croyaient les Romains.

Les premiers dieux italiques « maison »

Rome était une cité d'Italie, mais tous les peuples italiques n'étaient pas des Romains (du moins, pas au début). Il fallut de nombreux siècles à Rome pour dominer toute la péninsule italique. Avant cette conquête, et même après, les divers peuples non-Romains avaient leurs propres dieux et leurs propres mythes. Certains étaient très semblables à ceux des Romains, mais d'autres ne l'étaient pas.

Voici quelques-uns des autres peuples qui partageaient l'Italie avec les Romains :

- les Étrusques ;
- les Osques ;
- les Ombriens ;

- les Sabins ;
- les Vénètes ;
- les Marses.

Tous les peuples d'Italie partageaient un ensemble de dieux de base. Pourtant, chaque peuple avait des noms légèrement différents pour les désigner, et des rites légèrement différents qui y étaient associés ; mais il possédait aussi ses propres dieux.

Variations sur Jupiter

On trouvait Jupiter partout dans l'Italie d'alors, sous le nom de Jupiter, Juve, Juveis, Juvei, etc. Idem pour Mars (connu sous le nom Mamars), Hercule (qui s'appelait aussi Hercle, Hercele, Herekleis), Junon et Vénus. Certains peuples vénéraient Fortune, dont on disait qu'elle était la première fille de Jupiter. Dans la région d'Iguvium (aujourd'hui Gubbio, une ville d'Ombrie), on vénérait une trinité de dieux particulière :

- Jupiter du chêne
- Mars du chêne
- Vofionus du chêne.

Il fallait une déesse des Moissons

La déesse des Moissons, Cérès chez les Romains, était adorée dans toute l'Italie. Le blé était très important, et peut-être que chaque groupe ethnique pensait qu'il fallait entretenir une relation privilégiée avec la déesse qui lui donnait son pain quotidien. La Figure 9-1 montre une statue de Cérès.

Figure 9-1 : une statue de Cérès.

Au commencement étaient les Étrusques

De toutes les nations établies en Italie alors que les Romains étaient en train de bâtir leur Empire, celle des Étrusques était probablement celle qui possédait la culture la plus développée et le corpus de mythes le plus riche.

Et qu'est-ce que les Étrusques ont laissé à la postérité ? Des tombeaux et des miroirs. Ceux-ci nous en apprennent davantage que l'on pourrait penser. Les tombeaux étrusques étaient de petites chambres, ornées de belles peintures murales. À l'intérieur de chaque tombe, il y avait des sarcophages de pierre, sur lesquels on trouvait souvent des gravures décoratives : des scènes mythologiques y étaient souvent sculptées. Les miroirs sont des miroirs à main, en bronze, comparables à ceux dont on se sert encore aujourd'hui pour se brosser les cheveux. La face avant de ces miroirs était lisse et polie, mais leur dos était souvent décoré de scènes de la mythologie étrusque. Les thèmes favoris en étaient des scènes de la guerre de Troie, et des femmes portant des bébés.

Ce peuple, qui, contrairement aux Romains et aux Italiques, ne parlait pas une langue indo-européenne, a joué un rôle essentiel dans le devenir de la mythologie romaine : au milieu du VIIIe siècle, en effet, les Étrusques firent connaissance avec les Grecs, qui étaient venus implanter des colonies dans le sud de l'Italie. Les Étrusques imitèrent aussitôt ces nouveaux voisins et accueillirent à bras ouverts leur mythologie, qu'ils ont plus ou moins adaptée à la leur. S'ils avaient déjà dans leur panthéon un dieu à peu près doté des mêmes pouvoirs et des mêmes attributions que le dieu grec qu'ils souhaitaient emprunter, ils gardaient son nom indigène, mais lui prêtaient les aventures de son collègue grec. Ainsi le dieu étrusque du Ciel *Tinia* devint l'exact équivalent de *Zeus*, tout en gardant ses traits originaux. Si, en revanche, le dieu grec n'avait pas de parangon étrusque, ils empruntaient son nom, ses traits, ses attributs, bref, ils l'importaient. C'est comme ça que *Hercle*, étrusquisation du nom grec *Héraclès*, est devenu un dieu essentiel du panthéon étrusque. Cette liberté vis-à-vis de la religion du voisin, assez étonnante pour nous, Modernes, se retrouve au même degré chez les Romains, qui identifièrent également *Zeus* à leur dieu indigène *Jupiter* et empruntèrent de même *Hercle* l'Étrusco-Grec, en l'appelant *Hercules* et en lui prêtant les aventures que lui attribuaient les mythographes grecs.

Cela dit, on connaît malheureusement très mal la mythologie étrusque pour la simple et bonne raison que l'on a très peu de textes étrusques qui en traitent – et, qui plus est, comme cette langue est isolée, on a du mal à les comprendre. On est donc forcé d'interpréter les documents figurés, qui en revanche sont très nombreux, un peu à l'aveuglette. Et qu'est-ce que les Étrusques ont laissé à la postérité ? [...]

Les scènes gravées sur ces petits miroirs ronds sont, bien entendu, adaptées à leur public, les femmes de bonne famille, et l'on n'y trouve pas d'histoires sanglantes ; aux scènes de guerre sont préférées les scènes domestiques (déesse ou héroïne à sa toilette, beau héros vainqueur, etc.). Même les scènes de la guerre de Troie [...]

Même les scènes de la guerre de Troie sur ces miroirs se concentrent sur des thèmes féminins – des mères et des bébés, et un peu de sexe adultère pour corser le tout. Plusieurs miroirs montrent Uni (le nom étrusque d'Héra) donnant le sein à Hercle (Héraclès) adulte – sur l'une des scènes, Héraclès porte même sa barbe entière, ce qui laisse quand même penser qu'il était temps de le sevrer ! D'autres montrent Minerve/Athéna, Mercure/Hermès et un tas d'autres dieux tenant tous des bébés. Même les mythes qui font plutôt frissonner s'adoucissent et font un peu dans le sentiment lorsqu'on les retrouve au dos des miroirs étrusques : l'un montre Pasiphaé, reine de Crète, tenant le bébé Minotaure sur les genoux ! (Pour en savoir plus sur le Minotaure, voir le chapitre VI.)

Les scènes des sarcophages n'étaient pas de nature à vous rendre le cœur aussi léger. Nombre d'entre eux semblent être tirés de mythes populaires également chez les Grecs, en particulier ceux des Atrides et des descendants de Cadmos (voir le chapitre VIII). On y voit fréquemment Étéocle et Polynice, les deux fils d'Œdipe, se battant l'un contre l'autre à Thèbes. On trouve encore Pélops tuant Œnomaos. (Pour en savoir plus sur ces mythes, voir le chapitre VIII.)

Rome, avec un très grand « R »

La tradition nous apprend que Rome fut fondée en 753 av. J.-C. Elle commença son existence en tant que simple cité gouvernée par des rois. Au bout d'environ deux cent cinquante ans de ce régime, elle devint une République gouvernée par des magistrats élus. Cette phase dura de 509 à 31 av. J.-C. Pendant la République, Rome connut une expansion qui l'amena à contrôler toute l'Italie, la Sicile, la Sardaigne et la Grèce. Ainsi, et c'est quelque peu étrange, les Romains contrôlaient un empire bien avant d'être gouvernés par un empereur. L'empire romain existait avant l'Empire romain !

Puis Rome devint un Empire, gouverné par un empereur (bien que les Romains aient encore prétendu qu'il s'agissait toujours d'une République). Les empereurs agrandirent l'Empire pour qu'il s'étende sur la plus grande partie de l'Europe, du Moyen-Orient et de l'Afrique du Nord (voir la Figure 9-2). L'Empire romain dura jusqu'à ce que le dernier empereur romain d'Occident fut déposé, en 476 apr. J.-C.

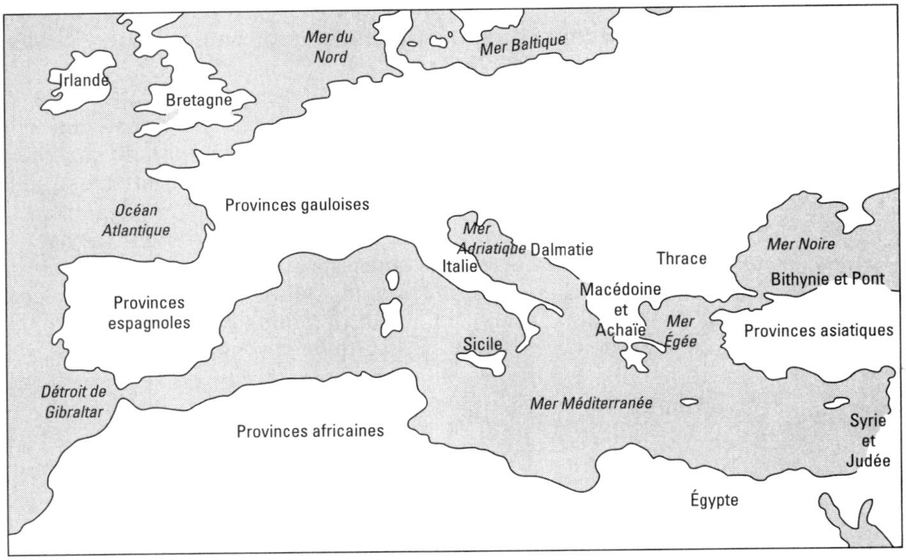

Figure 9-2 : l'Empire romain à son apogée.

On ne peut comprendre la mythologie romaine si l'on n'a pas en mémoire l'immensité de l'Empire romain ni la diversité des peuples qu'il regroupait. Pour cela, il nous faut d'abord comprendre comment les Romains en vinrent à contrôler un empire aussi vaste.

Un Empire bâti grâce aux butins des guerres

L'une des raisons qui expliquent l'expansion de l'Empire romain et son intégration successive de si nombreux peuples, c'est que les hommes politiques romains avaient continuellement besoin d'argent, d'énormes quantités d'argent. La carrière d'un homme politique ambitieux pouvait passer successivement par une série de postes, et pouvait, au final, se terminer par la fonction de *consul*. Le consul était le chef du pouvoir exécutif et cette magistrature était collégiale : il y avait deux consuls. Cette carrière politique coûtait cher, mais un bon politique pouvait rembourser toutes ses dettes s'il réussissait à être nommé gouverneur d'une province.

S'il avait de la chance, il y aurait une guerre et il pourrait amasser un butin énorme (« trésor de guerre »), rentrer à Rome en homme riche, capable de rembourser toutes ses dettes (et s'il n'y avait pas de guerre, il pouvait toujours lever des impôts sur les peuples des provinces, ce qui marchait aussi). C'était donc dans l'intérêt de chaque gouverneur de chaque province romaine de faire une guerre. Et lorsque ces gouverneurs gagnaient des guerres, ils agrandissaient l'Empire. En conséquence, l'Empire romain s'accroissait, la civilisation romaine suivait l'avidité romaine à travers le monde, alors que de nouvelles mythologies et de nouvelles religions pénétraient les imaginations des Romains.

Bien sûr, ce sont des Romains, eux aussi

« Rome » est, en un certain sens, l'opposé de la « Grèce ». La « Grèce antique » désigne un nombre très important de personnes vivant toutes dans le bassin méditerranéen, dans des cités différentes et indépendantes, avec des types de gouvernement différents, qui faisaient toutes leurs propres affaires. Ce qui leur donnait leur cohésion, c'était une langue, une appartenance ethnique, une religion et une mythologie partagées. La « Rome antique », c'est une cité, avec relativement peu de Romains qui y habitent. Pourtant, ces gens-là se rendirent maîtres d'un tas d'autres peuples. Une grande partie des peuples du monde devinrent partie intégrante de l'Empire romain, sans vraiment devenir romains pour autant : ils continuèrent de parler le grec, l'hébreu ou le gaulois ou toute autre langue, et ils gardèrent la mythologie qui était la leur.

Le résultat, c'est que la religion romaine devint un amalgame de diverses coutumes. Les Romains aimaient beaucoup la mythologie grecque – en gros, ils pensaient que la culture et la sophistication des Grecs étaient ce qui se faisait de mieux – et ils adoptèrent donc les dieux grecs. Mais les peuples qui vivaient dans la péninsule italienne bien avant que les Romains ne les gouvernent avaient également leurs propres religions ; les Romains leur permirent de continuer à exister et ils les reprirent aussi. Comme ils trouvaient les divinités égyptiennes assez attrayantes, ils incorporèrent aussi certains des mythes d'Isis et d'Osiris à leurs croyances. Et ainsi de suite.

Les mythes de la création de Rome

L'histoire de Romulus et Remus et des sept rois de Rome a permis d'expliquer tout cela et d'éviter que les Romains ne se sentent coupables d'avoir massacré des peuples indigènes dans la boue.

Prenons l'animosité atavique de Rome contre Carthage, en Afrique du Nord (l'actuelle Tunisie). Bien sûr, les politiciens pouvaient dire que le peuple de Sicile avait voulu que ce soient les Romains qui les gouvernent et non les Carthaginois, et avance des arguments économiques en faveur de l'appartenance de la Sicile à Rome. Mais il était plus satisfaisant pour tout le monde de se rappeler que Carthage était l'ennemi de Rome depuis des siècles, et que c'était de sa propre faute puisque la reine de Carthage avait maudit les Romains. Ceux-ci se servirent de l'histoire d'Énée et de ses amours avec Didon pour justifier le fait qu'ils avaient conquis une partie de l'Afrique du Nord et qu'ils la conservaient.

Comment un tel pot-pourri de mythes s'est-il formé ?

La religion romaine, qui évolue sur près de mille ans, est le résultat d'un processus interminable d'intégration de dieux, d'histoires et de rites provenant de diverses cultures, pour les romaniser. On appelle le type de résultat ainsi obtenu *syncrétisme*.

Un Romain de l'époque de l'Empire avait donc la possibilité de s'incliner devant Lare et ses Pénates (dieux romains d'origine) le matin, de prier Isis (déesse égyptienne) au déjeuner, de participer à un banquet en l'honneur d'Héraclès l'après-midi, plus tard, de se faire prédire son avenir par un *haruspice*, devin qui avait appris l'art étrusque d'interpréter les volontés des dieux en examinant les entrailles des victimes), et de terminer la journée en participant à une cérémonie du culte de Mithra (une divinité persane dont les adeptes se réunissaient dans des cavernes).

S'il faisait tout cela, le Romain en question ne trahissait aucunement sa culture ; au contraire, c'était un bon Romain !

Pourquoi le panthéon grec ?

Le chapitre X est entièrement consacré au panthéon romain (un panthéon, c'est l'ensemble des dieux d'une religion), mais ce n'est un secret pour personne que les grands dieux romains étaient à peu de chose près les mêmes que les dieux grecs, simplement avec des noms différents. Comment les dieux grecs arrivèrent-ils à Rome ? Ils suivirent les Romains qui rentraient chez eux, et les Romains décidèrent de les garder !

Voici l'histoire : Livius Andronicus était un Grec qui vécut approximativement de 284 à 207 av. J.-C. Il habitait la cité de Tarente, une colonie établie par les Grecs dans le sud de l'Italie. En 272, les Romains prirent la ville, et Livius devint l'esclave d'un Romain. Ce Romain ramena son esclave à Rome, et lui rendit sa liberté quelque temps plus tard.

Livius Andronicus s'appelait probablement « Andronikos » (nom grec) à l'origine. Lorsqu'il fut affranchi de son esclavage (cet affranchissement s'appelait *manumissio*), il prit le nom de son ancien maître, qui était l'un des Livii, une très ancienne famille romaine, et porta son ancien nom grec comme surnom. Désormais, il s'appelait Livius Andronicus.

Affranchi, il se fit maître d'école. Mais il écrivait aussi. Sa plus grande œuvre, c'est la traduction en latin de *L'Odyssée* d'Homère, qu'il appela *Odyssia*. Il dut travailler dur pour traduire cette épopée grecque en latin et pour l'adapter à la société romaine d'alors. Les dieux romains ne correspondaient pas toujours très bien aux dieux grecs. Il procéda donc à quelques substitutions. Par exemple, il remplaça les Muses grecques (les filles de Zeus qui inspirent les poètes) par les Camènes romaines (déesses de fontaine). Il remplaça les Moires (divinités grecques du Destin) par les Parques (divinités latines du Destin). Livius Andronicus fit de son *Odyssia* bien davantage qu'une copie bon marché de *L'Odyssée*. Il en fit un véritable poème épique latin, destiné aux Romains. Et en peuplant l'histoire d'Ulysse avec des dieux romains – Jupiter, Vénus, Junon, et les autres –, il associa étroitement ces dieux aux dieux grecs. L'idée prit rapidement, puisque les Étrusques les avaient depuis longtemps habitués à ce genre d'interprétation, et la mythologie romaine devint subitement plus « grecque » qu'elle ne l'avait jamais été auparavant.

Des divinités importées d'« Outre-mer »

Rome obtint certains de ses dieux d'autres sources. Dans un grand empire, des tas d'influences coexistent. Les gouverneurs des provinces et les armées qui les accompagnaient furent exposés à diverses cultures et eurent souvent des épouses étrangères ; de nombreux habitants des provinces émigrèrent vers la grande métropole de Rome, y apportant leurs idées étrangères. Les Romains étaient toujours disposés à adopter de nouvelles modes, ils n'eurent donc aucun problème à incorporer certaines des croyances étrangères à leurs rites quotidiens.

L'Égypte

La déesse égyptienne Isis fut particulièrement populaire à Rome. Les Romains l'identifiaient à Déméter, Luna (déesse romaine de la Lune), et à Héra. Elle fut assimilée à d'autres déesses mères, et honorée en tant que Diane (Artémis) sur l'île grecque de Crète. Les Romains identifièrent Osiris à Bacchus et Horus à Apollon.

Le roi des dieux Égyptiens s'appelait Amon, et les Grecs avaient depuis longtemps décidé qu'Amon devait être assimilé à Zeus. Ils le vénérèrent donc, lorsqu'ils se trouvaient en Égypte, sous le nom de Zeus-Amon. Après qu'Alexandre le Grand eut conquis l'Égypte, tous les souverains de ce pays furent des Grecs – un tas de rois tous appelés Ptolémée, et une longue lignée de reines toutes appelées Cléopâtre – et la religion égyptienne commença à s'helléniser (c'est-à-dire qu'elle devint de plus en plus grecque).

La dernière Cléopâtre fut celle qui est restée célèbre, celle qui fut incarnée par Elizabeth Taylor dans le film épique du même nom. Après elle, l'Égypte devint une province de Rome, et les influences romaines se mêlèrent aux influences grecques, elles-mêmes mêlées aux croyances égyptiennes. Cela se produisait chaque fois que les Romains envahissaient des pays étrangers, où ils rencontraient de nouvelles divinités qu'ils incorporaient à leurs mythologies. Donc, un temple dédié à l'origine au bon vieil Amon aurait pu être transformé à la fin du Ier siècle en un temple dédié à Jupiter-Zeus-Amon !

Lorsque le christianisme arriva à Rome, puis en Égypte, les choses se compliquèrent encore. Beaucoup de touristes qui se rendent en Égypte sont surpris de voir des peintures qui ressemblent à la vierge Marie et à l'enfant Jésus, mais qui sont, à vrai dire, celles d'Isis et de l'enfant Horus. Les deux histoires de la mère et de son enfant étaient si semblables qu'elles s'influencèrent réciproquement, ce qui s'exprima dans l'art.

La Perse

Avant que Rome ne devienne l'Empire gigantesque que l'on connaît, une grande partie du monde était sous contrôle de l'Empire perse. Cet empire partant de la Perse (l'actuel Iran) avait connu une grande expansion par les guerres et les conquêtes. Il s'étendait jusqu'en Inde à l'est, jusqu'à la mer Égée à l'ouest, de la Russie méridionale au nord à l'Éthiopie au sud-ouest. Des Perses gouvernèrent l'Égypte pendant plusieurs centaines d'années, et aussi plusieurs cités grecques implantées sur le territoire de ce qui est aujourd'hui la Turquie. L'Empire perse était donc à l'époque une puissance de premier plan.

Alexandre le Grand, un Grec de Macédoine, fit la conquête de l'Empire perse, mais sans mettre un terme à la culture perse. Il remplaça juste les bureaucrates perses par des bureaucrates macédoniens, et les choses reprirent leur cours habituel. Plus tard, les Romains remplacèrent ces bureaucrates macédoniens par des bureaucrates romains, mais la culture perse demeura encore bien vivante, et devint ensuite une riche composante de celle de l'Empire romain.

Les Perses avaient deux religions, qui se sont peut-être chevauchées :

- les Perses orientaux, ceux d'Iran, étaient zoroastriens : leur grand dieu, c'était Zarathoustra ;
- les Perses occidentaux étaient mazdéens : leur grand dieu, c'était Ahurâ Mazdâh.

Les Grecs et les Romains furent exposés à ces religions, qu'ils trouvèrent intéressantes.

Plutarque, un écrivain grec de l'époque romaine, écrivit un livre au sujet d'Isis et d'Osiris, deux divinités égyptiennes, mais en y incluant quantité de choses provenant de la mythologie perse. Il raconte les débuts du *zoroastrisme*, fondé par un prêtre du nom de Zoroastre (Zarathoustra), cinq cent ans avant la guerre de Troie, qui affirmait qu'il existait deux dieux qui se battaient pour la conquête du monde. L'un incarnait le bien, c'était Ahurâ

Mazdâh, et l'autre le Mal, c'était Ahriman. L'« arbitre », dans ce contexte de lutte pour le pouvoir sur le monde, c'était Mithra.

Le culte de Mithra, bien que perse, rencontra beaucoup de succès auprès des soldats romains, au point que Mithra devint quasiment un dieu romain (le chapitre X vous en apprendra davantage à son sujet).

La composante la plus célèbre de la religion perse aujourd'hui, c'est celle relative aux mages. La plupart de ceux qui connaissent le mythe du Christ connaissent aussi les Mages ou Rois mages, ces trois sages d'Orient qui suivirent une étoile pour adorer l'enfant Jésus à Bethléem. Les mages étaient des prêtres perses qui étaient spécialisés dans l'interprétation des rêves, qui récitaient des contes relatifs à la naissance des dieux et étaient chargés de l'éducation des jeunes souverains. Ces deux dernières fonctions expliqueraient leur voyage pour rencontrer le petit Jésus.

Le Moyen-Orient

Les Romains régnaient sur la Palestine au Ier s. apr. J.-C. Les Juifs étaient un peuple intégré à l'Empire romain, exactement comme tout autre peuple dans cette partie du monde. Il y avait aussi beaucoup de Juifs à Rome. Ils avaient la réputation d'être très instruits et très pieux, mais aussi celle d'être un peu bizarres.

En premier lieu, les Juifs étaient monothéistes. Ils ne reconnaissaient qu'un seul dieu et n'avaient aucunement l'intention d'honorer Jupiter, Isis, Ahurâ Mazdâh, ou tout autre dieu. Et ils n'étaient pas davantage disposés à vénérer Jules César ni Auguste. C'était une attitude très étrange et très dérangeante pour les Romains. Est-ce que Jupiter se mettrait en colère si un groupe de gens vivant à Rome refusait de le vénérer ?

Comme c'est trop souvent le cas, les Romains considéraient avec soupçon les gens qui avaient d'autres croyances, et les récriminations hostiles aux Juifs abondent dans la littérature romaine. Le poète Horace était particulièrement enclin à insérer des commentaires antisémites dans ses Satires.

Cette tension et beaucoup d'autres tensions politiques contribuèrent à créer une situation compliquée au Proche-Orient (à part ça, quoi de neuf ?). Les Romains firent tout leur possible pour s'en accommoder. Ils permirent à des rois juifs de régner sur la Palestine – le roi Hérode Ier le Grand notamment, tout en y installant les gouverneurs militaires romains afin de garantir les rentrées d'impôt et le maintien de la paix. C'est le poste qu'occupait à Jérusalem Ponce Pilate lors de l'incident provoqué par un certain Jésus de Nazareth.

Les problèmes entre les Juifs et les Romains atteignirent leur paroxysme dans les années soixante-dix après J.-C., lorsque le peuple de Palestine se révolta et que les Romains détruisirent une bonne partie de Jérusalem. De nombreux Juifs quittèrent alors le Proche-Orient, et ce fut le début de la *diaspora*, le dispersement du peuple juif partout dans le monde.

La religion romaine était entièrement destinée à satisfaire aux besoins des fermes

La religion jouait un rôle central de la vie romaine à la fois durant la République et durant l'Empire, et ce également dans les affaires publiques. Les Romains étaient incroyablement superstitieux. Ils n'étaient pas religieux de la manière dont on pense aujourd'hui à la religion – la religion romaine ne concernait pas la « foi », mais ils faisaient extrêmement attention à respecter certains rites et certaines règles. Les rites de la religion romaine servaient à garantir que le temps serait favorable, à assurer la fortune de la cité, son succès militaire, la fertilité des terres de ses fermes, la fécondité de son bétail et celles des Romains eux-mêmes. Les rites exécutés par les prêtres devaient l'être de *façon impeccable*, sinon cela attirait la malchance sur la cité. Les prêtres étaient chargés de l'exécution de ces rites afin de garantir la *pax deorum* (la paix des dieux).

Nous servons tous quelqu'un

Comme il n'existait pas de loi sur la séparation de l'Église et de l'État, les Romains ne faisaient pas de distinction entre magistrats et prêtres. En fait, certaines des charges sacerdotales supérieures étaient accordées sur vote, et elles conféraient un pouvoir politique à leur détenteur : la charge de grand pontife, c'est-à-dire de prêtre en chef de Jupiter, en était une. Être prêtre, ce n'était pas forcément un métier. Souvent les gens assuraient une charge de prêtre (comme celle d'un notaire, par exemple) en plus de l'exercice d'une profession à temps complet.

Il y avait quinze grands prêtres à Rome, appelés flamines. Il y avait aussi douze flamines mineurs, chacun attaché au culte d'une divinité spécifique, comme Cérès, Flora et Vulcain. Il y avait trois grands flamines :

- le flamine de Jupiter (*flamen Dialis*) ;
- le flamine de Mars (*flamen Martialis*) ;
- le flamine de Quirinus (*flamen Quirinalis*).

Ils étaient respectivement attachés au culte de Jupiter, de Mars et de Quirinus. Contrairement à d'autres prêtres moins importants, ces grands flamines étaient sélectionnés par d'autres prêtres dans une liste de patriciens (membres de familles aristocratiques), ils n'étaient pas élus. La plupart des flamines avaient vraiment une bonne planque. C'était une charge à vie, et le flamine obtenait une belle maison financée par les deniers publics, mais étaient soumis en contrepartie à certains devoirs et à certains tabous.

La divination et l'astrologie

L'une des fonctions les plus importantes des prêtres consistait à prédire l'avenir. Ils la remplissaient de plusieurs manières différentes. D'abord, tout aspect de la météo pouvait indiquer que quelque chose de bon ou de mauvais allait se produire. Le comportement d'un taureau durant son sacrifice avait une signification. Il était important que le taureau hoche la tête (les taureaux inclinent la tête de bas en haut, mais il fallait qu'ils le fassent sur l'autel pour que l'effet soit maximal) en signe de « consentement » au sacrifice.

Les augures étaient des prêtres qui consultaient aussi les cieux pour y lire les signes envoyés par les dieux (appelés aussi augures). L'astrologie était une industrie florissante à Rome, malgré des tentatives périodiquement renouvelées de chasser les astrologues les plus charlatans. Les deux hommes élus consuls – une fonction semblable à celle de président de la République, excepté qu'il y avait deux consuls – avaient également le droit et le devoir de prendre les auspices (c'est-à-dire observer le vol des oiseaux) avant de prendre leurs décisions.

Le vol des oiseaux pouvait indiquer, à ceux qui savaient l'interpréter, les faveurs ou le mécontentement des dieux. Le type d'oiseau, la direction dans laquelle il volait, ce qu'il transportait dans son bec et l'endroit où il s'arrêtait pour se reposer étaient autant de signes de la volonté des dieux.

Les Étrusques étaient passés maîtres – la tradition est unanime sur ce point – dans l'art d'interpréter ces signes ; cet art était d'ailleurs au centre de la religion étrusque, puisque les Étrusques disposaient de nombreux livres expliquant comment interpréter tel ou tel signe (le vol d'un oiseau, la chute d'un éclair, la naissance d'un mouton à cinq pattes, etc.). Et dès que les Romains avaient des problèmes (une famine qui durait, une guerre qui tournait mal, etc.), ils se dépêchaient de demander aux prêtres étrusques d'interpréter la volonté des dieux (c'était moins compliqué que d'envoyer une délégation au lointain temple d'Apollon à Delphes…).

L'art de prédire l'avenir en examinant un foie

L'un des arts divinatoires transmis aux Romains par les Étrusques était celui que déployaient les haruspices, des devins qui examinaient le foie d'un animal sacrifié pour prédire l'avenir. Mais au fait, comment les Étrusques apprirent-ils cette technique des plus utiles ? Un mythe nous le raconte.

Un jour, un paysan d'Étrurie, le pays des Étrusques, labourait son champ lorsqu'un petit bonhomme jaillit du sillon qu'il traçait. C'était Tagès, le « vieux bébé ». Il ressemblait à un bébé, mais il avait la sagesse d'un vieil homme. Les princes de toute l'Étrurie accoururent en grande hâte, et Tagès leur enseigna comment interpréter les signes envoyés par les dieux. Et les Étrusques consignèrent les préceptes dans les livres qu'ils conservèrent jalousement.

Lorsque les Romains eurent appris à faire ce tour pour amuser la galerie, ils ne le remirent jamais en question. Dès lors, il ne pouvait plus y avoir de grand rite complet sans une bonne séance d'interprétation des entrailles de la victime sacrifiée.

Chapitre 10

La religion romaine, mendiée, empruntée et volée

Dans ce chapitre :

- L'équivalence des divinités grecques et romaines
- Les divinités romaines d'origine
- Le côté féminin de la religion romaine

Nombreux sont les chercheurs qui nient l'existence d'une mythologie romaine, et qui affirment que les Romains ont simplement emprunté leur panthéon aux Grecs et n'ont fait aucune contribution originale à leur propre religion. Mais cet argument est tout simplement faux.

Certes, de nombreuses divinités romaines sont aussi des divinités grecques. Pourtant, non seulement les Romains avaient leur propre approche des divinités grecques, mais ils possédaient déjà un corpus gigantesque de divinités et d'esprits qui leur étaient propres. Les Romains étaient très superstitieux et adoraient les rites. Ils n'étaient pas non plus jaloux d'autres dieux ni intolérants quant aux dieux que leurs voisins avaient choisi d'adorer. La religion romaine était un ensemble de rites, de dévotions privées, d'observation publique et de fêtes. Ça manque d'originalité ? Pas vraiment.

Le panthéon gréco-romain

Durant la période républicaine (de 509 à 31 av. J.-C.), la Grèce était le dernier cri en matière de culture et de raffinement, et les Romains, qui adoraient la mode, importèrent les divinités grecques et se les approprièrent. Une grande partie d'entre elles furent reprises à l'occasion de la traduction en latin de *L'Odyssée* (voir le chapitre VII). Des noms romains furent substitués aux noms grecs, ce qui finit par donner une version complètement nouvelle des vieux immortels grecs que nous connaissons bien (nous en parlons davantage au chapitre IX).

Le Tableau 10-1 donne la liste des divinités romaines et de leurs équivalents grecs. La plupart de ces dieux « commencèrent leur carrière » en tant qu'originaux italiens. Avec le temps, ils furent de plus en plus assimilés à leurs pendants grecs, parce que les Romains passaient de plus en plus de temps à lire de la littérature grecque et qu'ils s'associaient de plus en plus aux Grecs. Ce qui explique qu'au IIe s. av. J.-C. les dieux grecs et les dieux romains étaient devenus très, très semblables.

Tableau 10-1 Équivalences entre les dieux grecs et romains

Divinité romaine	*Divinité grecque*	*Fonction*
Jupiter	Zeus	roi des dieux, dieu du Ciel
Junon	Héra	déesse du Mariage
Neptune	Poséidon	dieu de la Mer
Saturne	Cronos (peut-être)	roi des Titans
Tellus	Gaia	déesse de la Terre
Vénus	Aphrodite	déesse de l'Amour
Pluton (Dis Pater, « seigneur des richesses »)	Hadès	dieu des Enfers
Vulcain	Héphaïstos	dieu du Feu et du Travail des métaux
Cérès	Déméter	déesse des Moissons et de la Culture
Apollon	Apollon	dieu de la Musique
Minerve	Athéna	déesse de la Sagesse
Diane	Artémis	déesse de la Chasse
Mercure	Hermès	messager des dieux
Bacchus	Dionysos	dieu du Vin
Proserpine	Perséphone	reine des Enfers
Cupidon	Éros	dieu de l'Amour
Mars	Arès	dieu de la Guerre

VOCABULAIRE

Les dieux romains ont donné leur nom à des tas de mots français. Le mot *céréales*, par exemple, vient bien sûr de Cérès. *Jovial* vient de Jupiter. L'adjectif *vénérien*, relatif aux rapports sexuels, vient de Vénus. Le métal lourd employé pour fabriquer des armes nucléaires s'appelle le *plutonium*, parce qu'il vient tout droit des Enfers, le royaume de Pluton. Un tribunal militaire s'appelle une cour martiale, c'est-à-dire « cour de Mars ».

Minerve

Minerve était la fille de Zeus, et de lui seul. Adulte et armée, elle sortit du crâne de Zeus. Elle est avant tout la déesse de la Cité, protectrice de la vie civilisée, de l'artisanat et de l'agriculture. Elle était l'enfant préférée de Zeus, la plus importante des trois divinités vierges. Personnification de la sagesse, de la raison, son temple était le Parthénon.

Figure 10-1 : Le Printemps de Botticelli.

L'astronomie romaine

Les neuf planètes du système solaire portent les noms de dieux romains : Mercure, Vénus, Terre, Mars, Jupiter, Saturne, Uranus, Neptune et Pluton. Les scientifiques spéculent sur l'existence d'une dixième planète. Comme personne ne peut la voir, mais qu'elle rend la trajectoire de Pluton plutôt bizarre, ils ont surnommé cette planète fantôme Perséphone, du nom de l'épouse mystérieuse de Pluton.

Les lunes des planètes portent souvent le nom des enfants des dieux. Mars avait deux enfants, Phobos et Deimos, et c'est ainsi qu'on a nommé les deux petites lunes bosselées de Mars. Jupiter avait un tas enfants, mais on le connaît surtout pour avoir eu quantité d'aventures amoureuses, c'est donc d'après les personnes concernées qu'on a nommé ses satellites. Parmi les plus grands satellites de Jupiter, on trouve Europe, l'une de ses maîtresses, et Ganymède, l'un de ses amants.

Tout ça, pour moi, c'est du romain !

Les noms des mois proviennent, eux aussi, de la mythologie (ou de l'histoire) romaine.

- *Janvier* vient de Janus, le dieu à deux visages des commencements.
- *Février* tire son nom d'une cérémonie latine de pardon des péchés, de purification à la sortie de l'hiver et à la fin de l'année (elle commençait primitivement en mars).
- *Mars* est nommé d'après le dieu Mars.
- *Avril*, dont l'étymologie est obscure, reste un mystère.
- *Mai* a reçu son nom de Maia, une vieille déesse du panthéon romain assimilée ensuite à Maia, la mère d'Hermès.
- *Juin* nous vient de Junon.
- *Juillet* vient de Jules César, à qui plaisait l'idée d'avoir un mois portant son nom ; avant sa mort, ce mois s'appelait plus simplement le « cinquième ».
- *Août* vient du successeur de César, Auguste, qui ne voulait pas être en reste ; ce nom a remplacé l'ancienne dénomination numérique, le « sixième ».
- *Septembre* signifie « septième mois ». Car avant que César et Auguste ne se mêlent de baptiser les mois, septembre était le septième mois du calendrier ; aujourd'hui, c'est bien sûr le neuvième. Les mois suivants, octobre à décembre, ont subi le même sort, ils ont été, eux aussi, décalés de deux mois.
- *Octobre* signifie « huitième mois ».
- *Novembre* : « neuvième mois ».
- *Décembre* : « dixième mois ».

Les noms des mois sont restés constants pendant environ deux mille ans, ce qui représente une performance plutôt bonne.

Les dieux romains « spécialisés »

Les Romains, les Étrusques et les peuples italiques (c'est-à-dire de l'Italie ancienne) ne manquaient déjà pas de divinités avant d'importer en bloc le panthéon grec, et ils continuèrent de les vénérer même après avoir construit des temples dédiés à Jupiter, à Cérès et à tous les autres dieux. Ces esprits venaient de partout, ils influençaient tous les domaines de la vie, de la façon de faire la cuisine à la citoyenneté romaine.

On vénérait les esprits à la maison et en public

Un Romain ne pouvait pas se retourner sans avoir affaire à une divinité. Les esprits concernaient tous les domaines de l'existence : le Lare domestique protégeait la maison et des *Lares* publics les carrefours, les Pénates veillaient aussi sur la maison, et Janus, le dieu à deux visages, montait la garde aux portes et aux portails. Et aucun Romain ne pouvait se débarrasser d'un père enquiquinant en faisant tout simplement mourir le vieux schnock, car les âmes des ancêtres venaient hanter les vivants sous la forme de Mânes à qui la population vouait un véritable culte.

Les Numina, divinités italiques des origines

Les chercheurs modernes appellent les dieux italiques d'origine les *Numina*, pluriel du nom latin *Numen* qui signifie divinité ou puissance divine. Les *Numina* n'étaient que peu nombreuses comparées aux dieux grecs, et en réalité il s'agissait plutôt de forces spirituelles – elles ne possédaient ni personnalité, ni sexe, ni d'ailleurs aucun autre attribut *anthropomorphique* (qui ressemble à l'homme). Comme elles n'avaient pas de corps, elles ne pouvaient pas avoir de rapports sexuels, ni manger, ni aller en visite, ni non plus jouer à des jeux, et les Romains n'avaient en conséquence pas beaucoup d'histoires à raconter à leur sujet.

Mais même sans de bonnes histoires, ces *Numina* étaient des forces qui s'occupaient de tout – oui, *de tout*. Les *Numina* gardaient les croisements et les limites de la cité, il s'agissait d'entités qui veillaient sur la pluie, le vent et les foyers domestiques, et des forces qui créaient la chance ou la malchance.

Les Lares, ces dieux domestiques

Les Lares étaient des *Numina* qui veillaient sur des endroits, des groupes, des activités ou des nations. Ils n'avaient ni forme, ni sexe, ni nombre, et les Romains n'avaient pas vraiment d'histoires à raconter à leur sujet comme les Grecs en avaient au sujet de leurs dieux et de leurs déesses. Une famille avait par exemple son Lare domestique, alors que la nation tout entière se partageait les Lares publics de Rome. Certains des Lares les plus importants poireautaient aux alentours des croisements, et avaient leurs propres prêtres.

De nombreuses maisons avaient de petits autels dédiés au culte de leur *lar familiaris* (le Lare de la famille). Les Lares étaient représentés par des statuettes ou des peintures de jeunes hommes en tunique courte portant des cornes d'abondance et une coupe ou par deux jeunes hommes et un chien. Dans les foyers romains, si de la nourriture tombait à terre durant le dîner, il était d'usage de la brûler devant l'autel du *lar familiaris*.

Les Lares étaient peut-être les fantômes des ancêtres défunts. L'une des inscriptions gravées dans la pierre qui subsiste de l'ancienne Rome témoigne d'un cadeau offert au *lar familiaris* et présente le Lare comme l'esprit d'un d'ancêtre. Lors d'une fête romaine, la fête des *compitalia*, les familles romaines suspendaient des petites marionnettes représentant tous les membres de la famille et tous les esclaves. L'idée était que, si le Lare voulait emmener quelqu'un au pays des morts, peut-être qu'il se tromperait et emporterait la marionnette à la place.

Les Pénates étaient les esprits des placards

Les *Pénates* (dieux des intérieurs) étaient aussi des *Numina* ; c'étaient les dieux des placards à provisions du foyer. Les Romains les vénéraient chez eux avec Vesta et le *lar familiaris* (voir la section précédente). L'État romain avait ses propres Pénates, qui étaient censés maintenir la nation solvable financièrement. Comme les Lares, les Pénates étaient représentés par de jeunes hommes. Certains pensent que les Pénates sont en fait Castor et Pollux, qui étaient les fils jumeaux de Zeus et de Léda, donc les frères d'Hélène de Troie.

On trouve les apparitions les plus célèbres des Lares et des Pénates de la mythologie dans *L'Énéide* de Virgile. Énée, le père fondateur de la civilisation romaine, était un Troyen qui avait survécu à la guerre de Troie, s'était rendu en Italie puis s'y était établi (voir le chapitre VII). Dans le poème de Virgile, alors qu'Énée était en train de s'enfuir de Troie en flammes, il réussit à emporter avec lui son vieux père, Anchise, son fils, et ses statuettes de Lares et de Pénates, mais il perd son épouse de vue. Ses priorités ne font aucun doute…

Janus aux deux visages, le gardien des portes

Janus était le dieu à deux visages, gardien des portes et des portails (qui s'ouvrent dans les deux directions). Comme tout projet doit commencer par « sortir », Janus était aussi le dieu des commencements. Il démarre et il termine l'année, c'est pour cela que le premier mois de l'année, janvier, lui est consacré.

En hommage à l'époque où toutes les armées romaines se lançaient en campagne en traversant les portes de la cité, il y avait une porte spéciale sur le Forum romain (c'est-à-dire la place centrale de la ville), la porte du temple de Janus Geminius. Si les Romains étaient en guerre quelque part dans le monde, la porte était laissée ouverte (pour accueillir les armées chez elles). Ce n'est que dans les temps où la paix régnait complètement que la porte de Janus était fermée. Cela se produisit une seule fois en 235 av. J.-C., trois fois à la fin du Ier s. av. J.-C., lorsque Auguste était empereur ; et quelques autres fois sous d'autres empereurs. Mais la plupart du temps, la porte de Janus resta ouverte, car les Romains étaient perpétuellement en guerre pour agrandir leur empire et défendre ses frontières.

Les « imagines », ces masques des ancêtres

Les Romains n'avaient pas beaucoup de légendes au sujet de leurs propres dieux, mais ils se rattrapaient bien avec les discussions interminables qu'ils tenaient sur leurs ancêtres. Il était courant qu'un Romain sache ce que ses ancêtres avaient fait quatre cents ans plus tôt ! Ils savaient même à quoi ils avaient ressemblé, grâces aux *imagines* (dont le mot français « image » est dérivé).

Lorsqu'un Romain était élu à un poste politique, il obtenait le droit qu'à son décès on fasse de lui une *imago*. L'*imago* était un masque en cire de son visage, que sa famille conserverait dans une armoire spéciale de la forme d'un temple miniature. À l'intérieur du temple, on déposait un document qui décrivait tout de ce membre illustre de la famille, en particulier ses bienfaits.

Lorsque cette personne décédait, un acteur portait ce masque à son enterrement et, au cours de la procession de ses funérailles, en l'imitant si bien que les observateurs auraient presque juré qu'il était encore vivant. Et son propre enterrement n'était pas la dernière apparition au cours de funérailles. Une fois mort et devenu un « ancêtre » officiel, un acteur portant son masque et l'imitant marcherait dans toutes les cérémonies funèbres de la famille. Toute vieille famille de l'aristocratie romaine avait une armoire pleine d'*imagines* à côté de son armoire pleine de Pénates et de Lares. Une procession funéraire romaine devait être un spectacle assez impressionnant, avec tous ces ancêtres marchant à côté du nouveau défunt.

Et il y avait aussi des personnifications et des divinités mystérieuses

Certains dieux des Romains représentaient des idéaux. Certains dieux étaient en fait plus des personnifications que des divinités. Par exemple, plusieurs des esprits les plus importants personnifiaient les qualités humaines comme la parole donnée (Fides), l'honneur (Honos) et l'espoir (Spes). Les origines de certains dieux demeurent complètement obscures aujourd'hui. Saturne, célèbre pour ses fêtes, les *saturnales*, est l'un d'eux. Il s'agit sans doute, comme nombre de ses collègues, d'un dieu d'origine grecque.

Quirinus, le citoyen romain

Quirinus fut l'un des dieux italiques d'origine les plus importants. Bien que personne ne put dire ce qu'il était exactement, tout le monde savait qu'il était la personnification du citoyen romain. Les Romains désignaient un prêtre chargé spécialement de son culte et ils organisaient chaque année une fête en son honneur les *Quirinales*.

Quirinus était à l'origine un dieu soit romain, soit sabin, et sa demeure se trouvait sur le mont Quirinal à Rome. Cette colline fut incorporée à la nouvelle cité de Romulus (c'est-à-dire Rome), et Quirinus et Romulus furent en quelque sorte assimilés pour former une seule et même entité. Selon les légendes, après que Romulus eut fondé la cité de Rome et qu'il fut mort, il se manifesta dans un rêve à l'un de ses soldats et lui annonça qu'il était désormais le dieu nommé Quirinus. Comme Quirinus était désormais supposé être le fondateur mythique de Rome, il allait de soi qu'il personnifie l'idée de la cité et du citoyen, l'idéal des valeurs civiques.

Jupiter, Mars Quinius

Un savant français, Georges Dumézil, en comparant les récits mythologiques de tous les peuples indo-européens, s'est aperçu de correspondances structurelles étonnantes entre les religions de peuples aussi différents que les Indiens, les Grecs, les Celtes ou les Scandinaves. Le trait structurel le plus saillant est que la religion indo-européenne primitive – et la vision du monde qu'elle sous-tendait – reposait sur une distinction tripartite. Du strict point de vue mythologique, G. Dumézil a montré que les religions et mythologies des peuples indo-européens reposaient sur la hiérarchie entre trois fonctions, la fonction magico-religieuse (souveraineté), la fonction guerrière (force) et la troisième fonction, liée à la production et à la fécondité (fécondité de la terre et des hommes, reproduction, commerce, richesses, abondance de nourriture, etc.). Et ce cadre s'applique bien à la religion romaine primitive, où Jupiter occupe bien la première fonction (souveraineté), Mars la seconde (force) et où la troisième fonction (fécondité/prospérité) échoit à ce dieu très ancien, Quirinus, qui était à l'origine un dieu agraire. Ces trois dieux formaient la triade fondamentale sur laquelle reposait la toute première religion romaine ; et l'organisation sacerdotale romaine d'époque historique en garde un écho : les trois flamines majeurs, qui font partie des prêtres les plus prestigieux de Rome, sont consacrés, dans l'ordre, à Jupiter, Mars et Quirinus.

Les Saturnales

La fête la plus joyeuse de l'année romaine était les Saturnales, le 17 décembre. En ce jour de fête, les esclaves dînaient avec leurs maîtres, les gens allumaient des bougies, et tout le monde se faisait des cadeaux. Un roi de la fête était couronné, le *Saturnalicus princeps*, dont la tâche était de présider aux fêtes et cérémonies. Le poète romain Catulle l'appelait « la fête la plus joyeuse de l'année ».

Mais qui était ce Saturne en l'honneur duquel les Romains s'autorisaient d'être si gais ? Personne ne le sait vraiment. Certains chercheurs voient en Saturne l'équivalent romain du dieu grec Cronos, mais ce dieu-là était tout sauf joyeux (bien que *saturnien* signifie « sombre », « mélancolique », Saturne doit avoir eu la réputation d'être un sacré grincheux, peut-être à cause de celle de Cronos.) D'autres pensent qu'il provient du dieu étrusque, dont on ne sait rien. D'autres l'identifient encore à Satus, une sorte de divinité des semailles et de la culture du blé.

Quelles que soient ses origines, Saturne avait son propre temple dans un coin du Forum romain, et son culte comportait une délicieuse fête qui commençait le 17 décembre et durait six à sept jours (solstice d'hiver).

Si cette fête ressemble beaucoup à Noël, ce n'est pas un hasard. Comme aucun des Chrétiens de l'Antiquité ne savait exactement la date de naissance de Jésus de Nazareth (pas plus qu'aujourd'hui d'ailleurs), la célébration de sa naissance en vint à coïncider plus ou moins avec la fête romaine traditionnelle du solstice d'hiver.

Des dieux pour tous les goûts

Comme chacun sait, Rome avait une grande armée. Quasiment tout homme de la République, et plus tard de l'Empire, passait du temps à parcourir la campagne afin de mater des révoltes ou pour conquérir de nouveaux territoires. Rome avait aussi une bonne population de marchands. Un grand empire prospère constitue un aimant pour n'importe quel commerçant, et les marchands pullulaient. En outre, quiconque a déjà vu les magnifiques jardins que l'on trouve dans toute l'Italie sait que les Italiens ont une grande affinité pour les plantes. Les Romains l'avaient déjà.

Les Romains avaient des dieux pour tous les goûts et pour les gens de toutes les conditions sociales. Les soldats aimaient beaucoup le dieu perse Mithra, alors que les commerçants estimaient par-dessus tout *Hercules Invictus* qui avait voyagé dans tout le monde barbare. Tout le monde sait qu'un jardin a besoin de statues, et c'est là que Priape entrait en scène.

Mithra, l'arbitre du Bien et du Mal

Mithra parvint aux Romains de la Perse. Dans la religion dominante en Perse à l'époque, le Bien et le Mal se livraient un combat constant pour la domination du monde. Mithra était l'arbitre de cette lutte. C'était aussi le dieu des contrats juridiques et du vol de bétail. Il était donc en charge de toute une série de domaines, tous importants.

Un dieu pour la classe des travailleurs

Le culte de Mithra (mitraïsme) semble avoir été apporté en Italie par des pirates (ou des « marchands marins non officiels », en fonction du camp dans lequel vous vous trouviez) depuis la Cilicie, alors province romaine située sur la mer Noire. Une fois que Mithra fut connu à Rome, on l'associa au dieu Soleil, et certains des adeptes de son culte semblent l'avoir vénéré, du moins lorsqu'ils participaient à son culte, comme quasiment le seul et unique dieu. Son titre était *Deus Sol Invictus Mithras*, c'est-à-dire « Mithras dieu soleil invincible ».

Des gens ordinaires devinrent adeptes de son culte, en particulier des soldats et les fonctionnaires subalternes du gouvernement. Cela semble indiquer que c'était une religion agréable et terre à terre, mais, l'effet secondaire malheureux, c'était que ces gens-là n'écrivaient pas beaucoup de livres, et ils ne laissèrent donc pas beaucoup de traces de ce culte populaire.

En concurrence avec le christianisme

Le culte de Mithra fut particulièrement répandu parmi les Romains au cours des IIe et IIIe s. apr. J.-C., à l'époque où le culte de Jésus de Nazareth gagnait en popularité et se transformait en christianisme. Il existe en fait beaucoup de similitudes frappantes entre le culte de Mithra et le christianisme des origines.

Le mithraïsme était organisé en *cellules*. Les adeptes du culte appartenaient à une cellule donnée, qui servait souvent de point central de leur vie sociale, un rôle semblable à celui des églises, des synagogues ou des mosquées modernes.

Chaque cellule se réunissait dans une grotte, qui était, à bien des égards, l'opposé des temples érigés en l'honneur des dieux grecs et romains plus traditionnels. Les temples étaient lourdement ornés à l'extérieur, mais, à l'intérieur, ils n'offraient aucune place pour faire quoi que ce soit. Les gens se tenaient debout autour des temples et faisaient leurs sacrifices aux dieux qui vivaient à l'intérieur des temples. Les cavernes dédiées à Mithra étaient d'aspect simple à l'extérieur, mais elles avaient beaucoup de place à l'intérieur pour que les adeptes puissent pratiquer leur religion. On appelait ce temple *mithraïsme*.

Chaque cellule avait une hiérarchie compliquée, et les adeptes du mithraïsme assuraient différents postes de direction, semblables à ceux des diacres et des prêtres dans une église chrétienne.

De nombreuses cavernes dédiées à Mithra ont été conservées jusqu'à aujourd'hui, parce que les églises chrétiennes furent construites sur les mêmes emplacements – ce qui constitue encore un autre lien entre ces deux cultes. Parmi ces cavernes que l'on peut encore visiter de nos jours, citons par exemple celle qui se trouve dans la basilique Saint-Clément à Rome. Une autre, sous la chapelle de Sainte-Prisca à Rome, porte une inscription indiquant que Mithra « nous a tous sauvés par le sang qui a été versé », des paroles qui ressemblent à celles du rite chrétien. Dans le cas de Mithra, pourtant, le sang n'était probablement pas le sien, mais celui du taureau qu'il sacrifiait. La Figure 10-2 propose une représentation de Mithra.

Figure 10-2 : Mithra sacrifiant le taureau. Ce dieu sauvait ainsi le monde grâce au sang de l'animal.

Chez Hercule, il y a un buffet où l'on mange à satiété !

Les Romains connaissaient Héraclès, le héros grec qui fut transformé en dieu grec, sous le nom d'Hercule, emprunté aux Étrusques. Ils l'adoptèrent comme l'un des leurs, et ils l'adorèrent tout autant que les Grecs.

Comme il avait commencé sa vie en tant que mortel, travaillé dur pour aider les hommes, avait eu plus que sa part de souffrances, était mort à cause d'une trahison, mais était devenu un dieu (voir le chapitre VI pour les détails), son histoire était encourageante. Probablement surtout à cause de la fin heureuse de sa biographie. Les Romains le vénéraient sous le nom d'Hercules Invictus (« Hercule invaincu »).

Le culte d'Hercule était pratiqué chez les Romains de toutes les classes sociales, mais surtout chez les marchands. Les marchands, comme Hercule, travaillaient sans cesse, et leur profession les forçait à voyager. Comme les adeptes du culte d'Hercule étaient censés verser au dieu la dîme – un dixième de leurs bénéfices, son culte était très riche.

À Rome, il avait un sanctuaire appelé *Ara Maxima*, le « plus grand autel », qui avait été fondé à Rome par les Étrusques au VIe s. av. J.-C. et qui était le lieu de sacrifices quotidiens en son honneur (quotidiens, parce que ses adeptes en avaient les moyens !). Les femmes et les chiens n'étaient pas admis dans ce sanctuaire, mais les hommes y étaient bienvenus, et ils y accourraient en foules. L'une des raisons de cette fréquentation aussi élevée était peut-être qu'une des règles du culte commandait que toute viande offerte en sacrifice au dieu devait être mangée le jour même.

Priape, un dieu de la Fécondité joyeux et paillard

Qu'est-ce qui aurait pu déplaire chez un dieu de la Fécondité, doté d'un sens de l'humour exceptionnel. Rien, selon les Romains ! Priape était donc le dieu du sexe avec une bonne dose d'humour.

C'était un dieu italique très ancien. Un poète grec vivant en Italie, Xenarque, écrivit une pièce de théâtre à son sujet au IVe s. av. J.-C., et son culte devint de plus en plus populaire au IIIe siècle. Il s'étendit à toute l'Italie ancienne.

On le représentait comme un homme exposant des parties génitales énormes, et il était donc naturel de l'associer à la fois à la sexualité et à la fécondité, et bien sûr aussi à la fertilité des champs. Il était rare qu'un dieu masculin soit chargé des choses qui poussaient en sortant de la terre, c'était normalement un domaine réservé aux divinités féminines comme Cérès (Déméter) ou Bona Dea. Mais Priape s'en acquittait avec un sourire.

De nombreux Romains avaient placé une statue de Priape dans leur jardin (un ancêtre des nains de jardin ?), et sa fonction était d'éloigner les intrus. Il était censé pour cela les impressionner avec ses gigantesques parties génitales.

Genre poétique à part entière, les *priapées* sont de courts poèmes drôles dans lesquels Priape profère des menaces aux intrus avec un humour vraiment très cochon. Souvent, une bonne partie de l'humour de ces poèmes se fait aux dépens du dieu lui-même. Par exemple, dans un poème d'Horace, Priape explique qu'il avait commencé sa vie en tant que figuier. Mais quelqu'un coupa cet arbre et en fit une statuette représentant le Priape même qui est en train de parler : il pense qu'il a eu de la chance, parce qu'il aurait tout aussi bien pu finir sous la forme d'un tabouret. Dans ces poèmes, Priape médite souvent sur son destin de dieu mineur, un état qui ne semble pas le déranger.

Les déesses, elles, gardent les pieds sur terre

Certaines des divinités les plus importantes de Rome étaient féminines. Vesta, la déesse du Foyer domestique, faisait fonctionner le ménage de toutes les familles ; les Vestales, ses prêtresses astreintes à la chasteté, étaient les garantes du salut de Rome. La *Magna Mater*, ou Grande Mère, était chargée de faire pousser toutes choses à chaque printemps. *Bona Dea*, la bonne déesse, était une divinité italique très ancienne de la Fertilité et de la Terre, tutélaire elle aussi de la croissance des choses qui poussent, aussi bien des plantes que des bébés qui allaient naître. Bien que les dieux masculins comme Mithra n'aient été vénérés que par certains groupes particuliers, ces déesses étaient au contraire honorées par tout le monde à Rome.

Bien que les femmes romaines eussent un statut inférieur à celui des hommes, un sort semblable à celui des femmes dans la plus grande partie du monde depuis des siècles, elles participaient quand même dans une large partie à la vie de la cité. Les femmes s'occupaient activement de la vie familiale, et certains sacerdoces leur étaient réservés.

Vesta et les prêtresses vierges

Vesta était la déesse du Foyer domestique. Ou plutôt, elle incarnait elle-même ce foyer et était à l'origine une divinité du Feu. C'était l'un des plus anciens esprits romains, et elle était extrêmement importante à l'intérieur de la maison et de la famille. Chaque famille vénérait Vesta à côté de ses autres dieux domestiques, le Lare et les Pénates. Elle fut, lors de l'hellénisation du panthéon romain, assimilée à Hestia, elle aussi déesse du foyer.

Vesta faisait également l'objet d'un culte public très important, assuré par un groupe de prêtresses spéciales supervisé par le *Pontifex Maximus* (grand pontife), c'est-à-dire le chef des prêtres à Rome. Ces prêtresses s'appelaient les Vestales. Il y en avait toujours six, elles étaient astreintes à la chasteté, sans aucune exception ni excuses. La Figure 10-3 montre la statue de l'une d'elles.

Figure 10-3 : une Vestale était gardienne du salut de Rome.

Une vierge à vie (ou du moins, chaste jusqu'à sa retraite)

Le destin de Rome dépendait de la virginité des Vestales, et il n'était donc pas du tout question qu'elles fricotent avec qui que ce soit. Si quelqu'un accusait une vestale d'avoir été infidèle à ses vœux, elle était jugée devant un tribunal spécial. Si le tribunal la déclarait coupable, la sentence rendue était particulièrement dure : elle était condamnée à être enterrée vivante.

Les vestales débutaient en tant que jeunes filles leur carrière de prêtresse, et elles restaient vestales pendant environ trente ans. Elles pouvaient se marier après avoir pris leur retraite, mais, habituellement, elles ne le faisaient pas, car on pensait que cela portait malheur. Les vestales n'étaient aucunement enfermées. Elles pouvaient sortir en public, avoir des amis et faisaient des invitées bienvenues aux banquets. En quelque sorte, c'étaient des célébrités d'un type particulier à Rome.

Elles ne faisaient pas les vitres, mais exécutaient des travaux de secrétariat

Les Vestales exécutaient de nombreuses tâches importantes. Elles entretenaient le feu sacré du Foyer public. Elles étaient aussi chargées des archives publiques. Tous les testaments, actes de naissance, certificats de citoyenneté, documents consignant l'affranchissement d'esclaves et actes de décès étaient entreposés au temple de Vesta, et les Vestales les rassemblaient, les cataloguaient et les classaient pour les garder en sécurité et pouvoir les rechercher facilement. Tout citoyen romain pouvait déposer un testament auprès d'elles, et beaucoup de gens le faisaient : pour les pauvres, c'était l'une des rares occasions possibles de se sentir importants.

La Grande Mère

La *Magna Mater*, ou « Grande Mère », arriva à Rome depuis l'Anatolie, la Turquie d'aujourd'hui. On l'appelait aussi Cybèle (et dans certains récits perses, *Agdistis*). Son culte était pratiqué partout dans le monde méditerranéen, et les Romains l'accueillirent aussi à bras ouverts. Un temple en son honneur fut érigé sur le mont Palatin (l'une des sept collines de Rome) en 204 av. J.-C., et tous les prêtres de ce temple devaient être des Orientaux (pour que Grande Mère se sente chez elle).

Son culte célébrait des fêtes à chaque printemps, parce qu'elle était responsable au moins en partie de la croissance des plantes, une charge qu'elle partageait avec Cérès et d'autres déesses. Dans l'une des fêtes données en son honneur, on coupait un pin pour le placer dans son temple.

Un changement de sexe de l'Antiquité

Pourtant, *Magna Mater* n'était pas que douceur ni plantes en train de bourgeonner. L'un des mythes qui lui sont associés est la légende d'Attis. Il existe de nombreuses versions de ce mythe, mais aucune n'est bien jolie.

Le poète Catulle écrivit un poème racontant la version romaine la plus célèbre de ce mythe. Catulle y décrit Attis comme un jeune Romain dont était éprise Cybèle. Il se rendit en Phrygie, où la déesse vivait, et, dans un accès de zèle religieux, se coupa les parties génitales avec un silex. Le reste du poème de Catulle fait place aux plaintes d'Attis, qui regrette amèrement son geste et cherche à se soustraire au pouvoir de la déesse. Les versions les plus courantes, cependant, expliquent la mutilation d'Attis comme l'effet de la vengeance de Cybèle, qui aimait Attis et qui n'avait pas supporté qu'il la trompât avec une Nymphe.

Les adeptes du culte de la Grande Mère vénéraient aussi Attis, mais pas en tant que dieu ; les servants de la déesse étaient, à l'image d'Attis, des eunuques, et ce culte donnait lieu à de sanglants dérèglements parmi ses adeptes.

Bons baisers de Perse

Les versions perses disent qu'Agdistis (autre nom donné à Cybèle/Magna Mater) était à l'origine un dieu androgyne, mais que d'autres dieux le castrèrent. Les parties génitales coupées d'Agdistis poussèrent pour donner un amandier. Une divinité, Nana, mangea les amandes, qui la fécondèrent et elle donna naissance à un fils, Attis. Agdistis (désormais complètement femme après la castration) tomba amoureuse d'Attis, mais pour être bien sûre qu'il ne la tromperait pas, elle le castra. N'ayant dès lors rien de mieux à faire, il devint donc son serviteur dévoué.

Bona Dea, la bonne déesse

Bona Dea était la Bonne Déesse, elle n'avait pas de nom, ou plutôt, son nom était secret et censé n'être jamais prononcé. Tout le monde l'appelait donc *Bona Dea*. Elle n'était pas spécifiquement romaine, mais c'était une déesse italique, qui avait la responsabilité de la terre et de toutes les bonnes choses qui en proviennent. C'était aussi la déesse protectrice de la Chasteté et de la Fécondité des femmes (bien évidemment, chasteté et fécondité chacune à leur place respective). Les Romains en faisaient la fille de Fannus.

Un club réservé aux femmes

Des images de la Bonne Déesse la montrent avec une couronne de feuilles de vigne sur la tête, une amphore de vin à côté d'elle, et un serpent sacré près d'elle. Un temple était dédié au culte de la Bonne Déesse sur le mont Aventin (l'une des sept collines de Rome), et ce temple était habité par une multitude de serpents sacrés. Il y avait aussi un jardin dans lequel poussaient quantité de plantes médicinales.

Les hommes n'étaient pas autorisés à pénétrer dans le temple, parce que *Bona Dea* était une déesse réservée aux femmes uniquement.

Une soirée strictement entre femmes

Une fête annuelle était organisée en décembre en l'honneur de Bona Dea. Elle avait pour objet de mettre la Bonne Déesse au lit pour une année. Si le mystère (rite secret) n'était pas correctement exécuté, il était possible qu'elle ne dorme pas bien et que tous les phénomènes de reproduction et de croissance des êtres vivants soient maudits jusqu'à l'année suivante.

La fête était donnée dans la maison de l'un des deux consuls de Rome, mais le consul n'était lui-même pas présent. Seules les femmes pouvaient s'y rendre. La femme du consul et les Vestales présidaient à la fête. Lors de cette fête, les femmes de Rome disaient à haute voix le nom secret de la Bonne Déesse, et cela portait malheur à tout homme qui l'entendait. Toutes les femmes buvaient du vin, mais en l'appelant « lait », cela faisait partie de la nature entièrement féminine et secrète de la fête, parce que, selon les lois les plus anciennes de Rome, un mari pouvait en toute légalité tuer son épouse s'il la prenait sur le fait en train de boire du vin (cette loi était depuis longtemps caduque, mais cela devait quand même être amusant pour ces femmes que de boire beaucoup de vin en l'absence de tout homme pour les désapprouver).

En 61 av. J.-C., un Romain nommé Publius Clodius Pulcher se déguisa en femme et s'infiltra dans la fête de *Bona Dea*. Lorsqu'elles le découvrirent (sa voix le trahit), les femmes romaines furent prises d'épouvante, craignant que toutes les grossesses de l'année ne soient maudites. Clodius fut traduit en justice, et c'est le célèbre orateur Cicéron qui représenta le ministère public lors du procès. Clodius réussit pourtant à échapper à la condamnation, en achetant les jurés.

Chapitre 11

L'Énéide de Virgile et la fondation de Rome

Dans ce chapitre :

- *L'Énéide* de Virgile, un mythe élaboré à des fins de propagande
- Romulus et Remus, la fondation d'une ville
- Les sept rois de Rome

L'une des tâches de la mythologie consiste à justifier ou à valider l'état actuel des choses dans lequel nous nous trouvons. Ainsi les habitants de la cité grecque de Thèbes avaient un mythe selon lequel les habitants originels de la cité jaillirent directement du sol : cela justifiait l'existence de la cité, parce qu'ils pouvaient dire « nous avons toujours vécu ici ». De même, l'histoire de Christophe Colomb (à la fois vérité historique et mythologie) selon laquelle il « découvrit l'Amérique » justifie le contrôle du continent par les Européens, bien que de nombreux peuples y aient vécu bien avant que les Européens ne débarquent. Les Mythes comme ceux-là s'appellent des *mythes de fondation*.

Rome avait deux histoires de fondation, l'une avec les deux jumeaux Romulus et Remus, qui furent élevés par une louve, et l'histoire d'Énée le Troyen, racontée dans *L'Énéide*. Elle avait aussi une histoire sur la manière dont la République a été instauré, après le viol d'une femme vertueuse. Toutes ces histoires aidaient les Romains à se comprendre eux-mêmes et à expliquer à tout le monde comment ils en vinrent à contrôler l'ensemble du bassin de la Méditerranée.

« À bas Carthage ! » Les Romains avaient besoin d'un autre mythe

Avant d'en apprendre davantage sur les mythes de fondation de Rome, vous devez d'abord savoir un minimum de choses sur Carthage. Carthage était une cité d'Afrique du Nord, son emplacement se trouve sur le territoire de l'actuelle Tunisie. Ses habitants s'appelaient les *Carthaginois*.

La Sicile, plus importante qu'on ne le pense peut-être

Sur une carte, on voit que l'Italie et Carthage se trouvent directement opposées à travers la Méditerranée, avec une seule chose entre elles : la Sicile !

Contrairement à son rôle actuel de petit coin perdu et charmant, la Sicile fut un lieu important dans l'histoire de l'Empire romain. Située au centre de la mer Méditerranée, et riche en ressources naturelles, c'était l'un des territoires que les empires cherchaient à conquérir.

La Sicile était le grenier à blé de l'Empire. En 264 av. J.-C., les Romains et les Carthaginois se heurtèrent en Sicile. La population sicilienne était en grande partie d'origine grecque ; les Grecs étaient venus de cités grecques, afin de coloniser l'île dès le VIIe s. av. J.-C. À cette époque, pourtant, la Sicile n'avait pas de gouvernement centralisé et elle n'était pas intégrée à Rome, ni à la Grèce, ni à aucun autre État. Les cités siciliennes contrôlaient les régions qui les entouraient et rivalisaient les unes avec les autres pour obtenir davantage de place sur l'île. Certaines de ces villes étaient grandes et puissantes, et Syracuse était la plus puissante de toutes.

Syracuse tirait sa puissance du commerce. Les Carthaginois, des navigateurs talentueux et des marchands hors pairs, étaient depuis longtemps installés sur la partie occidentale de l'île. Les dirigeants de Syracuse et de Carthage ne voyaient aucun inconvénient à contrôler toute la Sicile, qui était fertile et produisait beaucoup de nourriture.

Les Romains à la rescousse et la première guerre punique

Pourtant, d'autres peuples se trouvant en Sicile ne l'entendaient pas de cette oreille. Les habitants de la cité de Messine, sur la pointe nord-est de la Sicile, préféraient éviter que Syracuse ou Carthage ne leur dicte ce qu'ils avaient à faire, et ils demandèrent aux Romains de venir les protéger.

À ce moment-là, Rome n'était pas un grand Empire. Elle était juste à la tête de toute l'Italie, et les Romains avaient seulement la réputation d'être efficaces. Les Romains acceptèrent d'aider Messine, et ils se retrouvèrent engagés dans une guerre contre Syracuse et contre Carthage. Mince alors !

Comme Carthage était à l'origine une colonie des Phéniciens, c'est-à-dire des habitants du Liban actuel, et comme le nom latin désignant les Phéniciens est *Punici*, cette guerre fut appelée la première guerre punique. Elle dura de 264 à 241 av. J.-C. et fut suivie par deux autres guerres puniques, à l'issue desquelles Rome se rendit définitivement maîtresse de sa rivale !

Syracuse et Carthage possédaient de grandes flottes de guerre, et les Romains n'en avaient pas du tout. Cela posait problème pour la conquête de la Sicile qui était, après tout, une île. Les Romains bâtirent donc une marine de guerre, ils apprirent à s'en servir, puis ils vainquirent leurs ennemis pour gagner le contrôle de la Sicile. La Figure 11-1 montre une image d'un navire de guerre romain.

Figure 11-1 : une galère romaine.

C'est avec la guerre de Troie que tout a commencé

Mais quel est donc le rapport entre la première guerre punique et la mythologie ? Eh bien, il se trouve qu'un bon mythe de fondation peut contribuer à justifier cette conquête de la Sicile et rendre plausible une hostilité durable entre Rome et Carthage.

Les Romains possédaient déjà des mythes relatant leurs origines – Romulus, Remus, etc. – qui étaient tous bons et utiles. Mais il était certain qu'il aurait été aussi très utile d'avoir un mythe de fondation permettant de justifier le contrôle romain sur les cités grecques de Sicile.

Il faut savoir que les Romains étaient de grands ingénieurs. Ils résolvaient les problèmes qu'ils rencontraient, quels qu'ils soient. Donc, lorsqu'ils se retrouvèrent en guerre contre des gens qui se battaient avec des bateaux, ils construisirent eux-mêmes une flotte. Et, lorsqu'ils eurent besoin d'un mythe de fondation, les « ingénieurs des mythes » romains en créèrent un sans problème.

Voici comment : Naevius était un Romain qui avait combattu au cours de la première guerre punique. Alors que la guerre continuait mais qu'il s'était retiré des activités militaires, il composa un poème épique, la *Guerre punique*. Il s'agit de la première œuvre majeure de littérature romaine, du moins de ce qui est connu, qui raconte l'histoire d'Énée. Énée était un Troyen qui s'échappa de cette cité lorsque les Grecs la capturèrent. Dans le poème de Naevius, Énée s'enfuit en bateau et arrive à Carthage, où il tombe amoureux de la reine, Didon. Il finit par la quitter pour fonder une cité dans le Latium. Didon se tue, mais pas avant d'avoir maudit Énée, en appelant la haine entre Énée et son peuple d'une part, et Carthage de l'autre.

Voilà donc pourquoi Rome hait Carthage

Cette histoire de la *Guerre punique* existait depuis longtemps (voir la section qui précède), les Grecs la connaissaient déjà dans les années 400 av. J.-C., mais aucun Romain ne s'en était vraiment préoccupé auparavant. Naevius « en fit toute une histoire » exactement comme Virgile allait le faire deux siècles plus tard, en écrivant un autre poème épique ayant pour sujet les mêmes événements (voir la section suivante). L'objectif de Naevius était politique :

- Naevius écrivit une épopée. Tout le monde savait alors que la poésie épique était importante, car le contenu de celle-ci, c'était la *mythologie*, et donc que ce contenu était *vrai*. Ainsi, par le simple fait d'écrire son histoire en choisissant le genre littéraire de l'épopée, Naevius s'assura qu'elle serait prise au sérieux ;

- Énée était troyen, et ceux qui avaient lu les épopées d'Homère pouvaient se rendre compte que les Troyens étaient en fait des Grecs ; ils parlaient grec, ils vénéraient des dieux grecs, et ils faisaient exactement les mêmes choses que les Grecs.

En affirmant que Rome avait *en réalité* été créée par un Troyen, Naevius affirmait donc que les Romains étaient en fait des Grecs, ou du moins que les Romains et les Grecs étaient de proches cousins. En conséquence, tandis que Rome menait une guerre pour le contrôle de la Sicile (où de nombreux Grecs étaient alors établis), le poème de Naevius contribua à étayer la thèse selon laquelle les Romains avaient davantage d'intérêts en Sicile que les Carthaginois, parce que Rome était en fait une ville grecque et que les Romains et les Grecs étaient parents.

L'épopée de Naevius fournit une excuse mythologique aux Romains pour combattre les Carthaginois : Didon avait maudit Énée, et il était donc inévitable qu'ils fussent ennemis. Comme Rome ne combattait pas seulement Carthage mais aussi la cité grecque de Syracuse, le poème de Naevius justifiait aussi ce fait, en avançant que les descendants du Troyen Énée ne faisaient que prendre la revanche sur les descendants des Grecs qui avaient détruit Troie.

Et voilà le travail ! Une belle histoire mythologique toute neuve, destinée à aider les Romains à se sentir à l'aise avec ces guerres qui se sont étalées sur plus d'un siècle !

L'Énéide est un outil de propagande élaboré par Virgile sur commande de l'empereur Auguste

Lorsque Auguste se couronna lui-même empereur au Ier s. av. J.-C., en mettant ainsi fin à la période de la République romaine et en instaurant un nouveau régime connu sous le nom d'Empire, il pensa qu'un peu d'histoire serait la bienvenue pour servir sa cause. Vers 30 av. J.-C., il informa donc le poète Virgile qu'il ne verrait aucun inconvénient à ce que quelqu'un écrive un long poème épique narrant comment lui, Auguste, avait personnellement mis fin à un siècle de guerre civile qui avait déchiré l'Italie. Virgile étudia *L'Iliade* et *L'Odyssée* (voir le chapitre VII) et la *Guerre punique* de Naevius (voir la section précédente) pour y trouver le héros idéal : Énée (voir la section suivante). Il se mit ensuite à écrire un grand poème épique, *L'Énéide*, en 29 av. J.-C. et continua jusqu'à sa mort, le 20 septembre de l'an 19 av. J.-C. Dans son testament, il demanda en fait que le poème fût brûlé, parce qu'il y avait deux passages qui ne le satisfaisaient pas complètement. Pourtant Auguste, qui avait du nez, fit publier le poème.

Figure 11-2 : ayant déjà commandé à Virgile une épopée dans le style grec, l'empereur Auguste s'était aussi fait donner par un sculpteur l'apparence du dieu grec Apollon.

L'Énéide raconte certes l'histoire d'Énée, mais elle est aussi pleine de « prophéties » selon lesquelles c'est Auguste (en latin *Caius Julius Caesar Octavianus Augustus*) qui achèvera la réalisation de la mission d'Énée, la fondation de Rome. Cette épopée était une vaste entreprise de propagande destinée à ce que le public qui la lirait voie en Auguste un Sauveur envoyé par les dieux pour accomplir une destinée inévitable.

Mais pourquoi, alors qu'Auguste lui avait demandé de justifier par la poésie son œuvre politique, Virgile a-t-il choisi de chanter le geste d'Énée ? C'était très rusé de sa part, car en réalité Énée était un très lointain ancêtre d'Octave-Auguste, et personne, à Rome, ne l'ignorait. Nous avons déjà vu que les Romains vouaient un culte – dans tous les sens du terme – à leurs ancêtres, et qu'ils connaissaient tous leurs hauts faits dans les moindres détails. Or les familles nobles avaient tendance à en rajouter pour accroître leur prestige, en particulier en s'inventant un ancêtre divin ou héroïque. Quoi de mieux, en effet, pour (re)dorer un blason que de clamer haut et fort que l'on descendait de Jupiter ou d'Hercule ? La famille de Jules César était de celles-là : le nom de famille de César est en latin *Iulius* (d'où Jules, en français), et ce nom était compris par les Romains comme signifiant "(descendant) de Iule".

Or Iule était l'autre nom du fils d'Énée, Ascagne, ce qui revenait à dire que tous ceux qui portaient le nom de famille *Iulius* étaient en réalité de lointains descendants d'Énée. La classe ! Mais, direz-vous, et Octave-Auguste dans tout ça ? Octave – Auguste est le nom (c'est une épithète d'origine religieuse) qu'il s'est choisi quand il est devenu le seul et unique chef de l'État – était en fait un fils adoptif de César et, en vertu de l'adoption, il a remplacé son ancien nom de famille (*Octavius*, d'où Octave) par celui de son nouveau père. Octave-Auguste s'appelait donc, *in extenso, Caius Iulius Caesar* (comme son père adoptif) *Octavianus* (pour rappeler sa famille de naissance) *Augustus* (à partir de 27 av. J.-C.).

Par conséquent, chanter la gloire d'Énée, c'était chanter celle d'Auguste, son (lointain) descendant. Mieux encore, en choisissant de célébrer Énée, le quasi-fondateur de Rome, Virgile faisait d'une pierre deux coups : il rappelait que Rome était une ville grecque (puisqu'elle avait été fondée par des descendants de Troyens) et que donc l'Empire romain n'était qu'une continuation (légitime) de l'extraordinaire expansion grecque, et, en même temps, en comparant Auguste à son ancêtre mythique, il faisait implicitement de l'empereur un nouvel Énée, un nouveau fondateur de Rome, bref, il justifiait admirablement le nouveau régime et la nouvelle ère qu'instaurait Auguste.

Cette épopée peut donc se lire comme une vaste entreprise de propagande destinée à ce que le public qui la lirait voie en Auguste un Sauveur envoyé par les dieux pour accomplir une destinée inévitable. Mais cela ne veut pas pour autant dire que *L'Énéide* n'est « que » de la propagande. Toute œuvre valant la peine d'être lue possède de nombreuses significations qui sont toutes « vraies » simultanément. Donc certes, *L'Énéide*, c'est de la propagande, mais c'est également de l'histoire mythologique, et aussi une belle œuvre d'art en soi.

Cet Énée si responsable, c'est l'homme qu'il nous faut !

Pourquoi le personnage d'Énée se prêtait-il aussi bien aux buts de Virgile ? C'était un Troyen qui s'échappa de la cité de Troie lorsque les Achéens la prirent. Ces événements sont racontés dans *L'Iliade* d'Homère (voir le chapitre VII). Selon d'autres légendes à son sujet, il s'était rendu en bateau en Italie et s'y était installé. Il a une ascendance divine directe puisque sa mère était la déesse Vénus ; avant sa naissance, elle avait eu la prémonition qu'il gouvernerait les Troyens et serait le fondateur d'une dynastie éternelle. Il n'avait rien fait de particulièrement atroce dans *L'Iliade*, et, fait important, surtout pour les Romains, il n'était pas non plus mort durant cette guerre.

Il s'enfuit de Troie à feu et à sang...

À la fin de la guerre de Troie, les Grecs détruisirent la cité et en tuèrent tous les hommes (en ce qui concerne les femmes, ils avaient d'autres projets). Énée réussit à s'échapper, portant son vieux père Anchise sur le dos et son fils Ascagne dans les bras. Il emporta aussi les images de son Lare et de ses Pénates, ses divinités du foyer (voir le chapitre X).

La raison pour laquelle Anchise était trop faible pour marcher, c'est que, longtemps auparavant, il s'était uni à Vénus. Les Anciens savaient qu'avoir des relations sexuelles avec une déesse affaiblissait un homme mortel pour toujours (mais cela en valait quand même la peine). C'est comme ça que Vénus devint la mère d'Énée.

Le sentiment du devoir constitue un thème majeur de *L'Énéide*. Cette image d'Énée transportant tout ce qu'il pouvait sauf l'évier peut-être (ni son épouse d'ailleurs) hors de Troie résume ce héros : il avait le sens du devoir. Ulysse était malin et Achille courageux (voir le chapitre VII) ; Énée, lui, faisait ce qu'il était censé faire. Un autre thème de *L'Énéide* est celui de la colère de Junon, qui haïssait Énée et l'idée qu'il était destiné à fonder Rome au détriment de Carthage, la cité qu'elle protégeait. En fait, *L'Énéide* aurait tout aussi bien pu s'appeler *Le Devoir contre la colère*.

Facile à dire, après coup !

L'Énéide de Virgile fut écrite entre 29 et 19 av. J.-C., mais les événements qu'elle raconte sont censés avoir eu lieu mille ans auparavant. Dans ce poème, divers prophètes révèlent à Énée « ce qui se passera » dans l'histoire de son peuple. Bien évidemment, bien que certains des personnages de Virgile soient des prophètes, Énée n'avait pas à être lui-même prophète, parce que les événements de la « prophétie » s'étaient déjà produits. La « prophétie » après coup, c'est celle qu'il est le plus facile d'écrire !

... pour effectuer une croisière sur la Méditerranée

Énée et compagnie rejoignirent un bateau et mirent les voiles. Énée eut des tas d'aventures au cours du voyage, et de fait, la première partie de *L'Énéide* ressemble beaucoup à *L'Odyssée* d'Homère (voir le chapitre VII). Énée passa même devant l'île aux Cyclopes, suffisamment près pour voir les grandes créatures (mais il ne s'y arrêta pas).

Suivant la suggestion de son père, les fugitifs troyens firent escale en Épire, dont Hélénos était roi. Hélénos était un autre des survivants troyens. C'était le fils de Priam, le roi de Troie. Comme sa sœur jumelle Cassandre (voir le chapitre VIII) Hélénos avait le talent de divination, et il fit un peu de divination pour Énée et ses compagnons. Voir la section « Une vieille prophétie se réalise » plus loin dans ce chapitre pour savoir ce qu'il raconta à Énée. Celui-ci, de même que ses hommes, aurait bien aimé rester chez Hélénos en Épire, mais le devoir les attendait, et ils durent donc partir.

Ma reine carthaginoise

Après leur arrêt en Épire, ils continuèrent leur voyage. Le sens des responsabilités et la colère jouèrent un rôle très important dans ce qui s'ensuivit.

Un jour, il furent secoués par une terrible tempête, que Junon avait envoyée pour les mettre en pièces. Mais Jupiter, le mari de Junon (voir le chapitre X pour en savoir plus sur Junon et Jupiter) remarqua ce qu'il se passait et lui dit carrément qu'il ne lui permettrait pas de tuer Énée, parce qu'il faisait juste son devoir qui était de naviguer jusqu'à ce qu'il ait fondé Rome.

Le vaisseau d'Énée fini par échouer sur le rivage de Carthage, sur le territoire de l'actuelle Tunisie. Puis il rencontra Didon, la reine de Carthage. Didon était une Phénicienne, née dans la ville de Tyr (aujourd'hui Sour, au Liban). Elle avait fui sa patrie après l'assassinat de son mari, et elle s'était installée sur le site de Carthage, dont elle était juste en train de terminer la construction lorsque Énée et ses hommes débarquèrent.

Tu as de beaux yeux tu sais, on se met ensemble ?

Didon accueillit Énée et ses compagnons, et, c'était prévisible, Vénus fit en sorte qu'elle tomba amoureuse d'Énée. Il lui retourna son affection. Un jour, ils sortirent chasser et furent pris dans une tempête. Tous deux trouvèrent abri dans une grotte, dans laquelle ils firent l'amour pendant tout le temps que la tempête se déchaînait. Dès lors, ils vécurent ensemble comme un couple marié et Énée fit office de roi de Carthage. Didon se prit à espérer qu'il l'épouserait.

Mais les dieux ne l'entendaient pas de cette oreille. Fatigués du badinage d'Énée, ils envoyèrent Mercure lui rappeler qu'il était censé se rendre en Italie pour fonder une nouvelle Troie. Énée, toujours consciencieux, décida donc qu'il était temps de quitter Carthage et de continuer son voyage. Il n'avait aucunement l'intention d'emmener Didon avec lui, même si elle avait voulu le suivre.

Notre « héros » se comporta pourtant en véritable lâche. Il essaya de disparaître sans même prévenir Didon qu'il partait. Ce plan ne marcha pas, c'était la reine, après tout, et quelqu'un devait bien la prévenir. Elle le rattrapa donc au port et lui demanda de s'expliquer.

La malédiction de Didon vient étayer la théorie selon laquelle Carthage et Rome ne pouvaient pas s'entendre

Didon était courroucée, et, en face, Énée ne pouvait que maladroitement bafouiller que les dieux lui avaient dit de partir. Elle fit donc construire un gigantesque bûcher funéraire, affirmant que c'était un rite magique pour ramener Énée. Une fois le bûcher construit, Didon alla se coucher. Elle eut du mal à dormir, cette nuit-là, et, lorsqu'elle se leva le lendemain matin, ce fut pour découvrir qu'Énée et ses hommes avaient vraiment mis les voiles. Sans même dire au revoir.

Furieuse, Didon maudit Énée et appela de ses vœux une hostilité éternelle entre Carthage et les descendants de son amant infidèle, les futurs Romains. Puis elle monta sur le bûcher et se transperça avec l'épée d'Énée.

Comme Virgile l'avait « prédit », Rome et Carthage ne s'entendirent jamais vraiment bien. Les Romains se servirent de l'histoire de la malédiction de Didon pour justifier leur entrée en guerre contre Carthage sous le règne d'Hannibal (deuxième guerre punique, de 218 à 201 av. J.-C.).

Énée débarque en Italie

Après avoir abandonné Didon, Énée arriva finalement à Cumes (qui devait devenir plus tard une station balnéaire très appréciée des riches Romains). Là, il rencontra une prêtresse d'Apollon, la *Sibylle* (voir le chapitre IV). Elle l'emmena faire une brève excursion aux Enfers, où il rencontra son père. Celui-ci lui prédit qu'il allait engendrer une grande race, et il lui montra les âmes de futurs Romains qui attendaient de naître.

Énée rencontra aussi le fantôme de Didon. Il essaya de s'expliquer et de lui présenter des excuses, mais le fantôme ne voulut pas l'écouter et s'enfuit pour retrouver le fantôme du mari phénicien de Didon.

Une vieille prophétie se réalise

Énée repartit et, au terme de sa traversée, il débarqua au royaume du Latium, en Italie. Ses compagnons et lui-même naviguèrent jusqu'au Tibre, puis ils tirèrent leur bateau sur la berge. Exténués, ils décidèrent de déjeuner. Après qu'ils eurent épuisé leurs vivres, ils étaient encore tellement affamés qu'ils mangèrent les galettes de blé dont ils se servaient en guise d'assiettes. Ascagne, le jeune fils d'Énée, dit « Hé les gars, vous mangez vos tables », puisque les galettes de blé soutenaient comme des tables leurs aliments.

C'était ce que leur avait prédit Hélénos, il y avait bien longtemps, alors qu'ils étaient en Épire. (Voir plus haut la section « …pour effectuer une croisière sur la Méditerranée »). Comme c'est le cas pour la plupart des prophètes, les prophéties d'Hélénos étaient souvent difficiles à comprendre jusqu'à ce que ce qu'elles prédisaient ne se soit réellement produit (lorsque parfois c'était trop tard).

Hélénos avait dit à Énée que, lorsqu'il serait vraiment fatigué, il trouverait un endroit près d'un fleuve où une truie géante serait couchée en train d'allaiter trente porcelets. Il pourrait s'y reposer et il ne devrait pas se faire du souci s'il devait manger les tables, parce qu'Apollon arrangerait les choses.

Les voilà donc arrivés près d'un fleuve, en train de manger leurs tables. Mais où donc était cette truie géante et ses trente petits cochons ?

Cette truie blanche géante représentait la cité que les hommes d'Énée fonderaient. Énée fonda Lavinium sur la côte, mais Ascagne, le fils d'Énée, fonda une cité appelée Albe la Longue, en latin *Alba Longa* (*alba* signifie blanc en latin, la couleur de la truie) dont il fut le premier roi. Les trente porcelets représentaient les trente tribus « latines » et qui se regrouperaient plus tard pour former la ligue latine, que Rome finirait par diriger. Selon cette version, Alba Longa, la cité d'Ascagne, serait la « mère» de tous les peuples latins. Elle est même à l'origine de Rome puisque Romulus est un descendant direct d'Ascagne.

Il mène une guerre pour une mariée

Pour mener tout cela à bien, Énée dut se faire des relations locales. Il rechercha donc le roi du coin, un homme appelé Latinus, et lui promit qu'il pourrait épouser sa fille Lavinia – à laquelle un oracle avait prédit qu'elle épouserait un prince étranger. De plus, Énée était bel homme.

Malheureusement, Latinus avait déjà promis Lavinia à Turnus, le chef d'une autre tribu italique, les Rutules. Turnus se sentit offensé et déclara la guerre à Énée et à Latinus. Les armées s'affrontèrent et, finalement, Énée se retrouva face à face avec Turnus, qu'il tua en combat singulier.

Mais au bout du compte, non, il n'a pas fondé Rome

L'une des choses qui surprennent dans *L'Énéide*, c'est qu'Énée ne fonde en fait pas Rome. Il visite Pallantée, site sur lequel sera fondée, quelques siècles plus tard, la ville éternelle, lorsqu'il rend visite au roi grec Évandre pour lui demander de l'aider dans sa guerre contre Turnus (*Énéide*, chant VIII). Mais lui-même ne fait que fonder la ville de Lavinium, qu'il appelle ainsi en l'honneur de son épouse Lavinia, la fille de Latinus. Lors de son voyage à Pallantée, Évandre lui fait néanmoins visiter les lieux (Pallantée est en fait bâtie sur la colline du Palatin, qui deviendra le centre religieux de la future Rome) ; et, depuis cette hauteur, Énée contemple les six autres collines qui, avec le Palatin, formeront un jour les sept collines de Rome : le Palatin, le Capitole, le Viminal, l'Esquilin, l'Aventin, le Quirinal et le Caelius.

Pourtant, Énée put quand même voir l'emplacement futur de Rome. L'un de ses alliés dans la guerre contre Turnus, Évandre, un roi grec de la cité de Pallentée, le guida dans sa cité, qui était construite sur une colline, l'actuel mont Palatin, depuis laquelle on pouvait observer les six autres collines des environs.

Ces sept collines au total deviendraient un jour les sept collines de Rome : le mont Palatin, le mont Capitole, le mont Viminal, le mont Esquilin, le mont Aventin, le mont Quirinal, et le mont Caelius.

Romulus et Remus, et la fondation de Rome

Le nom « Rome » vient du nom du fondateur légendaire de la ville, Romulus. C'était pas un type facile.

Les Grecs virent un clin d'œil dans le nom « Rome », parce que *rhôme* signifie « force » en grec. Ce qui n'était probablement pas pour déplaire aux Romains.

Notre oncle ne nous aimait pas

Le roi d'Albe la Longue, la ville fondée par Ascagne, le fils d'Énée, s'appelait Procas. Il avait deux fils, Numitor et Amulius. Numitor était l'aîné, mais Amulius s'empara du trône et fit assassiner les fils de Numitor. Amulius força aussi la fille de Numitor, Rhea Silvia, à devenir Vestale (voir le chapitre X), pour être certain que la famille immédiate de Numitor n'engendrerait pas de descendance directe de sexe masculin.

Les plans d'Amulius peuvent avoir semblé tenir la route, mais, en mythologie, les hommes proposent et les dieux disposent : Rhea Silvia fut séduite par Mars et fécondée par lui.

Lorsque son oncle le roi Amulius (l'ignoble !) se rendit compte qu'elle était enceinte, il la fit enchaîner et lorsqu'elle donna naissance à Romulus et Remus, deux frères jumeaux, Amulius les fit abandonner sur les bords du Tibre, où ils mourraient très probablement (c'est en tout cas ce qu'espérait Amulius).

L'infanticide était extrêmement courant dans l'Antiquité (et à une époque plus récente). Lorsque des parents avaient un bébé qu'ils ne pensaient pas pouvoir éduquer, ou lorsqu'une femme célibataire donnait naissance à un bébé sans que celui-ci ait un père. Plutôt que de ruiner la famille tout entière ou de la déshonorer, ils abandonnaient simplement les nouveau-nés qu'ils ne voulaient pas dans les rues, à flanc de coteau ou sur la berge d'un fleuve. Ils ne considéraient pas que c'était un meurtre, car il était toujours possible que quelqu'un trouve l'enfant et l'élève par la suite.

Romulus et Remus ne moururent pas. Une louve les trouva et les allaita, ce qui fit beaucoup rire les Romains car le mot *lupa*, « louve », signifie aussi la prostituée... La Figure 11-3 montre la célèbre sculpture de Romulus et de Remus avec la louve.

Finalement, un berger, Faustulus, trouva les bébés et les adopta. Ils grandirent et consacrèrent leur vie au crime.

Figure 11-3 : Romulus, Remus et la louve.

À la suite d'un vol de moutons qui avait mal tourné, Remus fut capturé et conduit devant son oncle, le roi Amulius. Faustulus décida que le moment était venu de raconter à Romulus l'histoire de sa naissance. Romulus se mit en colère, attaqua le château, tua son oncle, sauva son frère, et fit de son grand-père Numitor le roi d'Albe la Longue.

Romulus fonde Rome tout seul

Se sentant inspirés et motivés après la mort de leur oncle, Romulus et Remus eurent l'idée d'édifier leur propre ville à l'endroit même où la louve les avait sauvés. Mais ils ne purent se mettre d'accord sur lequel des deux aurait le privilège de fonder la nouvelle cité. Ils s'en remirent donc à la décision des dieux. Chacun sur une colline (Romulus choisit le Palatin et Remus l'Aventin), les deux frères attendaient un signe des dieux. Remus vit le premier six vautours qui lui passaient au-dessus de la tête, bon présage ! Mais, aussitôt après, Romulus en vit arriver douze – présage encore meilleur – et commença à tracer les limites de sa cité sur le mont Palatin ; cette ligne de frontière, tracée à la charrue, s'appelle le *pomoerium*. Piqué au vif, Remus voulut montrer qui il était à son jumeau et franchit d'un bond le *pomoerium* ; Romulus, exaspéré, le tua sans hésiter d'un coup d'épée en proclamant que mourrait ainsi quiconque voudrait franchir ses murailles. Puis il termina la fondation de sa cité, qu'il appela Rome (*Roma*), d'après son propre nom.

Maintenant, j'ai besoin de Romains. Et puis aussi de Romaines : à nous les petites Sabines !

Tout seul après avoir tué son frère et marqué son territoire, Romulus avait une cité, mais personne n'y habitait encore. Il proclama donc que quiconque cherchait un refuge – criminels, esclaves échappés –, serait bienvenu à Rome. Bientôt, il se trouva à la tête d'une belle brochette de voleurs, d'assassins et d'autres types louches.

C'était un début, mais une population d'hommes ne pouvait à elle seule faire fonctionner une cité bien longtemps. Il fallait des femmes pour faire des Romains une population autonome. Il envoya donc un faire-part au peuple voisin, les Sabins, en invitant tout le monde à une grande compétition sportive et à un grand pique-nique, en les enjoignant de venir avec toute leur famille. Les Sabins répondirent à l'invitation. Mais juste au moment où tout le monde commençait à bien s'amuser, Romulus donna un signal et ses hommes s'emparèrent de toutes les femmes sabines et s'enfuirent avec elles.

Trop tard, nous sommes déjà assimilées et nous avons aussi changé de culture !

Si l'on considère le type d'hommes louches qui vivaient là-bas à cette époque, ce comportement envers les femmes sabines n'est peut-être pas surprenant. Les Sabins en furent très contrariés. Le roi sabin Titus Tatius rassembla son armée et marcha sur Rome. Les Romains commencèrent à se battre contre eux, mais, au bout d'un petit moment, les femmes intervinrent pour faire cesser le massacre. Elles ne voulaient pas que leurs pères et frères fussent blessés et demandèrent qu'on se réconciliât.

Les Sabins et les Romains firent donc la paix et leurs deux peuples fusionnèrent. Titus Tatius et Romulus gouvernèrent ensemble pendant une courte période. Après la mort de Tatius, Romulus gouverna seul pendant trente-trois ans encore, il fut le premier roi de Rome.

Les dieux déifient Romulus

Lorsque Romulus « mourut », il disparut mystérieusement. Un jour, Romulus apparut dans un rêve à un habitant de Rome. Romulus lui déclara que les dieux l'avaient enlevé pour en faire l'un des leurs, et qu'il s'appelait désormais Quirinus. Fait intéressant, l'un des dieux locaux les plus importants, peut-être un dieu sabin, s'appelait aussi Quirinus. Les deux dieux furent alors assimilés, ce qui était un phénomène fréquent.

Les sept rois de Rome

En comptant Romulus, et avant l'aube de la République, Rome eut sept rois légendaires, ce qui fait sept rois pour la cité fondée sur sept collines (voir plus haut la section « Mais au bout du compte, non, il n'a pas fondé Rome »). Ces rois furent, dans l'ordre chronologique :

- Romulus, qui gouverna de 753 à 715 av. J.-C.
- Numa Pompilius, qui gouverna de 715 à 672 av. J.-C. Il fonda les principaux établissements religieux de la cité.
- Tullus Hostilius, qui gouverna de 673 à 642 av. J.-C. C'était un roi belliqueux.
- Ancus Marcius, qui gouverna de 640 à 616 av. J.-C. Il agrandit Rome.
- Tarquin l'Ancien, qui fut au pouvoir de 616 à 578 av. J.-C. Il fit ériger de nombreux temples et autres édifices, y compris le temple de Jupiter (sa construction ne fut cependant pas achevée par Tarquin).
- Servius Tullius, qui gouverna de 579 à 534 av. J.-C. Il dota la cité d'une nouvelle constitution et agrandit l'enceinte de la ville.
- Tarquin le Superbe, qui gouverna de 534 à 509 av. J.-C. ; ce Tarquin-là avait l'ambition d'agrandir le territoire de Rome, mais c'était un roi médiocre. Il fut renversé après que son fils Sextus eut violé Lucrèce, une Romaine à la vertu irréprochable.

Les Romains avaient des sentiments initiés vis-à-vis de ces rois. D'un côté, ils avaient à cœur de célébrer leur histoire. De l'autre, une fois que la République fut établie, « roi » était devenu synonyme de « sale type qui dit à tout le monde quoi faire, contrairement à notre excellent Sénat, qui dit à tout le monde quoi faire. » Peut-être est-ce à cause de cette attitude circonspecte que le dernier roi, Tarquin le Superbe, avait une réputation aussi mauvaise. Sous la République, les Romains auraient pu dire quelque chose du genre : « Oh, les rois ont bien commencé, mais le dernier fut vraiment horrible, c'est pourquoi nous sommes vraiment contents d'avoir une République. »

Le dernier roi de Rome, Tarquin le Superbe, c'est-à-dire l'Orgueilleux, fut un tyran qui exaspéra son peuple. La goutte d'eau qui fit déborder le vase fut le viol de la noble et chaste Lucrèce par son fils, Sextus, épisode que nous raconte avec force détails Tite-Live, au premier livre de son *Histoire romaine*. Lucrèce était la fidèle épouse de Collatin, un jeune noble romain. Un soir, tandis que Collatin, Sextus Tarquin et d'autres nobles étaient en campagne militaire, ils en vinrent à parler d'amour – sujet de conversation fréquent dans les casernes ! – et chacun se mit à vanter les mérites de sa propre épouse. Collatin fit un tel éloge de Lucrèce que tous les autres hommes voulurent contrôler ses dires en débarquant à l'improviste chez Collatin. Et ils durent avouer que ce dernier n'avait pas menti : Lucrèce était chastement assise chez elle en train de filer la laine, activité féminine par excellence.

La femme de Sextus ne tenait pas la comparaison, et ce dernier, jaloux, décida qu'il posséderait lui aussi cette si vertueuse Romaine. Le lendemain, en l'absence de son mari, il va trouver Lucrèce et la contraint de se donner à lui : la jeune fille fut forcée d'obéir, car Sextus lui dit que, si elle refusait, non seulement il la tuerait elle et un de ses esclaves, mais qu'en outre il disposerait les deux corps de manière à faire croire qu'elle avait commis un adultère avec l'esclave.

Estimant par-dessus tout sa réputation, Lucrèce céda. Mais elle raconta dès que possible cette atroce affaire à son père et à son mari, puis se suicida pour ne pas avoir à vivre avec cette infamie sur la conscience. C'en était trop pour les Romains ; Brutus, un jeune noble, souleva le peuple et chassa Tarquin le Superbe du trône ainsi que ses fils, en proclamant la République : au lieu d'être gouvernés par des rois, les Romains se donneraient désormais des consuls élus chaque année et au nombre de deux, afin d'éviter toute dérive vers le pouvoir personnel. Brutus et Collatin furent naturellement les deux premiers consuls de la République romaine. En un sens, la fondation de Rome, dans ce qu'elle a de plus original, repose sur un viol.

Chapitre 12

Les Métamorphoses d'Ovide

Dans ce chapitre :

- Changeons des gens en araignées ou en autres bestioles
- On n'est jamais aussi bien servi que par soi-même : Pygmalion
- De la musique divine avec Orphée et Eurydice
- Le rendez-vous près du mûrier de Pyrame et Thisbé
- La vieillesse heureuse de Baucis et Philémon
- L'union de l'Amour et de l'me achevée par Cupidon et Psyché

La mythologie romaine est bourrée de bonnes histoires d'amours entre dieux, mortels et autres. Les Romains étaient d'excellents conteurs. En fait, ils étaient si bons que leurs contes, récits condamnés, d'identités erronées et de transformations magiques, sont souvent plus célèbres que les histoires grecques originales dont elles sont inspirées.

Le poète romain Ovide (43 av. J.-C. – 17 ou 18 apr. J-C.) obtint un immense succès littéraire avec *Les Métamorphoses*. Dans cette épopée mythologique, il raconte quantité d'histoires de passages de personnes d'une forme à une autre. Ovide s'inspira largement du corpus des mythes grecs, comme par exemple de la légende de l'enlèvement de Perséphone par Hadès et aussi des tas d'histoires relatives à la guerre de Troie et au héros Ulysse (*Odysseus* en grec). Toutes ces histoires étaient grecques à l'origine, pourtant toutes étaient devenues romaines une fois qu'Ovide eut fini de les transformer.

Les Métamorphoses d'Ovide commencent par la création du monde (durant laquelle le Chaos se changea en ordre), puis elles décrivent comment Jupiter envoya un déluge pour tuer tous les hommes, sauf Deucalion et Pyrrha, qui étaient vertueux. Puis Ovide, dans de très nombreux chapitres, décrit les aventures des dieux, en mettant un accent particulier sur leurs aventures amoureuses. Après les dieux, c'est au tour des héros de la guerre de Troie, et enfin (et c'est la meilleure partie) vient l'histoire racontant comment Jules César devint une star après sa mort.

Ovide ne fut pas le seul écrivain romain à convertir des mythes en littérature divertissante. L'histoire de Cupidon et de Psyché fut écrite par Apulée, un écrivain latin du IIe s. apr. J-C. Il la raconta dans un roman intitulé justement *Les Métamorphoses*, histoire de compliquer les choses. Les poèmes de Virgile, qu'il s'agisse de ses courts poèmes comme de ses épopées, regorgent de mythes, tous fortement influencés par les mythes grecs, et qui possèdent en outre une touche romaine bien caractéristique.

Pomone et Vertumne

Dans ses *Métamorphoses*, Ovide raconte une charmante histoire, peut-être d'origine étrusque, car Vertumne, dieu des saisons, est un dieu étrusque. Ce dieu intéresse au plus haut point Ovide parce qu'il a le pouvoir de changer de forme à volonté et de prendre l'apparence de n'importe quelle créature. Vertumne, donc, le dieu des Saisons, était tout naturellement tombé amoureux fou de Pomone, la déesse des Fruits et des Vergers. Mais voilà : celle-ci, non contente de mépriser les hommes, méfiante à l'extrême, ne se laissait approcher par aucun représentant du sexe fort. Ayant essayé divers stratagèmes sans succès, Vertumne eut alors l'idée de prendre l'apparence d'une vieille femme inoffensive et put, sous cette forme, approcher Pomone et lui conter les mérites de Vertumne. Il lui tient en vain de longs discours et, découragé, finit par reprendre son apparence normale ! Et alors qu'il s'attendait à recevoir une claque, voire pis encore, quel ne fut pas son étonnement de voir Pomone, séduite par sa beauté, se jeter dans ses bras !

Des transformations surprenantes et des chasseurs héroïques

Ovide nomma son épopée *Les Métamorphoses* parce qu'elle racontait des histoires de transformations magiques : par exemple, dans l'histoire d'Arachné (voir ci-dessous), une jeune femme est transformée en araignée. Dans certaines histoires, la transformation est insignifiante pour l'intrigue – par exemple, l'histoire de la chasse du sanglier de Calydon (voir également ci-dessous) concerne surtout une chasse au sanglier, mais Ovide raconte une transformation tout à la fin qui sert de prétexte pour inclure ce récit dans son poème.

Arachné et Minerve

Arachné était une jeune femme n'ayant aucune noblesse particulière, mais qui était célèbre pour son art du tissage. Elle y excellait, à tel point que les gens pensaient qu'elle devait tenir son talent de Minerve, dont la spécialité était justement le tissage. Mais Arachné affirmait que personne ne lui avait enseigné son art, et elle jeta même un défi à la déesse : celle-ci pourrait venir se mesurer à elle, et, si elle perdait, la déesse pourrait faire d'elle ce qu'elle voudrait.

Minerve (Athéna chez les Grecs) entendit ces propos et s'en alla relever ce défi. Toutes les autres femmes autour d'Arachné étaient terrifiées, mais celle-ci insista pour que la joute ait bien lieu. Elle et Minerve installèrent donc leurs métiers respectifs et se mirent à travailler. Minerve tissa une tapisserie illustrant toutes les grandes réalisations des dieux et des mortels insensés qui les avaient défiés. Arachné représenta toutes les fautes des dieux, en particulier les nombreuses femmes humaines que Jupiter avait séduites. La tapisserie d'Arachné était vraiment bonne, tellement bonne que personne ne pouvait y trouver la moindre chose à redire. Minerve perdit son sang-froid et lui donna un grand coup sur la tête. Arachné se sentit humiliée et alla se pendre.

Minerve se calma alors un peu ; elle déclara à Arachné qu'elle pourrait continuer à vivre, mais qu'elle devrait être suspendue en l'air pour toujours. Puis elle la transforma en araignée à l'aide d'herbes magiques. Arachné passa le reste de sa vie suspendue à un fil et toujours en train de tisser.

Le nom Arachné est à l'origine du mot *arachnide*, le nom scientifique qui désigne la classe d'animaux à laquelle appartiennent les araignées.

Hermaphrodite

Vénus et Mercure avaient un fils qu'ils nommèrent Hermaphrodite (d'après Aphrodite et Hermès, les noms grecs de ces deux dieux). À l'âge de 15 ans, une Nymphe, Salmacis, le vit et en tomba amoureuse. Hermaphrodite ne voulut rien à voir affaire du tout avec elle, ni baisers, ni embrassades, ni rien d'autre d'ailleurs. Salmacis vivait dans un magnifique bassin, aux eaux claires comme de l'eau de roche, et entouré d'herbe très verte. Après qu'Hermaphrodite l'eut repoussée, elle le laissa près de son bassin et feignit de s'en aller. En fait, elle se cacha dans les bois pour l'observer. Il marcha jusqu'au bassin et y trempa les orteils, puis il décida d'y nager. Il se déshabilla, pour la plus grande joie de Salmacis, et y sauta.

Salmacis y sauta elle aussi et enlaça Hermaphrodite. Il la repoussa en refusant de lui céder. Salmacis pria instamment les dieux que rien ne puisse plus la séparer de l'objet récalcitrant de son amour. L'idée sembla plaire aux dieux qui exaucèrent le vœu d'une manière bizarre : ils fusionnèrent Salmacis et Hermaphrodite de telle sorte que leurs deux corps n'en fassent plus qu'un seul, présentant les deux natures : il était à la fois celui d'un homme et celui d'une femme. Hermaphrodite devint donc le premier des êtres bisexués, qu'on désigne aujourd'hui par l'adjectif « hermaphrodites ».

Hermaphrodite fit, lui aussi, un vœu dans cette histoire. Lorsqu'il se rendit compte de ce qui était arrivé, il appela son père et sa mère et leur demanda de lui rendre un service : que tout homme qui se baignerait dans le bassin reçoive le même traitement. Vénus et Mercure s'apitoyèrent sur le sort de leur fils et exaucèrent son vœu, et, depuis, selon Ovide et ses sources, tout homme qui se baigna dans ce bassin perdit sa virilité.

La chasse au sanglier de Calydon

Un jour, le roi Œnée de Calydon, alors qu'il procédait aux sacrifices annuels en l'honneur des dieux, se trompa et oublia de donner la part qui lui revenait à Diane. Offensée, celle-ci lança dans la nature un gigantesque sanglier afin de punir les habitants de la région. Cet animal était aussi grand qu'un taureau, il avait des défenses aussi grandes que celles d'un éléphant, et il crachait du feu comme un dragon. Il écrasait les pousses dans les champs, détruisait les plants de vigne, tuait des troupeaux de moutons entiers. Un véritable fléau.

Des super héros à la rescousse

Un héros du nom de Méléagre décida de s'occuper de ce problème. Il battit le rappel de tout un groupe de héros, dont beaucoup avaient leurs propres mythes : Jason, Thésée et Pirithoos, Pélée (le père d'Achille), Nestor (qui apparaît en vieillard dans *L'Iliade*), Iphiclès (le frère jumeau d'Heraclès), les jumeaux Castor et Pollux, et la guerrière Atalante en faisaient partie. Méléagre brûlait d'un désir ardent pour Atalante. Reportez-vous au chapitre VI pour en apprendre davantage sur tous ces héros.

Deux pour Atalante...

Les guerriers chassèrent le sanglier dans la forêt, où, pour la plupart, ils ne réussirent pas à le blesser avec leur lance et tuèrent même accidentellement l'un des leurs. Alors qu'il s'enfuyait, Atalante le blessa d'une flèche, ce qui embêta bien ces messieurs. Le héros Ancaeus s'y attaqua avec une hache, mais le sanglier lui ouvrit l'aine avec ses cornes, ce qui fit sortir les entrailles du malheureux. Thésée et Jason lui jetèrent des lances, mais sans succès. Puis Méléagre envoya coup sur coup deux lances ; la première manqua son objectif, mais la seconde alla se loger dans le dos du sanglier. Chacun se rua sur le sanglier pour l'achever afin de pouvoir se vanter plus tard d'avoir participé à son élimination.

Méléagre fit cadeau à Atalante de la tête du sanglier, de ses défenses et de sa peau, mais ses deux oncles se mirent en colère et les lui enlevèrent : qu'est-ce qu'une simple femme pourrait donc bien avoir fait pour mériter de tels honneurs ? C'était à eux, ses plus proches parents, que revenaient les entrailles du sanglier, s'il n'en voulait pas. Méléagre se fâcha et embrocha les deux types de son épée.

… à zéro pour Méléagre

Ce geste eut pour résultat de mettre en colère la mère de Méléagre qui cachait un terrible secret à son fils. En effet, alors qu'il venait juste de naître, sa mère avait appris qu'il mourrait au moment où un tison magique serait consommé. Elle l'avait donc arraché au feu et placé en lieu sûr, mais maintenant elle ne savait plus vraiment si elle voulait encore que son fils vive. Elle lutta contre sa conscience pendant un moment, et son amour pour ses frères l'emporta finalement sur celui pour son propre fils. Elle jeta la bûche au feu et Méléagre mourut alors qu'elle se consumait. Après avoir tué son fils, la mère de Méléagre se suicida au moyen d'une épée. Ses sœurs pleurèrent amèrement la mort de Méléagre, et, finalement, Diane décida qu'elle avait suffisamment été vengée. Elle transforma les sœurs en oiseaux et arrêta de tourmenter tout le monde.

Les amants d'Ovide

Ovide adorait les histoires d'amour. En fait, avant d'écrire *Les Métamorphoses*, il avait publié des livres intitulés *Les Amours, Les Héroïdes* et *L'Art d'aimer*, qui parlaient de son sujet favori : l'amour. Il n'est donc pas surprenant que *Les Métamorphoses* soit une infinie variation autour d'histoires d'amour.

Pygmalion et Galatée

Le sculpteur Pygmalion était misogyne. Il ne voulait rien savoir des femmes. En fait, pas tout à fait. Il aimait les regarder, et décida de faire lui-même la sculpture d'une femme parfaitement belle. Il y travailla avec assiduité jusqu'à ce qu'elle soit plus belle que n'importe quelle femme vivante. Elle avait même l'air tellement vivante qu'elle ressemblait à peine à une statue.

Cette statue devint l'obsession de Pygmalion. Il la baisait et l'embrassait, il l'habillait de beaux atours et il lui faisait même de petits cadeaux. Il la mettait au lit la nuit, en la bordant douillettement comme une poupée. Et il décida qu'après tout il voulait avoir une femme dans sa vie.

Vénus eut vent de cette étrange histoire et fut impressionnée par le fait qu'un mortel avait inventé un genre d'amour nouveau et inhabituel. Le jour de la fête de Vénus, Pygmalion se rendit à son temple et demanda à la déesse de l'aider à trouver une femme qui soit exactement comme la statue. Les flammes de l'autel eurent un sursaut au moment même où il exprima cette prière, ce qui semblait être bon signe. Puis il rentra chez lui.

Sa statue s'y trouvait, plus séduisante que jamais. Il l'enlaça comme à son habitude, et lui baisa les lèvres. Mais cette fois-ci, quelque chose se produisit : la statue lui rendit son baiser ! Il caressa tout son corps, et la pierre froide devint chaude et douce alors qu'il la touchait. Il la regarda dans les yeux, et la statue-femme lui sourit. Vous trouverez une représentation de ce moment magique à la Figure 12-1.

Figure 12-1 : la statue de Pygmalion s'anime.

Maintenant que la statue de Pygmalion était une femme, Pygmalion et elle se marièrent. Ils eurent un enfant et l'appelèrent Paphos, et c'est d'après lui que fut nommée plus tard la ville préférée de Vénus.

NOTE TECHNIQUE

Nous appelons cette histoire « Pygmalion et Galatée », mais Ovide ne donne pas de nom à la statue-mariée. Le nom Galatée semble avoir été ajouté à la Renaissance, et il est devenu conventionnel aujourd'hui. Si vous lisez une traduction d'Ovide, vous la trouverez probablement mentionnée dans la table des matières ou l'index, bien que son nom n'apparaisse pas dans le texte. On trouve une autre Galatée dans les mythes grecs, il s'agit d'une Néréide, une Nymphe de la mer dont un Cyclope tomba amoureux, mais cette Galatée-là est différente de la femme de Pygmalion.

ANECDOTE

La pièce *Pygmalion* de George Bernard Shaw raconte l'histoire d'un gentleman britannique qui transforme une pauvre fille de la rue en dame distinguée, surtout en l'habillant comme il sied et en lui donnant des leçons d'orthophonie (prononciation correcte) pour éliminer son accent effroyable et lui donner l'accent aristocratique. Cette pièce inspira le film *My Fair Lady*.

Orphée et Eurydice

Orphée était le fils de l'une des Muses. C'était le plus grand musicien que la terre ait jamais porté. Lorsqu'il jouait, tous les êtres vivants, et même les rochers et les rivières, s'arrêtaient pour l'écouter. Voir la Figure 12-2.

Figure 12-2 : Orphée.

Orphée se maria à une femme appelée Eurydice. Tout de suite après leurs noces, un serpent mordit Eurydice et elle tomba raide morte. Orphée ne voulait pourtant pas la laisser partir. Il décida de se rendre aux Enfers pour la ramener.

Le pouvoir de sa musique lui permit de passer. Cerbère, le chien tricéphale, s'endormit en l'écoutant jouer. Sisyphe arrêta de faire rouler son rocher, Tantale en oublia sa soif pendant un moment, et même les Furies se mirent à pleurer devant la beauté du chant d'Orphée.

Le tonneau des Danaïdes

De même aujourd'hui parle-t-on souvent du tonneau des Danaïdes à propos d'une dépense dont on ne voit jamais la fin ; on fait alors référence au supplice des cinquante filles de Danaos, qui tuèrent, sur ordre de leur père, leurs cinquante maris la nuit même de leurs noces (en fait, seule Hypermestre désobéit à son père). Aussi Hadès, pour les punir, les obligea-t-elles à remplir pour l'éternité un tonneau sans fond... Tous les suppliciés du Tartare – voyez Sisyphe, condamné à pousser un rocher en haut d'une pente de laquelle il roule inexorablement vers le bas – nous mettent en garde contre des tâches insurmontables.

Beaucoup de personnages mythologiques réapparaissent dans le français courant. Tantale avait été condamné à un châtiment éternel. Il avait servi son propre fils en repas aux dieux à dîner ; ceux-ci l'avaient condamné à souffrir d'une faim et d'une soif dévorantes et perpétuelles tout en étant entouré de nourriture qu'il ne pourrait pas toucher et d'eau qu'il ne pourrait pas boire. On appelle *supplice de Tantale* la souffrance de quelqu'un qui ne peut assouvir un désir dont l'objet se trouve pourtant à sa portée.

Le roi des morts lui-même ne put résister à la musique d'Orphée. Il déclara à celui-ci qu'il pouvait emmener Eurydice, mais à une condition : elle devrait marcher derrière lui jusqu'au monde des vivants et il ne pourrait pas la regarder avant qu'ils ne soient tous deux sortis des Enfers.

Orphée se mit à marcher pour sortir des Enfers. Il pouvait entendre Eurydice marcher derrière lui. Cela le rendait fou, mais il put résister à la tentation de regarder en arrière jusqu'à ce qu'il soit presque sorti. Juste au moment où il allait s'avancer dans la lumière du jour, il entendit une pierre rouler et, instinctivement, se retourna. Eurydice était juste là, mais elle n'était pas encore complètement sortie des Enfers. Au moment où il allait la toucher, elle disparut. Il n'entendit qu'une voix lui dire « adieu ».

Orphée erra ensuite seul sur la Terre, en jouant de la musique pour lui-même et pour les rochers et les arbres. Un jour, une bande de Bacchantes ivres de vin lui tombèrent dessus et le mirent en pièces. Elles dispersèrent les morceaux de son cadavre, mais sa tête flotta en chantant sur l'eau d'un fleuve jusqu'à la mer ; elle échoua sur l'île de Lesbos. Orphée retourna aux Enfers, où il fut réuni pour toujours avec Eurydice.

Pyrame et Thisbé

Pyrame était le plus beau jeune homme de Babylone, et Thisbé la plus belle jeune fille. Il se trouvait qu'ils étaient voisins. Les maisons respectives de leurs parents avaient un mur mitoyen. Ils s'aimaient, mais leurs parents ne voulaient pas les laisser se marier.

Les amoureux frustrés découvrirent une fissure dans le mur qui les séparaient. Chaque jour, ils chuchotaient des mots tendres à travers elle. Avant d'aller se coucher, ils baisaient la fissure du mur, faute de pouvoir s'embrasser.

Un jour, ils décidèrent de se rencontrer en cachette. Ils avaient prévu de se retrouver sous un mûrier à la tombe de Ninus, la nuit tombée. Thisbé arriva la première à la tombe. Elle attendit un bon moment, mais Pyrame ne venait pas. Soudain, elle vit arriver une lionne qui venait boire à la source près de la tombe. Elle s'enfuit pour se cacher, en laissant tomber son écharpe. Le lion venait de dévorer un animal et sa gueule était pleine de sang. Il sauta sur la cape et la déchira un peu avant de s'en aller. Bien entendu, c'est à ce moment-là que Pyrame arriva. Il vit la cape de Thisbé déchirée et ensanglantée, et tira immédiatement la conclusion que le lion l'avait tuée. De désespoir, il se poignarda.

Thisbé revint. Elle trouva son amoureux au sol en train de mourir. Elle le prit dans ses bras et lui fit ses adieux ; il ouvrit les yeux et la reconnut avant de rendre l'âme. Thisbé vit son arme au sol et elle se poignarda elle aussi. Elle mourut près de Pyrame.

Les parents des amants s'adoucirent après ces événements, et ils placèrent leurs cendres ensemble dans la même urne. Les baies du mûrier, dont la couleur était passée du blanc au rouge sanglant tandis que le sang de Pyrame inondait ses racines, symbolisent, depuis, leur amour éternel.

L'histoire de Pyrame et de Thisbé a probablement été l'un des contes favoris de Shakespeare. Non seulement sa pièce *Roméo et Juliette* en emprunte une bonne partie de l'intrigue, mais on le retrouve encore dans *Le Songe d'une nuit d'été*, où un groupe d'artisans peu instruits en exécute une version très drôle pour un mariage royal.

Baucis et Philémon

Un jour, Jupiter et Mercure se déguisèrent en pauvres voyageurs et s'en allèrent frapper à des portes en Phrygie (alors une région d'Asie Mineure, la Turquie actuelle). C'était pour mettre les habitants à l'épreuve, pour voir s'ils étaient accueillants.

Ils frappèrent à des portes et demandèrent de la nourriture et un endroit où se reposer, mais personne ne leur ouvrit. La plupart des gens furent parfaitement grossiers et leur claquèrent la porte au nez.

Vous arrivez juste à l'heure pour le dîner !

Ils arrivèrent finalement à la plus misérable demeure de tout le pays. Ils frappèrent à la porte et demandèrent de la nourriture, et, cette fois-ci, les propriétaires les firent entrer. C'était un vieil homme et son épouse, ils s'appelaient Philémon et Baucis.

Philémon attira un banc près du feu pour y installer les visiteurs tandis que Baucis s'affairait à préparer un repas plutôt pathétique. Une fois prêt, elle fit asseoir les dieux à leur table cassée et leur servit du chou bouilli et du vin bon marché. Le couple de petits vieux était enchanté d'avoir de la visite et prenait visiblement plaisir à la conversation.

Pourtant, ils remarquèrent quelque chose d'étrange : bien que leurs invités aient mangé et bu en énorme quantité, le plat restait garni de nourriture et le broc rempli de vin. Lorsqu'ils s'en rendirent compte, ils comprirent que leurs visiteurs devaient être des dieux. Ils s'excusèrent de leur avoir servi de la nourriture aussi mauvaise, et leur annoncèrent qu'ils allaient maintenant capturer et tuer leur oie pour cuisiner un meilleur repas en l'honneur de leurs invités.

L'oie ne se laissa pas attraper, bien que les deux vieux tentèrent de la poursuivre pendant un moment, ce qui fit bien rire Jupiter et Mercure. Finalement, Philémon et Baucis abandonnèrent, morts de fatigue.

Être protégé des dieux, ça présente des avantages incomparables

Jupiter et Mercure récompensèrent leurs hôtes. Ils les informèrent qu'ils étaient bien des dieux et leur dirent que tous les autres habitants du pays allaient mourir, mais pas eux. Baucis et Philémon regardèrent autour d'eux et s'aperçurent que tout le pays qui les entourait était maintenant recouvert d'eau. Leur minuscule chaumière s'était transformée en un merveilleux temple de marbre au toit d'or. Jupiter leur déclara qu'il exaucerait n'importe lequel de leurs souhaits. Leur demande fut aussi humble que leur vie ne l'avait été : ils demandèrent à être les prêtres du nouveau temple de Jupiter et à mourir en même temps – car ils avaient vécu ensemble si longtemps qu'aucun d'eux ne pouvait supporter la seule idée de vivre sans l'autre.

L'apprenti sorcier

Cette légende ne nous vient pas d'Ovide. Lucien de Samosate, un écrivain grec qui vécut au temps de l'Empire romain (de 125 à 192 apr. J.-C.) la conte dans son *Histoire vraie*. Dans cette histoire, un jeune homme servait d'apprenti à un magicien. Chaque soir, le magicien jetait un sortilège sur le pilon (un pilon de bois dont on se servait pour broyer les grains de blé et en faire de la farine). Le sortilège donnait vie au pilon, qui descendait chercher deux sceaux d'eau pour qu'ils soient utilisés. Ensuite, le magicien proférait un autre sortilège, et le pilon redevenait un pilon ordinaire. Un soir, alors que le magicien était sorti, l'apprenti essaya de refaire le tour. Il proféra le sortilège et anima le pilon sans anicroche. Mais lorsque le pilon eut apporté suffisamment d'eau, l'apprenti fut incapable de reproduire le sortilège qui le faisait s'arrêter. Paniqué, il saisit une épée et coupa le pilon en deux. Bien essayé, mais cela ne fit qu'empirer les choses, car dès lors il avait deux pilons animés qui lui apportaient de l'eau. Juste au moment où les choses étaient en train d'échapper à tout contrôle, le magicien rentra chez lui, proféra les mots magiques, et rendit leur état ordinaire et inanimé aux deux moitiés de pilon.

Cette histoire, tirée d'un récit de l'Antiquité, est devenue mythologique grâce à un poème écrit par Goethe, le célèbre poète allemand, qui inspira au compositeur français Paul Dukas une pièce de musique, laquelle inspira à son tour Walt Disney. Ses animateurs donnèrent le rôle de l'« Apprenti sorcier » à Mickey dans une séquence du film *Fantasia*, qui sortit en 1942.

Baucis et Philémon vécurent dans le temple de nombreuses années. Un jour, ils se mirent à évoquer le temps passé, le temps où ils avaient vécu dans une pauvre masure, mais avaient été très heureux. Tandis qu'ils parlaient, leurs peaux se transformèrent en écorce et des feuilles se mirent à pousser. Ils eurent juste le temps de se dire adieu l'un à l'autre avant d'être complètement transformés en arbres, un chêne et un tilleul poussant du même tronc.

Cupidon et Psyché

Cette histoire nous vient de la plume d'Apulée, et non de celle d'Ovide. C'est l'un des mythes romains les plus connus, il explique comment l'Amour et l'Âme furent unifiés.

Psyché était trop belle pour que ça plaise à Vénus...

Psyché, dont le nom signifie « âme », était la plus belle des trois filles d'un roi. Elle était si belle que tout le monde la comparait à Vénus, la déesse de l'Amour (voir chapitre X), et qu'on se mit même à lui faire les offrandes réservées jusqu'alors à Vénus. Cela mit Vénus en rogne.

Elle appela Cupidon, son fils, et lui demanda de décocher une flèche à Psyché pour la faire tomber amoureuse d'un homme qui soit une espèce de monstre ou un horrible rustre. Cupidon acquiesça, mais à l'instant où il vit la fille désespérément amoureux d'elle !

Vénus ignorait tout et pensait que la jeune Psyché allait bientôt tomber amoureuse d'une créature ignoble. Mais ce ne fut pas le cas. En fait, elle sembla ne tomber amoureuse de personne, alors que personne non plus ne tombait amoureux d'elle. Les hommes venaient admirer sa beauté, mais jamais il ne leur vint à l'esprit de lui demander de l'épouser. C'était frustrant pour ses parents qui étaient prêts à la donner en mariage. Son père se rendit à l'oracle d'Apollon (voir le chapitre IV) pour découvrir quel était le problème. Cupidon avait tout raconté à Apollon sur son amour, et Apollon avait accepté de l'aider. L'oracle donna donc quelques instructions au père de Psyché : il fallait habiller Psyché de vêtements de deuil, et l'envoyer seule sur une colline rocheuse. Elle devait attendre sur place jusqu'à ce que son nouveau mari arrive (c'était la bonne nouvelle). Ce nouveau mari serait un monstre (c'était la mauvaise nouvelle).

Les parents de Psyché et le reste de la famille étaient désespérés ; ils étaient sûrs que le dragon la tuerait. Mais Psyché dit qu'elle préférait mourir ainsi que de passer sa vie à souffrir et à être seule parce que Vénus était jalouse d'elle. Elle enfila donc une tenue de deuil, fit ses adieux à sa famille, et attendit sa fin, assise au sommet de la colline.

Psyché au pays des merveilles

Soudain, elle sentit le vent qui l'enlevait et la transportait à travers les airs pour la déposer dans une prairie verdoyante, où elle s'endormit. Lorsqu'elle se réveilla, elle vit une superbe demeure digne d'un dieu, qui semblait inhabitée.

Psyché entra dans la maison et entendit des voix qui lui parlaient, lui disant que cette maison était la sienne et qu'elles étaient ses serviteurs. Elle ne pouvait pas les voir, mais elles n'attendaient qu'un signe de sa part pour la servir. Elle passa la journée seule, puis elle se mit au lit pour attendre son mari. Elle n'avait pas aussi peur que la veille.

Après s'être mise au lit et avoir soufflé la bougie, elle sentit qu'un homme se glissait dans le lit. Elle ne pouvait pas le voir, mais au toucher, il n'avait pour sûr rien d'un dragon ! Il firent l'amour toute la nuit, et Psyché trouva ça pas mal.

Mais elle ne put jamais le voir. Elle passait chaque jour seule, et, chaque nuit, elle couchait avec son mari qu'elle était dans l'impossibilité de voir. Elle se demandait qui il était et à quoi il ressemblait.

Ça se complique...

Une nuit, il lui dit que ses sœurs allaient venir sur la colline où elle avait disparu pour déposer des fleurs sur sa tombe. Il ne voulait pas qu'elle s'y rende. Mais comme elle voulait désespérément voir ses sœurs, elle le supplia et elle l'implora jusqu'à ce qu'il finisse par céder. Pourtant, il l'avertit que si elle se laissait persuader par ses sœurs de découvrir qui il était, leur union serait ruinée.

Le lendemain, elle alla rencontrer ses sœurs et les invita dans sa nouvelle maison. Les sœurs furent assez impressionnées par tout l'or et par toutes les victuailles qu'elles y virent, et elles insistèrent pour savoir qui était le mari de Psyché. Pourtant, tout ce qu'elle leur répondit, c'est que c'était un jeune homme et qu'il était parti à la chasse. Elle leur donna des cadeaux et les renvoya chez elles.

Cette nuit-là, le mari invisible de Psyché lui dit qu'elle ne devrait désormais plus voir ses sœurs. Elle refusa de l'écouter, et se plaignit que, comme elle ne pouvait jamais le voir, ce n'était pas juste qu'elle ne puisse pas voir au moins ses sœurs. Il céda une fois de plus, et le lendemain les sœurs revinrent.

Elles étaient devenues très soupçonneuses vis-à-vis du mari de Psyché. Psyché n'avait pas répondu de façon convaincante à leurs questions, et elles pensaient qu'en réalité elle ne l'avait jamais vu. Elles lui dirent qu'elles avaient entendu, de l'oracle d'Apollon, que son mari était en fait un dragon, et que, bien qu'il soit gentil en ce moment, un jour, il se transformerait et la dévorerait.

Psyché en fut effrayée – et si elles avaient raison ? Elle suivit donc le conseil donné par ses sœurs : elle cacha une lampe et un couteau sous le lit. Cette nuit-là, après que son mari fut endormi, elle saisit le couteau et alluma la lampe.

Et elle vit que ce n'était pas un monstre qui se trouvait dans son lit, mais le plus beau jeune homme qu'elle avait jamais vu. Sa main trembla, et elle fit tomber un peu d'huile brûlante sur l'épaule de son mari. Il se réveilla, la regarda, et disparut immédiatement. Psyché lui courut après dans la nuit. Elle ne pouvait pas le voir, mais elle entendit sa voix. Il lui cria qu'il était Cupidon, et que son manque de confiance avait ruiné leur union.

Cupidon rentra chez sa mère pour lui demander de soigner sa brûlure. Lorsque Vénus apprit de quelle façon il s'était brûlé, elle le laissa en plan avec ses douleurs et alla se venger de Psyché.

La chère belle-maman s'en mêle

Psyché cherchait son mari de partout. Finalement, elle alla voir directement Vénus. Avec beaucoup de dédain, celle-ci lui donna des tâches humiliantes à exécuter. Elle fit tomber un tas de petites graines par terre et dit à Psyché de les trier d'ici au soir. De minuscules fourmis vinrent l'aider. Ensuite, Vénus l'envoya chercher les toisons d'or des moutons sur une berge rocailleuse de rivière ; elle attendit jusqu'à ce qu'ils soient repartis et elle récolta la laine d'or dans les buissons où ils l'avaient perdue.

Puis Vénus l'envoya aux Enfers demander à Perséphone, la reine des morts, de prêter à Vénus un petit onguent de beauté (en arguant qu'elle était épuisée d'avoir à s'occuper de Cupidon et que sa beauté en souffrait). Psyché fit tout le chemin pour se rendre aux Enfers et Perséphone lui donna de l'onguent dans un pot. Mais avant de le rapporter à Vénus, Psyché l'ouvrit pour voir si elle ne pouvait pas utiliser un peu de crème de beauté pour elle-même. Elle fut alors instantanément plongée dans un sommeil profond.

La brûlure de Cupidon avait fini par guérir. Il retrouva Psyché endormie, la réveilla, et lui dit qu'il allait tout arranger. Il alla voir Zeus et lui demanda de faire de Psyché une déesse. Zeus y consentit, et, lors d'une assemblée des dieux et déesses, Cupidon et Psyché furent officiellement mariés. L'Amour et l'me étaient désormais réunis.

Quatrième partie

La partie des Dix

« ...et alors, la noble et puissante race des capital-risqueurs vint s'installer dans le pays. »

Dans cette partie…

Dans cette partie, vous trouverez des informations qui n'étaient pas forcément adaptés aux chapitres consacrés à chaque mythologie, mais qui sont quand même intéressantes. Les deux chapitres qui suivent décrivent des lieux mythiques et des monstres fabuleux. Un chapitre s'arrête sur les mythes platoniciens les plus fascinants.

Avec ça, vous aurez de quoi briller dans les dîners en ville…

Chapitre 13

Dix monstres fabuleux

Dans ce chapitre :

- Les Gorgones pétrifiaient ceux qui les fixaient du regard
- Le Phénix renaissait de ses cendres
- La Sphinx et sa profonde sagesse
- Le Minotaure, un monstre mi-homme mi-bête à l'appétit dévorant !

Les mythes regorgent de monstres. Les héros avaient besoin de monstres pour pouvoir les combattre – sinon, comment auraient-ils pu être des héros ? En outre, les dieux se servent de monstres pour effrayer les hommes. Dans un monde mythologique dans lequel les dieux peuvent prendre la forme d'animaux et avoir des enfants avec des humains mortels, qui donc aurait pu savoir à l'avance à quoi ces rejetons allaient ressembler ?

À part le fait que ces monstres étaient des personnages hauts en couleur et des méchants dans les histoires mythologiques, nombre de ces monstres sont devenus des symboles d'idées abstraites : l'ambition humaine, la mort et la résurrection, et (très souvent) l'idée que le monde naturel peut garder des secrets qui nous demeurent inaccessibles à nous, les hommes, et qu'il le fait.

Les Gorgones

Selon Homère, il n'existait qu'une seule *Gorgone*, un monstre des Enfers. Mais le poète Hésiode en mentionne trois : Sthénô (« la Puissante »), Euryalè (« Celle qui voit loin ») et Méduse (la reine des Gorgones, la souveraine). Elles étaient filles de Phorcys, un dieu marin, et de son épouse Céto. Les Athéniens disaient que les Gorgones étaient les filles de Gaia, la Terre mère, qu'elle engendra pour aider ses enfants à lutter contre d'autres dieux.

Les Gorgones avaient des ailes, leurs dents étaient très longues, et des vipères leur tenaient lieu de cheveux. Des trois, seule Méduse était mortelle, et elle joue un rôle important dans le cadre du mythe de Persée. Elles avaient un aspect si terrifiant que quiconque les fixait était changé en pierre. D'ailleurs, l'adjectif *médusé* signifie encore aujourd'hui « frappé de stupeur ». Les Grecs se servaient de représentations artistiques des Gorgones pour repousser le mal.

La statue d'Athéna au Parthénon d'Athènes portait un bouclier orné d'une tête de Gorgone, qui provenait du mythe de Persée, le héros qui avait tué Méduse et donné sa tête en cadeau à Athéna. Vous pourrez lire cette histoire au chapitre VI.

Méduse est la plus connue et, avouons-le, aussi la plus répugnante des sœurs Gorgones. Elles habitent, paraît-il, quelque part dans l'extrême Occident. Elles sont filles de Phorcys et Céto, des divinités marines. Méduse, la cadette, est mortelle, alors que ses sœurs Sthéno et Euryalé sont immortelles.

Des êtres aussi hideux que les Gorgones ne pouvaient que répandre la terreur parmi tous, humains et même dieux : il n'est donc pas étonnant que Persée ait reçu la mission de tuer Méduse. Ce qui est en revanche merveilleux, c'est la façon dont il s'y prit : sur les conseils d'Athéna, (Pindare, *Pythiques*) il se munit de sandales ailées offertes par Hermès et d'un bouclier parfaitement poli, et c'est en regardant dans ce bouclier comme dans un miroir qu'il trancha la tête de Méduse, car, ne l'oublions pas, le regard de cette aimable bête pétrifiait (au sens propre !) quiconque la regardait.

Du cou tranché de Méduse enceinte des œuvres de Poséidon sortirent Pégase et Chrysaor. Ce dernier engendrera Géryon et Echidna, d'autres monstres de la lignée.

L'apparence des Gorgones laisse loin derrière les pauvres dragons de nos contes : on les représente la tête entourée de serpents ; leur bouche est munie de fortes défenses de sanglier ; leurs bras sont de bronze, et des ailes d'or leur permettent de voler. Enfin, leurs yeux transforment en pierre celui qui les regarde ! (Pindare, *Pythiques*).

La Chimère

La *Chimère* était un autre monstre femelle (les monstres femelles n'ont pas la vie facile dans les mythes grecs) à la tête de lion, au corps de chèvre et à la queue de dragon, et elle crachait des flammes. Bellérophon monté sur Pégase la tua – allez au chapitre VI si vous désirez ardemment en savoir plus.

En français, le mot « chimère » désigne une vaine imagination, une illusion, une utopie, un être qui n'existe pas dans la réalité, comme le cheval ailé ou la licorne. On emploie aussi l'adjectif : « des projets chimériques » pour désigner des projets utopiques ou illusoires. Bref, la chimère n'a pas très bonne réputation !

Le Phénix

Cet oiseau mythique apparut pour la première fois en Égypte où il joue un rôle dans le culte du Soleil, mais on le retrouve aussi dans les mythologies grecque, islamique et européenne plus récentes.

C'était un oiseau de la taille d'un aigle avec des plumes rouge et or, qui avait un chant magnifique. Il ne pouvait y avoir qu'un seul phénix, mais chaque phénix vivait cinq cents ans (ou du moins très longtemps, cela dépend des versions). Lorsqu'il sentait venir la fin de sa vie, il bâtissait un nid de brindilles odorantes et s'y installait, pour y mettre ensuite le feu. De ses cendres renaissait un nouveau phénix, bébé, qui commençait sa longue vie.

Pour les Égyptiens, le Phénix représentait la mort et la résurrection, l'âme immortelle. Depuis, le Phénix a servi de symbole de force éternelle à de nombreuses institutions prétendant être capables de surmonter les revers et de continuer d'exister.

Cerbère, le chien des Enfers

Homère mentionna un chien monstrueux qu'Héraclès rapporta des Enfers, car c'était l'un de ses douze travaux. Plus tard, la mythologie grecque devint plus précise. D'abord, le chien des Enfers reçut un nom : *Cerbère*. Puis, il reçut une description plus complète. Cerbère était un chien à trois têtes menaçantes, et il était doté d'un serpent venimeux en guise de queue. C'était le gardien des Enfers. Ses têtes éloignaient les vivants et sa queue gardait les morts à leur place. (Pausanias, l'écrivain voyageur grec établi à Rome, qui adorait les chiens, n'était pas d'accord avec le concept de chien gardien des Enfers parce que, selon lui, « après tout, le chien est un ami de l'homme. »)

De l'union des deux monstres, Typhon et Échidna, naquit Cerbère, qui gardait l'entrée des Enfers. Ce chien à trois têtes avait un cou hérissé de serpents, et des dents dont la morsure était empoisonnée comme celle de la vipère. Le chien tricéphale, qui se tenait devant un antre au bord du Styx, permettait aux ombres des morts de pénétrer dans les Enfers, mais leur interdisait d'en sortir. Les mortels téméraires qui tentaient de s'aventurer dans le royaume des morts étaient impitoyablement déchiquetés.

Parfois Cerbère n'était pas aussi impitoyable que la renommée l'affirmait, et certains mortels ou héros parvinrent à l'apprivoiser. Psyché, envoyée par Aphrodite auprès de Perséphone, donna à Cerbère un gâteau et réussit à l'amadouer. La Sibylle de Cumes, Déiphobé, lui offrit également une sorte de pâte soporifique lorsqu'elle conduisit Énée aux Enfers. Quant à Orphée, on sait qu'il parvint à charmer de sa lyre et de ses chants l'inexorable monstre. Enfin, avec Héraclès, Cerbère connut une humiliante défaite. Autorisé à s'emparer du chien et à le ramener sur Terre à la simple et difficile condition de ne pas recourir à ses armes, Héraclès, de ses seules mains, l'étouffa à demi et put le porter ainsi jusqu'à Mycènes. Mais bientôt Cerbère, gardien sans égal, fut rendu à l'empire des morts.

Chiron

Fils de Chronos, qui avait pris la forme d'un cheval et d'une fille d'Océan, Chiron a l'apparence d'un Centaure. Mais, à la différence des autres Centaures, il était connu pour sa bonté et sa sagesse. Doué d'immortalité, il avait acquis une grande sagesse et avait été l'ami de Pélée, le père d'Achille. Blessé par une flèche d'Héraclès au poison incurable, il se retira dans une grotte.

Les Cyclopes

Ces êtres fabuleux, pourvus d'un œil unique au centre du front, apparaissent dans de nombreuses légendes gréco-latines. On en distingue quatre sortes : les Cyclopes ouraniens, les Cyclopes forgerons, les Cyclopes bâtisseurs et les Cyclopes pasteurs.

Les Cyclopes ouraniens sont nés de l'union monstrueuse de Gaia (la Terre) et d'Ouranos (le Ciel). Comme ils étaient trois frères, Ouranos redouta de les voir se retourner contre lui et s'emparer de ses pouvoirs. Aussi, il les jeta dans le Tartare. Plus tard, avec l'aide de leurs frères les Titans, de Cronos en particulier, et de leur mère indignée, ils se révoltèrent et mutilèrent leur père. Mais Cronos, lui aussi, qui trouvait leur existence dangereuse pour sa suprématie, les précipita à nouveau dans les Enfers. Zeus les délivra. Par gratitude, ils forgèrent la foudre, l'éclair et le tonnerre, qui permirent à Zeus de vaincre Cronos et de s'emparer du trône céleste. Les trois Cyclopes, pour commémorer leurs rôles dans cette révolution, prirent alors respectivement les noms d'Argês (« l'éclair »), Stéropês (« la foudre ») et Brontês (« le tonnerre »). À Hadès, ils offrirent un casque qui rendait invisible ; à Poséidon, le trident grâce auquel celui-ci soulève ou apaise les ondes marines. Par la suite, les trois Cyclopes furent mis à mort par Apollon : le dieu ne leur pardonnait pas d'avoir fourni à Zeus la foudre qui avait frappé et tué Asclépios, son fils.

À ces trois auxiliaires de Zeus viennent s'ajouter les aides-forgerons d' Héphaïstos, qui ont élu domicile au cœur des volcans où ils travaillent l'airain afin d'en façonner l'armure des Dieux et des héros. Pyracmon (« l'enclume ») et Acamas (« l'infatigable ») comptent parmi les plus souvent cités de ces Cyclopes. Plus tardivement encore, on a donné le nom de « murailles cyclopéennes » aux murs constitués d'énormes blocs de pierre, dont on peut voir encore les restes à Mycènes et à Tirynthe. Certains Cyclopes bâtisseurs les auraient édifiés.

Mais les plus connus des Cyclopes restent ceux que décrit Homère. Géants brutaux, sans foi ni loi, ils élèvent des troupeaux de moutons, récoltent, sans user d'aucun moyen de technique agricole, ce que la terre consent à faire pousser spontanément, et ne craignent pas, à l'occasion, de dévorer les êtres humains qui se risquent sur leurs territoires et dans leurs cavernes. Ils représentent, aux yeux des Grecs, le type de la race sauvage, inculte, dénuée de toute idée de civilisation. Au cours de leur pérégrination, Ulysse et ses compagnons se mesurèrent avec le plus redoutable d'entre eux, Polyphème.

Les dragons

Les dragons sont des serpents gigantesques, tout le monde est d'accord là-dessus. Mais comme on les trouve dans la mythologie de l'Europe, du bassin méditerranéen, de l'Afrique, du Proche-Orient et de l'Asie, il en existe des tas de variations. (Les chercheurs ont récemment découvert des preuves assez solides que les anciens peuples de Grèce et d'Afrique avaient connaissance des restes fossilisés des dinosaures. Cette preuve pourrait expliquer pourquoi les mythes de dragons sont aussi courants.)

Les dragons d'Europe du Nord n'avaient pas de jambes, mais les dragons d'Asie en avaient. Les dragons grecs semblent avoir passé leur temps au sol, comme des serpents, mais les dragons chinois et japonais étaient des créatures de l'air. Pourtant, les dragons asiatiques ne possédaient habituellement pas d'ailes, alors que les dragons européens, souvent, en avaient. Certains dragons crachaient le feu, d'autres non.

Les dragons symbolisaient différentes choses. En Mésopotamie, la déesse primordiale qui donna naissance aux autres dieux était un dragon. Le dieu égyptien Apopis était un dieu-dragon qui gouvernait le monde des ténèbres et du mal. Dans les mythes grecs, les dragons – que les Grecs appelaient *drakontes*, c'est l'origine du terme – étaient souvent des créatures magiques rusées nées de la Terre. Athéna avait un serpent (*drako* en grec) comme animal domestique et assistant car, par ses yeux luisants, il symbolise l'intelligence sous toutes ses formes. Les Chinois considéraient que le dragon représentait la moitié masculine de l'ordre universel – le *yang* du yin-yang. Et dans la Genèse, le « serpent » qui parle à la femme dans le jardin d'Éden est « le plus rusé de tous les animaux sauvages que le Seigneur avait faits ».

Le griffon

Le *griffon* avait le corps d'un lion, (parfois) des ailes et la tête d'un aigle. Certains avaient aussi des oreilles de cheval. Les images les plus anciennes de griffons sont celles de l'art mésopotamien vers 1800 av. J.-C., mais, vers 1500 av. J.-C., on trouvait cette créature dans tout le Proche-Orient et dans tout le monde méditerranéen. Les Grecs de l'époque minoenne de l'île de Crète – qui formèrent une riche civilisation artistique de l'âge du bronze, vers 1400 av. J.-C. – ont peint des griffons avec de jolies crinières frisées ornant leur tête à bec.

Les Grecs des périodes ultérieures aimaient représenter les griffons le bec ouvert afin de montrer de longues langues recourbées. Les griffons semblent avoir été des symboles importants, parce qu'on les trouve dans les créations artistiques associées aux rois, aux temples et aux funérailles de personnes riches.

Le Minotaure

Monstre hideux, au corps d'homme et à la tête de taureau, le Minotaure naquit de l'amour irrésistible et contre nature de la reine de Crète Pasiphaé pour un taureau blanc que le roi Minos, son époux, avait refusé de sacrifier à Poséidon. Épouvanté par cette naissance, le roi voulut en cacher la nouvelle à ses sujets, et il fit construire par Dédale un palais aux nombreux couloirs, aux salles enchevêtrées, qui se croisaient sans cesse, et ordonna qu'on y enfermât le Minotaure

Ayant remporté une guerre contre Athènes, la ville devait livrer, chaque année, sept jeunes gens et sept jeunes filles au Minotaure. Thésée, indigné de ce tribut, se fit inscrire sur la liste des jeunes hommes envoyés à Minos – car Minos avait promis de libérer les Athéniens s'ils parvenaient à tuer le Minotaure. Avant de partir, il fit un sacrifice à Apollon et Aphrodite, et Égée lui confia un jeu de voiles blanches qu'il avait ordre de mettre s'il rentrait sain et sauf à Athènes. Arrivé sur place, il séduit Ariane, la fille de Minos, qui l'aida en lui confiant une pelote de fil à accrocher à l'entrée du Labyrinthe. Il n'aurait alors, après avoir tué le monstre, qu'à rembobiner la pelote pour sortir. Après avoir vaincu à mains nues le Minotaure, il retrouva donc sans peine la sortie et s'enfuit avec Ariane sur leur navire. Mais, il l'abandonna en chemin sur l'île de Naxos.

Dans la précipitation, il oublia de se signaler d'une voile blanche, comme il l'avait promis à son père. Celui-ci, croyant que son fils était mort, se jeta de désespoir dans la mer, qui prit dès lors le nom de mer Égée. Après les funérailles, Thésée fut proclamé roi d'Athènes.

On nourrissait le monstre de chair humaine, fournie en particulier par le tribut annuel de sept jeunes gens et sept jeunes filles d'Athènes. Thésée, avec le concours d' Ariane, tua le Minotaure.

Pégase

Ce cheval ailé et magique, aussi rapide que le vent, naquit du sang de Méduse, lorsqu'elle eut la tête tranchée par Persée. Il vécut, recherchant les fontaines. D'un coup de sabot sur l'Hélicon, il donna naissance, dit-on, à la source d'Hippocrène. Un jour qu'il s'abreuvait à la source de Pirène, sur l'Acrocorinthe, il fut dompté par Bellérophon. Ce dernier, monté sur le miraculeux coursier, multiplia les grandes prouesses. Il vainquit en particulier la Chimère. Mais l'orgueil le perdit. Porté par Pégase, il voulut monter aux cieux. Zeus le désarçonna. Seul, le cheval ailé atteignit le domaine des Dieux, qui le placèrent parmi les constellations.

Le Sanglier de Calydon

Envoyé en signe de vengeance par Aphrodite, pour laquelle le roi Œnée avait omis de faire un sacrifice, cette monstrueuse bête ravageait le territoire de Calydon, tuant le bétail et terrifiant les habitants du pays. Le fils du roi, Méléagre, fit appel aux plus braves des héros de par toute la Grèce pour combattre ce fléau. Atalante, la seule héroïne de la chasse, porta le premier coup mortel à la bête, que Méléagre acheva. Celui-ci offrit à la chasseresse la peau de la bête en signe d'hommage et de reconnaissance, provoquant par ce geste la fureur des autres chasseurs.

La Sphinx

Le sphinx le plus célèbre, c'est le Sphinx, c'est-à-dire la statue du grand Sphinx à Gizeh, en Égypte. Elle représente la créature avec un corps de lion et une tête d'homme. La tête de ce sphinx-là est celle du pharaon Khephren, qui gouverna l'Égypte vers 2500 av. J.-C. Un sphinx est un monstre mythique très ancien.

On en trouve des représentations dans l'art grec dès 1600 av. J.-C. environ, et il fut couramment représenté dans le monde antique à partir de cette époque. Les Grecs pensaient que le mot sphinx venait du verbe qui signifie « étrangler » en grec, mais, de nos jours, les chercheurs en doutent. Chez les Grecs, la sphinx était un monstre femelle avec une tête humaine, un corps de lion et un serpent pour queue. Elle est représentée dans toutes sortes de créations artistiques, mais utilisée surtout pour les sceaux officiels : des petites pierres gravées utilisées pour appliquer le sceau sur la cire ou l'argile afin de lui conférer un caractère officiel. La sphinx des sceaux est habituellement représentée levant une patte, comme un chien qui serrerait une main.

L'histoire de sphinx la plus célèbre est celle de la sphinx du mythe d'Œdipe. En raison surtout de cette histoire, que Sophocle transforma en une pièce de théâtre très célèbre (voir le chapitre VIII), la sphinx est, depuis longtemps, un symbole de profonde sagesse.

Les Satyres / Silène

Démons champêtres et forestiers, ils peuplent les mythes grecs. Ils correspondent aux faunes dans la mythologie romaine. Comme Pan, ils étaient représentés avec le haut du corps d'un homme barbu, le bas du corps d'un cheval ou d'un bas. Ils parcourent la campagne, en jouant de la flûte et en dansant. Compagnons de Dionysos, dieu de tous les excès, ils poursuivent de leurs ardeurs les nymphes et les mortels.

Chapitre 14

Dix lieux mythiques

Dans ce chapitre :

- Batifolez dans les Champs Élysées
- et rêvez de l'Atlantide !

Tout guide touristique de l'Amérique centrale, du Japon, de la Grèce ou de l'Égypte pourra vous emmener aux endroits où, selon les mythes, les dieux ont parlé aux hommes et où les héros ont combattu des monstres. Certains endroits sont pourtant, en soi, mythiques. Certains de ces lieux existent vraiment, on les trouve sur la carte, mais ils ont atteint un statut mythique à travers les histoires que des gens racontent à leur sujet, même s'il s'agit habituellement de personnes qui ne s'y sont elles-mêmes jamais rendues. D'autres endroits ont peut-être existé par le passé, mais leur emplacement exact est oublié depuis longtemps et il n'en reste que la légende. D'autres sont entièrement fictifs, mais ont quand même une réelle existence dans le monde mythologique. Et ces endroits mythiques ne sont pas forcément tous très anciens !

L'Élysée (ou les Champs Élysées)

Avant d'être une célèbre avenue parisienne, les Champs Élysées étaient ce que les anciens Grecs avaient qui ressemblait le plus à un « paradis ». Dans les récits d'Homère, c'était un pays mystique, à la limite occidentale de la Terre, près du grand fleuve Oceanos qui entourait le monde. Le poète Hésiode les situa ensuite à l'Ouest, près du fleuve Oceanos (l'Atlantique d'aujourd'hui). Seuls les meilleurs parmi les morts y étaient accueillis. Selon Homère, les fils mortels de Zeus allaient directement dans les Champs Élysées sans avoir d'abord à mourir. Là, ils vivaient pour toujours dans un parfait bonheur. Reportez-vous aux chapitres III et IV si vous désirez en savoir plus sur la vision du monde qu'avaient les Grecs.

L'endroit où la plupart des gens allaient après la mort n'était pas trop terrifiant – pas de feu ni de diables avec des fourches, mais ils n'étaient pas non plus particulièrement drôles. Lorsque Ulysse, qui visitait le pays des morts, demanda au grand (mais mort) Achille comment il trouvait sa « vie » parmi les morts, Achille répondit : « Je préférerais être un ouvrier agricole vivant travaillant pour un pauvre homme que roi ici. » Cela valait quand même mieux que les tourments du Tartare, où les pires criminels étaient envoyés. Voir les chapitres VII et VIII pour les histoires d'Ulysse et d'Achille.

À l'époque romaine, les Champs Élysées avaient été transférés vers un lieu indéfini sous terre, mais les morts méritants s'y rendaient toujours. Selon le poète romain Virgile, ils continuaient à pratiquer le métier qu'ils avaient pratiqué de leur vivant, et continuaient d'y prendre plaisir pour toujours.

L'Arcadie

L'Arcadie est une région qui existe vraiment, au centre du Péloponnèse, une presqu'île du sud de la Grèce. Dans l'Antiquité, l'Arcadie était une région montagneuse reculée, peuplée de bergers qui gagnaient à peine leur vie, et des divinités comme Pan étaient typiques de cette région.

Pour les Romains de l'aristocratie, pourtant, la vie des gens d'Arcadie semblaient idéale, comparée au stress de la politique de la capitale. Les poètes romains, reprenant une thématique littéraire datant du IIe s. av. J.-C. par Théocrite, inventèrent une « Arcadie » mythique qui était un petit coin tranquille où des gens simples vivaient simplement en harmonie avec la nature. Le poète Virgile écrivit un recueil de poèmes, les *Bucoliques*, sur les bergers heureux avec leurs copines gambadant dans les collines arcadiennes. L'Arcadie du mythe est montagneuse mais verte, car arrosée par de multiples cours d'eau, pleine de dieux mineurs et de paysans heureux dont les vies sont simples mais satisfaisantes, qui font des fêtes pittoresques, lorsqu'ils ne somnolent pas dans les prairies pendant que leurs troupeaux paissent paisiblement ou jouent de la flûte à l'ombre des hêtres.

L'idée de l'Arcadie en tant que petit paradis bucolique a fait son chemin. Philip Sydney en parle dans un roman très populaire et un peu pornographique en 1578. Peut-être a-t-il inspiré Christopher Marlowe, qui écrivit, en 1599, un poème (non pornographique, celui-là) intitulé *The Passionate Sheperd to His Love*. Dans le film Fantasia de Walt Disney, la séquence accompagnée de la *Symphonie pastorale* de Beethoven présente une image aussi bonne que toute autre de l'Arcadie mythique. Plus récemment, Giono s'est également inspiré de cet univers symbolique.

L'Atlantide

Platon, le philosophe grec, racontait l'histoire de l'Atlantide dans un de ses dialogues, Critias. Il y expliquait qu'il exista un jour une île au-delà des colonnes d'Hercule (l'ancien nom du détroit de Gibraltar), plus grande que la Libye et l'Asie prises ensemble, et patrie d'un puissant royaume peuplé par les fils de Poséidon. L'île tout entière fut engloutie par les eaux après un séisme.

Au Moyen Âge, les Européens oublièrent une grande partie de l'érudition des Grecs, mais pas le monde arabe. Le mythe de l'Atlantide revint en Europe à travers les écrits de géographes arabes. Les Européens qui apprirent cette histoire se demandèrent alors si l'Atlantide avait peut-être été en réalité les îles Canaries, ou une région de Scandinavie, ou même les Amériques. Une théorie moderne en vogue se réfère à l'île grecque de Théra (ou Santorin aujourd'hui), qui fut presque entièrement détruite par une explosion volcanique vers 1500 av. J.-C. Aujourd'hui, seule demeure une île en forme de croissant, le centre ayant complètement disparu. Certains estiment que cette catastrophe aurait pu être une conséquence de la disparition de l'Atlantide ou, plus simplement, que le souvenir du cataclysme qui eut lieu à Théra aurait donné naissance au mythe rapporté par Platon.

Ile de Cythère

Ile grecque, célèbre pour son sanctuaire dédié à Aphrodite. Son histoire inspira le peintre Watteau pour l'un de ses tableaux, présenté au musée du Louvre.

Le *Pèlerinage à l'île de Cythère* conservé au Louvre demeure l'œuvre de Watteau probablement la plus connue. Il s'agit aussi de l'image la plus représentative du rococo et, surtout, le premier tableau à avoir été identifié comme la représentation d'une fête galante. La genèse de cette œuvre et ses développements ultérieurs nous sont connus.

Le 30 juin 1712, date à laquelle Watteau fut agréé à l'Académie de peinture et de sculpture, celle-ci demanda au peintre, comme à tous les autres membres admis à titre provisoire, de lui présenter un morceau de réception. Alors que certains sujets étaient généralement proscrits, Watteau fut autorisé à choisir le sien à sa guise. Comme d'autres artistes avant lui, Watteau prit son temps. L'Académie le rappela plusieurs fois à ses obligations jusqu'à lui fixer, le 9 janvier 1717, un ultime délai de six mois. Le 28 août 1717 (soit près de deux mois après expiration du dernier délai accordé), Watteau présenta finalement son tableau. L'œuvre fut initialement portée au registre de l'Académie sous le titre Pèlerinage à l'île de Cythère qui fut par la suite rayé et remplacé par : *Une feste galante*.

Le thème du pèlerinage à Cythère était très en vogue : cette escapade placée sous le signe de l'amour était l'un des sujets favoris des graveurs parisiens, comme Simpol ou Picart. Au début de sa carrière, Watteau explora plusieurs fois ce thème. Des pèlerins venus à Cythère figurent dans l'arabesque intitulée *L'Enjôleur* (Valenciennes, musée des Beaux-Arts). Un autre tableau de jeunesse, *L'Ile de Cythère* (Francfort, Stadelsches Museum) montre des pèlerins qui se mettent en route avec la complicité de petits amours. On s'accorde généralement à dire que cette composition représente le divertissement final des *Trois Cousines*, la pièce des frères Dancourt dans laquelle trois cousines sont incitées à partir pour Cythère. Watteau réutilisa par ailleurs quelques-uns de ces pèlerins dans ses eaux-fortes. C'est sans aucun doute pour l'une ou l'autre de ces raisons que Watteau fit du pèlerinage à Cythère le sujet de son morceau de réception.

Le choix de Watteau peut aussi être éclairé par un article du Mercure de France, publié à l'occasion de la mise en vente de la gravure de Tardieu, où l'on peut lire que le sujet de l'œuvre est « aussi galant qu'allégorique ». En 1717, Watteau était déjà connu comme peintre de fêtes galantes. Il ressentit cependant peut-être l'obligation d'élever son sujet habituel par respect pour les nobles aspirations de l'Académie. Plutôt que de s'essayer à la représentation d'un sujet purement mythologique (une dimension pas totalement étrangère à son œuvre), il demeura fidèle à sa véritable spécialité, la peinture de fêtes galantes, tout en empruntant des éléments à la mythologie antique pour satisfaire au traditionalisme de l'Académie.

Cette gravure est très connue aujourd'hui car elle est l'une des œuvres les plus importantes susceptibles d'avoir inspiré à Watteau son *Pèlerinage à l'île de Cythère*. Son répertoire de figures et de poses contient presque tous les éléments qui vont être utilisés par Watteau : le couple assis à terre, l'homme posant une main sur les genoux de sa dame, l'homme debout aidant sa compagne à se lever, la femme prêtant l'oreille à la complainte de son soupirant. La disposition des amoureux au premier plan, le *putto* qui, faisant office de passeur, maintient le bateau en place, et l'homme qui aide la femme à mettre pied à terre sur la rive lointaine constituent encore d'autres analogies avec le tableau de Watteau.

Avant même que Watteau n'ait peint son chef-d'œuvre, cette gravure eut du succès. Le sujet devait plaire, car il avait l'attrait de la nouveauté et était en outre charmant. Bien que le même thème ait fait son apparition dans un certain nombre d'estampes de l'époque, telle que celle conçue par le même artiste en 1708 pour une tabatière, aucune de ces œuvres n'est aussi élaborée ni aussi riche. Le premier état de la gravure parut probablement dans les années 1690 ou au début des années 1700, car toutes les femmes portent des fontanges, ces hautes coiffes en dentelle qui furent introduites par Mlle de Fontanges vers 1684 et furent à la mode jusque vers 1715.

Sur le plan iconographique, la composition rappelle les scènes de cour allégoriques peintes par les générations précédentes. La narration a évolué au fil du temps : la scène est présentée comme une fête galante. Dans les exemples antérieurs, comme les œuvres de Louis de Caulery et de Claude Simpol, ou même *L'Offrande à Vénus* de Titien, les figures sont représentées le plus souvent debout : elles rendent hommage à la divinité ou s'empressent de rejoindre le lieu du culte. Aucune des œuvres mentionnées n'atteint assurément cette expression de détente dégagée de tout formalisme, encore moins de proximité avec la nature, qui caractérise la composition de Picart. Cette évolution allait parvenir à complète maturité avec le *Pèlerinage à l'île de Cythère* de Watteau.

En dépit du grand succès remporté par le *Pèlerinage à l'île de Cythère* de Watteau, seuls quelques contemporains et proches disciples de l'artiste expérimentèrent ce sujet. En 1724, soit trois ans seulement après la mort de Watteau, Jacques Vigoureux-Duplessis réalisa six compositions sur le thème de l'embarquement pour Cythère destinées à être tissées à la manufacture de Beauvais. Pater et De Bar semblent avoir boudé ce sujet tandis que Lancret en peignit plusieurs variantes, tout comme Quillard.

Celui-ci a représenté des couples qui, ayant débarqué à Cythère depuis un certain temps, avaient trouvé leurs partenaires, et d'autres qui arrivaient tout juste. Watteau avait choisi, quant à lui, le moment où les pèlerins s'apprêtaient à repartir de Cythère après avoir rendu hommage à Vénus. Quillard est allé plus loin en transformant cette scène de pèlerinage en une fête galante à part entière ; sur la droite, un guitariste joue une musique douce tandis que sa compagne danse.

Bien qu'aucune des figures ne rende ici hommage à la statue de Vénus (elles tournent à vrai dire toutes le dos à la divinité), celle-ci occupe une place plus importante. Quillard a dessiné un imposant *tholos* corinthien. Les temples de ce type, souvent dédiés à Vénus, n'allaient pas tarder à se multiplier dans les jardins européens du XVIIIe siècle, permettant aux habitants des lieux de réaliser les festivités que la génération précédente s'était contentée d'imaginer sur la toile.

Delphes

Cette ville est connue par son oracle. La prêtresse chargée de l'oracle s'appelle la Pythie (Plutarque). Le jour où elle rend l'oracle, elle se purifie dans l'eau de Castalie puis descend dans une salle souterraine du temple (l'« adyton ») où elle s'installe sur un trépied placé au-dessus d'une excavation d'où sortaient des émanations enivrantes ; la Pythie mâche des feuilles de laurier et entre en extase mystique (l'« enthousiasmos »).

Les consultants de l'oracle offrent le sacrifice d'une chèvre (Plutarque), puis descendent dans une salle souterraine (l'« oikos ») voisine de l'*adyton*. Ils posent leurs questions à haute voix ou par écrit et le prêtre responsable de l'oracle transcrit (en vers) la réponse, plus ou moins incompréhensible, de la Pythie et en donne l'interprétation. L'oracle est le plus souvent ambigu, d'où le nom de « Loxias » (= oblique, équivoque) donné à Apollon pythien (Hérodote).

Chaque année des milliers de pèlerins viennent à Delphes car on peut interroger l'oracle sur des problèmes particuliers et personnels ou sur des affaires importantes (politiques ou religieuses). Il devient ainsi le guide spirituel de tout le peuple grec et son influence s'élargit bientôt à tout le monde civilisé.

Hadès : le monde souterrain

Le monde souterrain était gouverné par Hadès (Pluton). Cet empire, auquel on donne souvent le nom de son souverain était, selon *L'Iliade* et *L'Odyssée*, situé sous la surface de la Terre ; selon *L'Odyssée*, le chemin qui y mène passe par-dessus les confins de la Terre et traverse l'Océan. D'autres poètes, c'est le cas d'Homère, le font communiquer avec la Terre par des passages secrets, sortes de cavernes, mais aussi les lacs.

Le Tartare et l'Érèbe sont parfois considérés comme des sous-divisions du monde souterrain, mais d'autres poètes ne font pas de distinction. Dans ce cas, ils désignent l'ensemble du monde souterrain.

Chez Homère, c'est « un monde vague et ombreux habité par des ombres » ; quant à Virgile, le poète latin, il apporte un luxe de détail pour décrire la vie misérable de ceux qui y sont plongés.

Gardien de la porte des Enfers, Cerbère, le chien à trois têtes et à la queue de dragon, laissait entrer toutes les ombres mais ne leur permettait jamais de sortir. Dès leur arrivée, chaque ombre passait devant trois juges : Rhadamante, Eaque et Minos, ceux-ci prononçaient la sentence, envoyant les mauvais à leurs tourments éternels et les justes dans un lieu de délices appelé les Champs Élysées.

Plusieurs fleuves mythiques traversent ce monde : l'Achéron, le Cocyte, le Phlégéton, le fleuve de feu, le Styx, et enfin le Léthé, le fleuve de l'oubli.

Dans *La Divine Comédie*, Dante se souvient des textes des poètes antiques. Son Enfer reprend un grand nombre des éléments déjà mis en place par Homère et d'autres… Mais, à la différence des écrivains antiques, Dante appartient à une tradition chrétienne, c'est pourquoi son Enfer est peuplé de pêcheurs qui subissent les pires tourments. Dante est sans doute celui qui apportera le plus de soin à détailler la géographie de l'Enfer. Botticelli mettra en image l'enfer dantesque dans ses gravures.

De plus, pour Dante, la partition du monde ne se fait pas entre l'Enfer et la surface de la Terre, mais entre l'Enfer, le Purgatoire et le Paradis.

L'Olympe

Le mont Olympe est le lieu de résidence des dieux grecs.

Ce lieu mythique correspond pourtant à une situation géographique réelle : l'une des hautes montagnes de la Grèce qui impressionnait la population. L'Olympe était le foyer des dieux, d'où leur nom. Ce qu'était exactement l'Olympe n'est pas aisé à dire ; il n'est pas douteux qu'au début on le tenait pour le sommet d'une montagne et on l'identifiait, en général, avec le mont Olympe, le plus élevé de la péninsule et situé au nord-est, en Thessalie. Mais même dans *L'Iliade*, ce tout premier poème grec, cette idée fait place à celle d'un Olympe localisé dans une région mystérieuse dominant toutes les montagnes de la Terre. Un passage de *L'Iliade* nous montre Zeus s'adressant aux dieux du « pic le plus élevé parmi les nombreux sommets de l'Olympe ». Il s'agit donc clairement d'une région montagneuse. Mais, quelques lignes plus loin, il déclare qu'il pourrait, s'il le voulait, suspendre le Ciel et la Terre au pinacle de l'Olympe et il devient tout aussi clair qu'il ne s'agit donc plus là d'une montagne. Toutefois, il n'est pas question des cieux et Homère fait dire à Poséidon qu'il gouverne la mer tandis qu'Hadès règne sur les morts et Zeus sur les cieux, mais que l'Olympe leur est commun à tous les trois.

Troie

Capitale de la Troade, territoire situé à l'entrée de l'Hellespont, sur la côte d'Asie Mineure, Troie est célébrée par Homère tout au long de *L'Iliade*. Son origine légendaire est diversement contée. Cependant, la tradition la plus connue veut que la ville ait été fondée par Ilos, fils de Tros, et qu'elle ait pris, en l'honneur de ces deux héros, le nom d'Ilion, puis celui de Troie. Le dernier roi de la ville fut Priam, fils de Laomédon. C'est sous son règne que les Grecs assiégèrent la ville pendant dix ans, l'incendièrent et la pillèrent jusqu'à la destruction totale.

À partir du XIXe siècle, les savants et les archéologues ont entrepris des fouilles sur la colline d'Hissarlik pour tenter la réalité historique de l'existence de Troie. On a ainsi trouvé les restes superposés de neuf villes, et, à la couche VII A, correspondait la cité de Priam, où l'on pouvait relever des traces d'incendie. Aussi, on ne conteste plus de nos jours qu'il ne se soit produit, vers la fin du XIIIe siècle avant Jésus-Christ, un conflit entre des envahisseurs grecs et les indigènes du pays de Troade. La ville aurait finalement été détruite par un tremblement de terre.

Cette ville désormais mythique fut le théâtre sanglant de la guerre de Troie. Relatée par *L'Iliade* et *L'Odyssée*, elle fut le théâtre de l'affrontement des deux cités les plus puissantes de l'époque, Sparte et Troie. À son origine, il y eut l'enlèvement d'Hélène, épouse du roi de Sparte, Ménélas, par le prince troyen Pâris, aidé par Aphrodite. Les Achéens, pour laver l'outrage, assiégèrent la cité de Priam. Les plus célèbres des chefs grecs, sous le commandement d'Agamemnon, roi de Mycènes, étaient Achille, Ménélas, les deux Ajax, Ulysse, Isomédée, Diomède, Nestor, Palamède, Patrocle, Philoctète, Teucer. Du côté des Troyens, le plus vaillant guerrier était Hector, fils de Priam.

Au terme d'un siège de dix ans, les Grecs s'emparèrent de la ville grâce au stratagème du « cheval de Troie »… cette gigantesque construction de bois offerte à la ville cachait en fait les guerriers qui, une fois introduits dans l'enceinte de la ville, ouvrirent les portes à leurs compagnons. Le drame fut consommé lorsque la ville fut réduite en cendres, les hommes massacrés, les femmes réduites en esclavage.

Le caractère historique véridique de la légende de Troie, jamais remise en question dans l'Antiquité, fut longuement discuté depuis. Les recherches ont établi l'existence d'une ville préhistorique remontant au néolithique… Située au carrefour de l'Europe et de l'Asie, cette ville fut plusieurs fois détruite et reconstruite.

Les fouilles entreprises par l'archéologue allemand Schliemann ont attesté l'existence de neuf couches successives, soit neuf villes successives, appelées Troie I, Troie II, Troie III…

Chapitre 15

Dix histoires d'amour

Dans ce chapitre :

- Cupidon et Psyché
- Pyrame et Thisbé
- Orphée et Eurydice
- Céyx et Alcyoné
- Pygmalion et Galatée
- Philémon et Baucis
- Endymion
- Daphné
- Alphée et Aréthuse

Cupidon et Psyché

Cette histoire est contée par Apulée, un auteur latin du IIe siècle de notre ère.

Il était une fois un roi, père de trois ravissantes filles. La plus jeune, Psyché, enfonçait les deux autres par son éclat et sa classe naturelle (en bref, c'était un canon). La renommée de sa beauté fit le tour du monde, tous les hommes cherchaient à la rencontrer pour admirer une beauté si exceptionnelle. Ils allaient jusqu'à dire que Vénus, la déesse, ne pouvait rivaliser avec cette mortelle. Les temples de la déesse étaient délaissés, tous les honneurs qui lui étaient dus allant aujourd'hui à une simple mortelle…

La déesse, on s'en doute, ne pouvait supporter cet affront. Elle en appela à l'aide de son fils, Cupidon, dont les flèches font tomber amoureux les plus récalcitrants. Elle lui demanda que cette petite effrontée tombât amoureuse de la plus affreuse des créatures… Lorsqu'il la vit, il ne put mettre ce sinistre projet à exécution, comme s'il était lui-même transpercé par l'une de ses flèches. Fou d'amour, il cacha ses sentiments à sa mère et décida d'épargner la jeune fille.

Étrangement, Psyché ne tomba amoureuse d'aucun homme et aucun homme ne s'éprit d'elle. Ils se contentaient de la contempler, de loin, comme si elle était inaccessible. Cela causait beaucoup de souci à ses parents. Son père alla rendre visite à Apollon pour implorer un mari pour sa fille. Or, Vénus avait sommé Apollon de punir la jeune femme. La réponse d'Apollon fut terrible : il décréta que la jeune fille devait aller sur le sommet d'une colline et y rester seule jusqu'à ce qu'un serpent ailé et terrifiant ne vienne à elle pour en faire sa femme.

Courageuse, elle fit ce qui lui avait été demandé. Là, tandis qu'elle pleurait, un léger souffle parvint jusqu'à elle, Zéphyr, le plus doux des vents, qui la souleva et l'emporta jusqu'à une prairie luxuriante et calme (un nouvel Eden). Rassurée et en paix, elle s'endormit. En se réveillant, elle était près d'une rivière au bord de laquelle s'élevait un château imposant et magnifique. Elle s'approcha et, ne voyant personne, hésita sur le seuil. Là, ces mots lui parvinrent : « Entre, n'aie pas peur, la maison est à toi… » elle entra, prit un bain et goûta les mets les plus raffinés qu'elle ait jamais goûté. Seule toute la journée, elle était persuadée que son mari viendrait à la tombée de la nuit. Et il en fut ainsi. Quand elle le sentit près d'elle et qu'elle entendit sa voix, il oublia toute crainte. Sans le voir, elle savait que ce n'était pas un monstre, mais le mari qu'elle avait toujours attendu et désiré.

Un jour, gravement, il l'avertit d'un grand danger. Si l'une de ses sœurs l'aperçoit, il se passera quelque chose de terrible… Mais, ne pouvant se contenter de cette présence invisible, elle mourait d'envie de revoir ses sœurs. Alors, Zéphyr conduisit ses sœurs jusqu'au château où leurs retrouvailles furent émouvantes. Psyché ne dit rien sur son mari ; mais, dévorées par la jalousie, ses sœurs voulaient en savoir plus… c'est pourquoi elles complotèrent dans le dos de leur sœur.

Son époux tenta de l'alerter en l'implorant de ne pas revoir ses sœurs, mais elle n'en fit qu'à sa tête. De retour au château, les sœurs mirent en œuvre leur terrible plan… Se doutant que Psyché ne savait pas qui était son mari, elles lui firent comprendre que cet homme mystérieux était en fait le serpent qui attendait son heure pour la dévorer et la conduire à sa perte.

Psyché, affolée, décida d'en avoir le cœur net la nuit venue. Elle prépara un couteau et, une fois que son mari serait endormi, elle allumerait la lumière et lui planterait le couteau dans le corps.

La nuit venue, tandis qu'il dormait, elle alluma la lampe et eut sa réponse : non, ce n'était pas un serpent, mais la plus belle des créatures. Éveillé, le bel inconnu s'enfuit, dépité d'avoir été trahi de la sorte. Elle tenta de le rattraper, mais en vain… Ses derniers mots furent ceux-ci : L'amour ne peut pas vivre sans confiance, adieu… Elle comprit alors que son mari était le dieu de l'Amour, en personne…

Par tous les moyens elle essaya de le retrouver, implora Vénus, sa mère… Mais celle-ci ne pouvait accepter le choix de son fils… Pour la punir, elle lui fit trier un tas de graines. En lui imposant un travail aussi dur, en l'empêchant de manger et de dormir, elle espérait détruire sa beauté. Pendant ce temps, elle veillait à éloigner d'elle son fils, coûte que coûte… mais celui-ci la retrouva, car à l'amour rien n'est impossible, et lui assura que, désormais, rien ne pourrait plus les séparer… Ils se marièrent et, grâce à Jupiter, la mortelle devint déesse. Désormais, Vénus ne pouvait plus s'opposer à leur amour. Tout se termina le plus heureusement du monde. L'Amour et l'Âme (Psyché) s'étaient enfin trouvés, plus rien ne briserait cette union…

Pyrame et Thisbé

On retrouve cette belle histoire d'adolescents amoureux chez Ovide. L'histoire se passe à Babylone. Ces deux jeunes gens, presque des enfants, se connaissaient depuis presque toujours, ils étaient voisins. Ils voulaient se marier, mais leurs parents ne l'entendaient pas de cette oreille. Pour échapper à la vigilance de leur famille, ils s'envoyaient des mots doux par les lézardes dans le mur. Un jour, ils décidèrent de s'enfuir ensemble. Mais, alors que Thisbé attendait Pyrame dans un bois, elle fut attaquée par une lionne. Elle parvint à s'échapper mais laissa, dans sa course, son voile. Pyrame, voyant les traces de sang, crut que sa bien-aimée était morte. Fou de douleur, il se transperça le corps. Thisbé, qui ne voulait pas rater son amoureux, revint sur les lieux et découvrit son fiancé, baignant dans son sang. Il mourut dans ses bras. Comprenant qu'il s'était tué car il la croyait morte, elle prit l'épée et se transperça le corps à son tour, afin de rejoindre son amour dans l'au-delà.

Orphée et Eurydice

Orphée était l'un des musiciens les plus doués, il tenait de sa mère, une Muse, le don de la musique. Lorsqu'il rencontra Eurydice, le coup de foudre fut immédiat. Aucune femme ne pouvait résister à sa lyre… Ils se marièrent, mais leur bonheur fut bref. La noce à peine achevée, elle se promenait dans une prairie lorsqu'elle fut mordue par une vipère. La douleur d'Orphée fut immense. Il décida d'aller lui-même dans le royaume des morts pour tenter d'en arracher Eurydice. Il osa ce qu'aucun homme n'avait jamais osé faire, il entreprit le périlleux voyage dans le monde souterrain, persuadé qu'avec son chant il charmerait le gardien des Enfers. Le chien Cerbère relâcha en effet sa garde et rendit Eurydice à Orphée ; mais à une condition : ne pas se retourner pour la regarder avant d'avoir atteint le monde des vivants. L'un derrière l'autre, ils passèrent les portes d'Hadès, il savait qu'elle le suivait, mais il mourait d'envie de se retourner pour jeter un coup d'œil. Finalement, il se retourna… trop tôt… Puni par sa curiosité, elle disparut à jamais. Il tenta désespérément de la suivre, mais les dieux ne lui permirent pas de pénétrer une nouvelle fois dans le monde souterrain. Désespéré, il remonta seul.

Céyx et Alcyoné

Céyx, un roi de Thessalie, était le fils de Lucifer. Sa femme était la fille d'Éole, dieu des Vents. Ils avaient l'un pour l'autre un tendre attachement et, s'ils devaient se séparer, c'était toujours à regret… Pourtant, un jour, Céyx décida de quitter sa bien-aimée pour un long voyage à travers les mers ; plusieurs affaires lui causaient du souci et il voulait consulter l'oracle. Quand elle apprit son projet, elle fut accablée de crainte et de chagrin. Finalement, elle céda et le laissa partir.

Une nuit, il y eut une terrible tempête qui engloutit le bateau. Pendant ce temps, Alcyoné l'attendait patiemment. Dans son sommeil, elle eut un jour l'intime conviction que son mari était mort. Le matin, elle se rendit sur la falaise en face de la mer et aperçut au loin quelque chose qui flottait. Peu à peu, elle comprit que c'était un corps, celui de son mari, mort. Elle voulut se jeter à l'eau pour le rejoindre, alors elle s'envola, transformée en oiseau. Lui aussi, à ce moment-là, se transforma en un oiseau au-dessus des flots. Depuis, on les voit toujours ensemble, voguant sur les vagues.

Pygmalion et Galatée

À Chypre, un jeune sculpteur de talent, Pygmalion, était misogyne. Il avait décidé de ne jamais se marier. Pourtant, il voulait consacrer toute son énergie à réaliser une statue parfaite, qui se trouva être une statue de femme…

Mais il n'était jamais satisfait, malgré le temps considérable qu'il y consacrait chaque jour. Quand elle fut parfaite, qu'il n'y eut rien de plus à ajouter, quelque chose d'étrange se produisit. Il en tomba éperdument amoureux. Dès ce moment, le sexe qu'il avait méprisé prit sa revanche… Jamais amoureux ne fut aussi désespéré que le malheureux Pygmalion. Il essayait de la prendre dans ses bras, mais elle restait aussi froide que le marbre (et pour cause !). Il l'habillait de vêtements somptueux, la comblait de cadeaux… mais il cessa de jouer à la poupée, conscient qu'il ne ferait pas d'elle une vraie femme.

Cette passion si singulière attira l'attention de la déesse Vénus qui décida d'aimer un amoureux si singulier. À l'occasion de la fête de Vénus, Pygmalion lui demanda de lui faire rencontrer une jeune femme semblable à sa statue. De retour chez lui, une surprise l'attendait : elle était là, sur son socle, plus belle que jamais, en chair et en os. N'en croyant pas ses yeux, il prit son pouls, elle était bel et bien vivante ! Il comprit que c'était l'œuvre de la déesse. Fou de joie, il la prit dans ses bras et la couvrit de baisers enflammés.

Philémon et Baucis

Parfois, il arrivait que Jupiter descende sur terre pour se distraire, déguisé en simple mortel. Pour ses aventures, son compagnon favori était Mercure, le plus salace et le plus amusant des dieux. Les deux dieux prirent la forme de vagabonds pour tester l'hospitalité des habitants. Or, personne ne voulut les recevoir, ils étaient chassés de partout. Ils arrivèrent enfin devant une cabane toute simple. Pour la première fois, on les invita à entrer avec une extrême politesse. Un vieil homme et sa femme les accueillirent, Philémon et Baucis. Ils s'aperçurent que les vagabonds étaient des dieux, car les coupes dans lesquelles ils leur apportaient à manger restaient toujours pleines. Pour les remercier de leur gentillesse et de leur hospitalité à leur égard, les dieux transformèrent la modeste cabane en palais. Les dieux leur proposèrent alors de faire un vœu, ils demandèrent à toujours rester ensemble, jusque dans la mort…

Daphné

Selon Ovide, Daphné était une jeune chasseresse. Elle fut, dit-on, le premier amour d'Apollon, et refusait tout amant mortel. Son père, Pénée, était déçu de la voir repousser tous les prétendants possibles. Mais un jour, Apollon l'aperçut. Elle chassait, sa jupe courte remontait au-dessus du genou, ses bras étaient nus et ses cheveux en désordre. Face à cette beauté enchanteresse, Apollon tomba sous le charme. Il la poursuivit, mais elle tenta de lui échapper, repoussant ses ardeurs. Effrayée, elle appela son père à son secours. Alors qu'elle courait toujours, elle sentit ses pieds s'enraciner dans le sol, elle était transformée en laurier.

Alphée et Aréthuse

Dans l'île d'Ortygie, près de Syracuse, une jeune chasseresse s'appelait Aréthuse. Elle avait une aversion profonde pour les hommes et aimait avec passion la chasse et la liberté. Un jour, elle s'arrêta près d'un ruisseau et prit un bain, nue. Alors qu'elle se baignait tranquillement, elle entendit une voix. Effrayée, elle sauta sur la berge. L'inconnu qui lui parlait était le dieu de la rivière, Alphée, et il ne voulait que lui manifester son amour. Mais elle ne voulait rien entendre, elle ne pensait qu'à lui échapper. Épuisée, Aréthuse implora Artémis de l'aider, elle la changea en fontaine. Mais elle ne put se libérer d'Alphée ; reprenant sa forme de fleuve, il la poursuivit.

Chapitre 16

Dix mythes chez Platon

Dans ce chapitre :

- Le mythe de la caverne
- Le mythe de l'androgynie primitive

La Grèce, berceau de la philosophie et de la raison (*logos*), a fermement opposé la raison au récit, à la fiction, *mythos*. Les mythes étaient tenus pour une affabulation, un mensonge, un délassement de l'esprit, ou, dans le meilleur des cas, une hypothèse non vérifiée, une croyance religieuse. De ce fait, en tant que philosophe, Platon aurait dû opter pour le camp de la rationalité et rejeter d'un revers de main les mythes comme moyen d'expression.

Or, les choses sont plus compliquées. En effet, Platon a créé les mythes les plus magnifiques et les plus célèbres de la culture grecque. Les dialogues de Platon en contiennent seize ; il n'y a pas un dialogue qui soit exempt d'un mythe ! Et, si ceux-ci sont très célèbres, il faut ajouter qu'ils ne jouent pas seulement un rôle accessoire : ils éclairent l'ensemble de l'œuvre du philosophe grec.

De plus, Platon ne se contente pas de reprendre des mythes existants, il les adapte au gré de sa fantaisie, voire crée un genre nouveau de mythes. Le mythe platonicien, même s'il s'en inspire souvent, ne se confond pas avec les récits de la mythologie grecque, ni avec les histoires légendaires telles qu'ont pu les raconter Homère, Hésiode, les Tragiques et les poètes orphiques.

Face à ce paradoxe, on ne peut que s'interroger… Comment trancher ce dilemme : la raison ou le mythe ? Comment comprendre que Platon, qui accorde tant de prix à la vérité, le but de la philosophie, nourrisse autant son œuvre de récits mythiques ?

Quelle est la signification du mythe chez Platon ?

- le mythe est un récit fictif, une histoire avec des personnages. Sa forme narrative le rapproche de la fable, de la parabole, de l'allégorie.

- le mythe rompt avec la démonstration dialectique, en interrompant le discours conceptuel (forme classique de l'exposition d'une thèse scientifique). C'est un discours, imagé, narratif et suggestif, qui fait travailler l'imagination et non le raisonnement.
- le mythe ne prétend pas chercher le vrai mais expose une thèse raisonnable, plausible.
- le mythe ne vise pas la vérité mais fait sens. Il est porteur d'un message caché, secret. Il y a donc de multiples niveaux de lecture.
- le mythe a une intention pédagogique. Il aide à la réflexion et à la compréhension. Un peu comme les fables de La Fontaine, c'est un stimulant moral, voire un ferment spirituel.

Quoi qu'il en soit, le genre reste indéfinissable, et ses frontières floues. Le mythe évoque et suggère, propose à l'imagination plus qu'il ne parle à notre intelligence, donne une explication plus divertissante, sympa, suggestive, pédagogique.

Donc, s'il peut sembler étonnant de faire référence au philosophe Platon dans un livre consacré à la mythologie grecque et romaine, on ne peut nier l'apport de Platon à la mythologie grecque. Inspiré par les traditions orphiques, pythagoriciennes et homériques, il fait pourtant preuve d'originalité et invente sa propre géographie du monde souterrain. Et, si ses mythes ont souvent une portée morale, ils n'en sont pas moins fascinants que les récits d'Homère et d'Ovide…

De plus, loin de servir dans un but purement illustratif ou décoratif, ces mythes ont une véritable valeur philosophique. Ils ne sont pas seulement là à titre illustratif, pour faire joli, ou pour distraire le lecteur entre deux démonstrations philosophiques… À l'inverse d'Ovide ou de Virgile, pour Platon, un mythe a une valeur de vérité…

Pour s'y reconnaître dans tous ces mythes, aussi saugrenus les uns que les autres, les commentateurs ont pris l'habitude de dresser une classification :

- les mythes généalogiques : ils font le récit de la naissance du monde et des hommes.
- les mythes eschatologiques : ils évoquent la destinée des hommes (voir les trois mythes du *Gorgias*, du *Phédon*, et du livre X de la *République*).
- les inclassables : comme le mythe de la caverne.

Épiméthée et Prométhée : Protagoras (320c-322d)

Le contexte

Ce dialogue de jeunesse se situe dans la maison de Callias, où Socrate raconte avoir rencontré le célèbre sophiste Protagoras. Le dialogue tourne autour de la joute oratoire (très musclée) entre le philosophe et le sophiste. Ils évoquent notamment la question du sens de la sophistique. Pour répondre à cette épineuse question, Protagoras propose de répondre par un mythe, plus agréable…

Le récit

La scène se passe au moment de la création des espèces et des hommes. Les deux frères, Épiméthée et Prométhée, sont chargés de la répartition des qualités et des talents entre les espèces. L'un fera la distribution des dons, l'autre contrôlera son travail. Eh oui, même chez les dieux, pas question de faire confiance à son frère dans le cadre du boulot…

Épiméthée se met au travail, aussi scrupuleusement que possible. Son travail doit répondre à une double exigence : l'équité et l'harmonie. Il ne faut léser personne et répartir justement les talents. Par exemple, le plus faible sera aussi le plus rapide, le petit animal sera capable de voler dans les airs, l'un aura des poils… Mais quand toutes les espèces furent servies et qu'il ne restait plus rien à distribuer, Prométhée prit conscience de sa gaffe : il avait oublié l'homme. Oups !!! Quand Prométhée s'en aperçoit, c'est la panique, il faut vite réparer cette erreur. Pour rattraper le coup, il est prêt à tout, même à trahir les dieux, en dérobant le feu à Héphaïstos et l'habileté technique à Athéna. Grâce à ces savoir-faire, l'homme nouveau est né, il égale les dieux par ses capacités d'invention. Mais il manque encore une chose pour que la civilisation existe, l'art politique, sans lequel les hommes, incapables de s'entendre, sont amenés à se détruire, à s'entre-tuer. Devant de tels risques, Zeus, inquiet, prie Hermès d'offrir aux hommes la justice et la pudeur… Effectivement, sans pudeur, la vie sociale serait un véritable lupanar…

Le mythe de la caverne

Ce récit célèbre apparaît au livre VII de la *République*. Platon y relate un bien étrange récit, qui se veut un portrait en creux de la condition humaine.

L'histoire y est décrite étape par étape :

1) un descriptif de la caverne. Dans un espace fermé et éclairé par un feu, des prisonniers, enchaînés depuis leur enfance, le corps et la tête immobilisés, regardent défiler, sur la paroi de la grotte, des ombres et perçoivent des échos de voix. Ce monde carcéral, c'est notre monde, le « monde sensible » dans les termes du philosophe, un univers fait de faux-semblants, d'illusions, d'apparences. Nous nous pensons libres, alors que nous sommes prisonniers de nos illusions ; mais, comme nous ne savons pas qu'il existe un autre monde, nous nous satisfaisons de notre condition, aussi médiocre soit-elle. Notre condition est équivalente à celle de prisonniers vivant au fond d'une caverne, le regard tourné vers la paroi qui leur fait face. Enchaînés depuis l'enfance, ils n'ont jamais vu autre chose que l'ombre des figurines qu'agitent derrière eux des montreurs de marionnettes. Mais, pour ces hommes, ce simulacre de réalité est confortable : ils ne connaissent que ça, sont habitués à accepter les choses telles qu'elles sont sans chercher à savoir s'il y a autre chose derrière ces ombres et ces échos de voix. En proie au conditionnement, voire à l'intoxication mentale, ils sont doublement enchaînés : prisonniers et ignorants. Qui est plus esclave que l'esclave ? L'esclave qui se croit libre.

2) l'arrachement hors de la caverne : la conversion. À partir ce cet état initial, Platon émet l'hypothèse d'un philosophe qui viendrait délivrer les prisonniers pour les amener à la lumière. Ce mystérieux inconnu s'introduit dans la caverne pour libérer l'un d'entre eux, et le forcer à se tourner vers le soleil. Or, la sortie de la caverne est un véritable arrachement : cela demande des efforts considérables. Cette conversion est douloureuse car elle implique un renoncement à ce monde. Au début, le prisonnier se rebelle, refuse de faire ces efforts douloureux, mais ce personnage mystérieux le force à continuer. Comme tout apprentissage, cette étape est contraignante. Mais la connaissance est libération, le savoir rend les hommes libres.

D'abord ébloui et incapable de reconnaître les objets dont il voyait le reflet dans la caverne, celui-ci apprendrait peu à peu à distinguer les formes. Or, si l'on détache un des prisonniers et qu'on le force à sortir de la caverne pour parvenir à la lumière du jour, il s'apercevra que les images qu'il tenait jusque-là pour la seule réalité ne sont que les ombres de figurines, mais aussi que les figurines elles-mêmes ne sont que les reproductions des objets qu'il peut alors contempler directement, à la lumière du jour. Il comprend alors que c'est le soleil qui gouverne tout dans le monde visible et qui permet à l'homme de voir les objets situés à l'extérieur de la caverne.

3) l'ascension (vers la vérité). Après avoir quitté la caverne, il suit un sentier escarpé qui mène vers le soleil. Cette ascension est lente et difficile car il faut se défaire de ses illusions, de ses habitudes. Alors seulement, il connaîtra la vérité, atteindra la sagesse, le savoir… Au final, il parviendra à contempler le Soleil, synonyme de la Vérité, une fois qu'il aura accédé à l'air libre.

4) la redescente. Arrivé au sommet de son effort personnel, il ne peut y séjourner tranquillement. Après avoir approché de la vérité, il est obligé d'y renoncer. Les autres, dans la caverne, vivent encore dans le mensonge et l'ignorance. Et, comme s'il n'avait pas le droit de conserver pour lui seul cette sagesse, le nouveau philosophe redescend dans la caverne. De retour, il est mal accueilli : ricanements, menaces, sarcasmes sont au programme. Les autres se liguent contre lui et le persécutent. Mais le philosophe ne peut échapper à son destin : il doit transmettre la connaissance aux autres, faire partager son message de savoir.

Mais, s'il redescend dans la caverne d'où il a été sorti, il sera aveuglé par l'obscurité, comme il l'avait été par la lumière lors de sa sortie de la caverne. Perdu au milieu des ombres, il sera incapable de se réadapter à cet environnement. Et, s'il raconte à ses compagnons qui vivent dans la caverne ce qu'il a vu, ceux-ci refuseront de le croire. Son récit ne lui vaudra que des embrouilles…

L'explication

Platon fait le portrait d'un théâtre d'ombres où ce que nous croyons être réel n'est que le reflet d'une réalité supérieure… Ainsi, dans cette machinerie complexe, plusieurs niveaux sont imbriqués :

1) la scène inférieure sur laquelle jouent les ombres des marionnettes et où résonne l'écho des paroles venant de l'extérieur. Les hommes sont des spectateurs envoûtés, fascinés par le spectacle d'ombres auxquels ils assistent.

2) le théâtre intermédiaire des marionnettes dont les prisonniers enchaînés ignorent l'existence.

3) le théâtre supérieur, le réel. Le prisonnier n'y aura accès qu'une fois libéré de ses chaînes.

La signification

Tant qu'ils ne sont pas éduqués, les hommes se fient à tort aux chimères que leur renvoient leurs sens. La caverne représente le monde sensible, monde des apparences changeantes et trompeuses, à l'opposé du monde intelligible des choses vraies. Derrière la figure du prisonnier qui se libère de ses chaînes, et parvient à libérer son âme vers la contemplation des objets réels, il faut voir la figure du philosophe. Le philosophe, étranger parmi les hommes, est incompris et mis à mort… alors que son apprentissage de la connaissance lui a permis de voir la lumière…

Que retenir de cette histoire… L'idée que l'ensemble des Grecs était imprégné de culture mythologique… Que l'homme est un pantin manipulé par une force supérieure qui se joue de lui… un peu comme dans la téléréalité où les candidats ignorent qu'ils ne font que jouer un scénario écrit d'avance et sur lequel ils n'ont pas de prise !

Le mythe de Gorgias

Le contexte

À la fin de son entretien, assez musclé, avec Gorgias, Platon finit par une « très belle histoire » qui vient clore le dialogue et parachever la démonstration du philosophe. En effet, pendant l'ensemble du texte, Socrate s'est employé à démontrer une thèse paradoxale : **il vaut mieux subir le mal que le commettre**, car celui qui fait le mal se fait du mal ; ce qu'il fait n'est bon ni pour lui, ni pour les autres ; alors que celui qui subit le mal des autres sans le commettre est un juste, un homme bien ! Les interlocuteurs de Socrate : Gorgias, Calliclès, refusent farouchement cette thèse. La meilleure des choses, selon eux, serait plutôt de pouvoir faire tout ce qui nous plaît, y compris les pires crimes, en étant certains de ne jamais être pris ! Ce serait le pied…

Avec ce récit, l'atmosphère n'est plus alors au conflit et la joute verbale laisse place au monologue : la mort, en soi, n'a rien d'effrayant, sauf pour les criminels qui peuvent s'attendre au pire.

Socrate parle lui-même de « belle histoire », de « fable », pour évoquer ce passage. Platon aménage un récit d'Homère (*L'Iliade XV*, 187) mais le prolonge et l'enrichit. En effet, l'idée d'une justice divine, dans l'au-delà, est propre à Platon.

Le récit

Nous sommes au temps de Cronos. Trois dieux se partagent l'univers : Zeus règne dans les cieux ; Poséidon sur les eaux ; Pluton à l'intérieur de la terre. Une loi gouvernait alors la destinées des âmes après la mort : les justes connaissaient la félicité parfaite dans les îles des Bienheureux ; les mauvais finissaient dans le Tartare. Cette loi étant trop rudimentaire, et les jugements souvent manichéens, Zeus prit trois mesures clés :

- ôter aux hommes la prescience de leur mort. Ignorer l'heure de sa mort, c'est se tenir prêt en permanence pour l'instant fatidique. La connaître fausserait l'appréciation du juge.
- dépouiller les âmes de leur enveloppe corporelle : car elle peut faire illusion et influencer le jugement. C'est nue, dans sa vérité dépouillée des apparences mensongères, que l'âme se présentera devant ses juges, sans pompe ni assistance.
- doter les juges de qualité, soumis à un contrôle pour une plus grande impartialité.

Ainsi, nulle âme n'échappera à sa sentence, délivrée par le tribunal suprême. Seront jugés sans distinction de rang les plus humbles, les rois, les hommes politiques, les puissants, les corrompus… Les hommes seront jugés non sur ce qu'ils étaient au moment de leur mort, mais sur ce qu'ils ont été durant leur vie. C'est la personne, mise à nu, qui est appréciée. Impartialité, neutralité, absence de parti pris sont désormais de rigueur. Les juges seront eux-mêmes guidés par un souci d'équité. Tout est mis en place pour que, dans l'au-delà comme ici bas, règne une justice de qualité.

L'explication

Dans ce mythe, Platon reprend à son compte les codes des descentes orphiques au cœur du monde souterrain. Il se réfère même explicitement à Homère. Il évoque le jugement des âmes par les trois fils de Zeus, Minos, Éaque et Rhadamanthe ; leur tribunal se situe au carrefour de deux routes, l'une qui mène à l'île des Bienheureux, l'autre au Tartare… Ce sont ces trois juges qui décident de la destinée des âmes après leur mort…

En effet, alors que, sur terre, les criminels peuvent masquer leurs méfaits et faire illusion… la Justice céleste ne se trompe jamais sur la qualité des âmes. En effet, les âmes se présentent à nu devant les juges… elles ne peuvent donc pas se dissimuler derrière des appâts de l'argent, le pouvoir… Ainsi, les tyrans, impunis sur terre, seront à coup sûr punis par les juges célestes… Ainsi, si les criminels peuvent corrompre les juges terrestres, imparfaits, parfois faibles, ils ne peuvent corrompre les juges divins !

Le Phédon

Socrate, qui vit ses derniers instants avant de mourir, se livre ici à une méditation sur la mort et la destinée des âmes et leur voyage au royaume d'Hadès. Ce texte se présente sous la forme d'un long monologue qui laisse une large place aux croyances traditionnelles. Ainsi, les figures du Tartare, des Champs Élysées évoquées dans ce voyage de l'âme existent déjà chez Homère. Ce récit se compose de deux parties :

- un mythe géographique qui présente une topologie structurée de la Terre, du Tartare. Le texte du *Phédon* (107d – 115a) reprend et développe la typographie du monde souterrain déjà brièvement évoquée dans le *Gorgias*.
- un mythe eschatologique concernant le jugement des âmes dont la portée véritable est d'exposer, grâce au mythe, une théorie de la justice innovante, une justice à la fois distributive et réparatrice.

La première partie qui évoque la géographie du monde permet d'expliquer le cheminement des âmes après la mort. La partie eschatologique s'inscrit dans le fil du récit du *Gorgias*, comme si Platon poursuivait un récit entamé et interrompu. Que deviennent les âmes après leur jugement ?

Elles sont réparties en fonction de leur vie passée en plusieurs catégories :

a. les âmes pures : les philosophes. Ceux-ci seront à jamais débarrassés de leur corps et vivront une âme désincarnée dans les régions supérieures du Paradis.

b. les grands criminels, jugés incurables, qui sont jugés dans le Tartare sans rédemption possible.

c. les criminels qui ont commis des fautes graves mais aux circonstances atténuantes (actes commis sous le coup de la colère, de l'ivresse, de la passion ou qui ont exprimé leurs regrets sincères…). Ceux-ci seront soumis aux tortures du Tartare, mais pour un laps de temps limité. Une fois ce temps accompli, ils devront demander leur indulgence à leurs victimes et obtenir leur pardon, ce qui permet de parler de justice réparatrice et pas seulement distributive. Le coupable doit réparer sa faute auprès de sa victime, en implorant son pardon. L'affaire se règle entre les deux parties, sans intervention d'un juge extérieur. Ainsi conçue, la peine a pour objectif avoué d'amender le coupable, de lui faire prendre conscience du mal qu'il a fait dans une sorte de face-à-face de l'âme avec elle-même. Puis, après cette phase essentielle de purification, ils connaîtront le cycle des multiples réincarnations.

d. pour la majorité des hommes, ni anges, ni bêtes, aucun châtiment n'est prévu, mais une purification leur sera demandée, dans un lieu qui n'est pas nommé, mais qui ressemble fort à un Purgatoire, un au-delà intermédiaire.

Donc, selon cette conception originale de la justice, chacun obtient la sanction qu'il mérite : la justice est personnalisée et proportionnée aux crimes et délits commis. La peine correspond au délit, la récompense aux bienfaits, loin de tout manichéisme binaire et rigide. Les hommes ne sont pas bons ou mauvais, il existe de multiples cas de figure et autant de lieux intermédiaires entre le paradis et l'enfer. Ici, pas de dualisme, chaque cas est traité individuellement. Il y a donc une hiérarchie qualitative des âmes, du plus vertueux au plus crapuleux. La leçon finale de Platon entérine le principe du classement des âmes en fonction de leur style de vie. Ainsi, il espère convaincre par le mythe ce qu'il n'a pas réussi à faire accepter à ses interlocuteurs au cours de leurs discussions philosophiques. En bref, Platon met en place une sorte de hiérarchie des âmes : celles qui ont des bons points mènent une vie de délices, quant aux autres, elles vivront les pires tourments et souffrances ! Cette classification est particulièrement subtile : les criminels qui ont agi sous le poids de la colère sont moins atteints que ceux qui ont agi par préméditation. Pour un peu, on retrouverait ici certains principes de notre justice humaine !

L'inspiration orphique de ce mythe est claire : il prend modèle sur l'histoire d'Orphée descendu aux Enfers pour sauver Eurydice sous la direction d'Hermès. Ce thème de l'immortalité de l'âme et des sanctions d'outre-tombe sera de nouveau évoqué dans les *Lois* VII où Platon affirme qu'il faut croire à l'immortalité de l'âme. Mais, s'il reprend sans le modifier le schéma des deux routes, il invente une géographie originale. Comme dans le mythe de la caverne, le tableau s'anime parce que chacun des quatre fleuves décrits ici charrie les âmes des défunts. Ainsi, il modifie en grande partie la vision d'Homère. Celles dont la vie fut moyenne s'embarquent sur l'Achéron et vont résider près du lac Achérousias où elles recevront leur lot de peines et de récompenses. Quant aux âmes des pêcheurs incurables, coupables de sacrilèges et de meurtres, elles seront précipitées pour l'éternité dans le Tartare d'où elles ne pourront jamais s'échapper. Les âmes criminelles et violentes, mais qui ne sont pas incurables, sont précipitées dans le Tartare, d'où elles sortiront une fois leurs crimes expiés. Enfin, les âmes pieuses couleront des jours heureux. Parmi ces âmes pieuses, celles qui ont pratiqué la philosophie connaîtront un sort particulier, au milieu des astres…

La République : le mythe d'Er le Pamphylien

Ce récit est situé au terme d'un très long dialogue mais qui n'a jamais perdu son fil directeur : la justice. Reste à montrer, dans un ultime débat, que la vertu et la malice ne reçoivent leur sanction que dans la vie future. Pour donner à son discours une portée quasi-divine, il fait appel au récit d'Er le Pamphylien, dont l'âme, dit-on, est revenue sur terre après avoir séjourné au royaume des morts. Sa révélation apporte un complément aux mythes de *Gorgias* et *Phédon* : comment s'opère, une fois le jugement rendu et la peine purgée, le retour à la vie des âmes soumises à la réincarnation ? La *République* ferme la boucle : après le passage de la mort aux Enfers, écoutons l'histoire du passage des Enfers à la vie… où il tente de concilier fatalisme et liberté individuelle. Cet hymne à la rationalité, à la raison, à la responsabilité est un éloge de l'homme et de sa raison.

Er ressuscité des morts

Soldat tué sur le champ de bataille, Er revient à la vie, douze jours après sa mort, au moment de sa crémation. Il a été épargné car choisi par les juges pour être le messager de l'au-delà auprès des hommes.

Les âmes des morts, après avoir été jugées selon leur mérite, se retrouvent dans une prairie où elles séjournent sept jours, puis marchent vers une colonne. C'est alors que les âmes ont à faire le choix de leur vie future, un choix complexe. Certains se laissent tromper par le faste, le luxe, d'autres choisissent une vie analogue à celles qu'ils connaissent déjà… Et certains, mécontents de leur lot, se plaignent et récriminent contre le destin au lieu de s'en prendre à eux-mêmes. Quoi qu'il en soit, nul ne peut revenir en arrière.

Platon raconte ici une scène exceptionnelle : la scène au cours de laquelle chaque âme, avant de se réincarner, peut choisir quelle sera sa vie future. En effet, sans que nous en ayons conscience, ce qui nous arrive dans le présent n'est pas le fruit du hasard. Ce qui nous arrive se produit parce que nous l'avons VOULU ! Seulement, avant de se réincarner, les âmes passent par le fleuve de l'oubli, le Léthé, à cause duquel nous ne nous souvenons plus de ce choix initial qui conditionne pourtant toute notre vie.

À l'issue de ce choix décisif, les âmes passent alors devant les Moires qui ratifient la destinée attribuée et la rendent irrévocable. Elles se rendent alors dans la plaine du fleuve Léthé et y perdent tout souvenir. Amnésiques, elles reviennent sur terre pour une nouvelle vie.

Le sens

Le mythe d'Er parle de la relation entre destin et liberté. L'enjeu est de savoir qui préside aux destinées de chacun. Platon reprend toute une tradition qui parle du destin, d'une loi suprême qui gouverne les dieux et les hommes. Mais Platon transforme cette tradition et laisse une place à la liberté des hommes, sous la forme d'un choix conscient et raisonné.

Il se démarque d'une conception fataliste du destin afin de sauver quelque chose de la liberté humaine. Certes, chacun ne choisit pas sa vie *in abstracto*, les lots préexistent au choix, mais ces lots sont proposés, jamais imposés comme des existences contraignantes. L'homme choisit son mode de vie en totale connaissance de cause car il a en sa possession tous les éléments de délibération et une raison pour délibérer.

Et si ce choix est irréversible, décisif, irrévocable, au moins reste-t-il le fait d'un homme informé et raisonnable qui choisit, sans pression ni entrave. Ainsi, il pourra répondre des conséquences de son choix et l'assumer pleinement. Donc, Platon accorde une confiance hallucinante aux hommes : il suppose que chacun est capable de réflexion, d'un calcul judicieux qui pèse le pour et le contre. Et si beaucoup se trompent, c'est par précipitation, piège, poids des habitudes, influence des préjugés. Tout l'enjeu et la difficulté est donc de bien choisir… Déchiré, écartelé entre Destin et Liberté, Platon laisse sa chance à l'homme. Le destin n'est plus cette force transcendante qui écrase l'homme, le manipule, se joue de lui, malgré lui. Notre destin n'est pas écrit par avance, c'est à chacun de l'écrire, de construire sa vie. Le mal est notre affaire, les dieux sont innocents, nous sommes les seuls coupables ; inutile de se cacher derrière le destin pour se disculper de notre responsabilité.

Mais attention, bien choisir n'est pas tout, l'essentiel est de bien vivre. En d'autres termes, le scénario est écrit, mais pas la façon de jouer. Aussi l'instant critique du choix décisif et unique est-il relativisé : il est fondamental de bien choisir dans l'au-delà, mais au cours de notre vie, on continue de choisir. Notre choix se joue dans nos efforts quotidiens, dans nos actes. Une chose est de se voir attribuer la vie d'un joueur de foot, mais rien ne dit que vous serez un tocard, ou un Zidane !!! Le choix initial détermine le schéma d'une vie, pas sa qualité, qui relève de la qualité individuelle de chacun.

En résumé, de ces trois mythes eschatologiques (sur le destin), il faut retenir :

- pour le *Gorgias* : qu'il est plus avantageux de vivre dans le bien, puisque nous serons jugés après la mort, un jugement individuel proportionné à nos torts et à nos mérites. Il porte donc sur le thème de la sentence.
- pour le *Phédon* : qu'il n'y a pas de raison de redouter la mort puisque l'âme est immortelle et que les justes connaîtront la félicité et seront récompensés.
- pour la *République* : que ce récit nous transporte au-delà de la mort, des sanctions et de leur purgation, au moment de la renaissance et de l'instant critique du choix d'une nouvelle existence.

L'anneau de Gygès

Ce mythe fait suite à un débat houleux entre Thrasymaque et Socrate. Thrasymaque défend une thèse immorale : la justice est une convention à laquelle on n'a pas intérêt à obéir ; la justice ne profite jamais. Ceux qui pratiquent la justice ne le feraient donc que malgré eux, parce qu'ils n'ont pas le choix, parce qu'ils ont peur de se faire prendre.

Dans l'histoire de Gygès, il s'agit de montrer que, si on était sûr de ne pas être pris et puni, aucun d'entre nous n'hésiterait à commettre des actions illicites. Aucun d'entre nous ne résisterait à cette tentation : faire ce qui nous plaît, sans se soucier de la loi et des conséquences (néfastes pour nous) de nos actes. Il faudrait être con pour respecter la loi, alors qu'on a le pouvoir d'assouvir tous ses caprices. Donc, selon cette thèse immorale, nul n'est juste et intègre de son plein gré, mais seulement par contrainte, impuissance, timidité, trouille… Si on s'abstient de transgresser la loi, c'est parce qu'on ne peut pas faire autrement ; si on pouvait faire le mal impunément, on ne se gênerait pas !

Pour confirmer cette thèse, un des interlocuteurs de Platon raconte l'histoire de Gygès, modeste berger qui avait la possibilité de se rendre invisible en tournant le chaton de l'anneau à son doigt. Ainsi invisible, il se rendit au palais du roi de Lydie et séduisit la reine, tua le roi et s'empara du trône ; à peine se sentit-il invisible et assuré d'impunité que ce brave Gygès commit trois crimes coup sur coup. C'est la preuve qu'un homme, qui s'est toujours bien comporté, ne résistera pas à la tentation s'il en a l'occasion. Ainsi, dans le fond, rien ne distingue l'homme vertueux du criminel. Insensé celui qui n'en profiterait pas !

Les textes sur la mort et la destinée des âmes après la mort sont nombreux et complémentaires chez Platon. On les trouve dans *l'Apologie de Socrate*, *Phédon, Gorgias*, la *République*. Pour forcer ces récits, il s'inspire notamment de Homère et du chant XI de *L'Odyssée* qui décrit le séjour des morts dans l'Hadès. Il reprend aussi des éléments chez Hésiode, la mystique pythagoricienne et les croyances orientales en des réincarnations successives.

En effet, le postulat de tous ces mythes est l'idée de l'immortalité de l'âme : cet arrière-fond de métempsycose est essentiel : l'âme immortelle se réincarne ; la vie terrestre est donc jugée *post mortem* et sanctionnée dans l'Hadès où l'âme fait son temps avant de renaître après avoir choisi sa condition ultérieure, un nouveau modèle d'existence.

Platon convertit en mythes ces croyances. Il prête une attention toute particulière à l'idée d'une justice selon les mérites, et à des sanctions proportionnelles, ainsi qu'à l'idée de responsabilité puisque notre vie est le résultat d'un choix fait en connaissance de cause. En cela, ces mythes parlent à la fois de la justice divine et de la justice humaine.

Le mythe des âmes ailées dans Phèdre

Dans ce texte célèbre, Platon reprend le thème traditionnel de la métempsycose, la réincarnation. Selon cette théorie, les âmes connaissent plusieurs cycles de vie et de mort.

En ce sens, le mythe de l'attelage ailé est le mythe fondateur dont les autres ne sont que des variations. Sa richesse tient à l'imbrication de quatre théories complémentaires :

a) la théorie de l'immortalité de l'âme

b) la théorie des Idées

c) la théorie de la réminiscence

d) la théorie de l'amour

Socrate commence son discours par une démonstration (très sérieuse) de l'immortalité de l'âme : l'âme est immortelle car elle se meut d'elle-même et n'a besoin d'aucun principe extérieur pour se mouvoir. En conséquence, l'âme est indestructible, elle ne peut retourner au néant.

Or, pour faire comprendre à son interlocuteur ce qu'est l'âme, il emploie l'image du char ailé attelé de deux chevaux conduits par un cocher. Le scénario se déroule en quatre temps :

- un descriptif général de l'âme (la théorie de la triplicité de l'âme) : toute âme, divine ou humaine, se compose de trois éléments : deux chevaux et un cocher ; chez les dieux, le cocher a la tâche facile car les deux chevaux sont dociles et obéissants. Chez les hommes, ce n'est pas le cas, l'un des chevaux est rétif et compromet l'équilibre de l'attelage.
- Le cortège des âmes : dans le ciel, le lieu naturel des âmes. Les âmes divines n'ont aucun mal à s'élever aux confins de la voûte céleste où elles sont en contact avec les idées.
- La contemplation des essences : les âmes divines ont le bonheur de contempler les essences.
- Le sort des âmes non divines : si toutes aspirent à s'élever, elles sont gênées par les caprices de leur attelage. Résultat : elles finissent par tomber. Toutes les âmes n'ont pas accès aux réalités supra célestes. Les âmes humaines sont victimes de leur lourdeur indéfectible ; impossible pour elles de s'élever. Alors l'âme s'incarne dans un corps mortel et oublie ce qu'elle a vu. Mais, comme elle a aperçu les idées, elle a le pouvoir de s'en ressouvenir même partiellement. La connaissance est donc possible et la recherche vaut la peine d'être tentée.

L'image de l'attelage ailé que Platon a empruntée à Homère, Parménide et Empédocle, remplit trois fonctions : elle établit la théorie de la tripartition de l'âme ; établit le parallèle entre les hommes et les dieux car les âmes des dieux, comme celles des hommes, sont tripartites ; établit enfin une parenté entre les âmes et le monde.

Le mythe d'Aristophane : l'amour selon Platon

Le *Banquet* est un dialogue entièrement consacré à l'amour. Sept interlocuteurs se succèdent et donnent chacun leur définition de l'amour.

Le scénario de ce mythe se divise en trois étapes :

1) une description de notre nature primitive (une totalité unique) ;

2) la séparation (les deux moitiés) ;

3) l'amour comme retrouvailles (aspiration à l'unité par réunion des deux moitiés).

À l'origine, les êtres humains étaient doubles et « d'une seule pièce et tout en boule » ; il y avait trois espèces : mâles, femelles et androgynes. Forts et imbus de leur personne, ils défient les dieux. Zeus décide alors, pour les punir et les affaiblir, de les couper en deux. Puis il invente, pour la perpétuation de l'espèce, la procréation par accouplement des mâles et femelles.

Depuis lors, tel est le fondement de l'amour, chacun vit dans la quête de sa moitié perdue à laquelle il a été arraché. C'est aussi l'origine du mythe moderne du coup de foudre, deux êtres se rencontrent, ont l'impression de se connaître depuis toujours, d'être faits l'un pour l'autre…

Chaque homme, chaque femme, cherche celui ou celle qui lui correspond. Le but de l'amour est de reconstituer l'unité d'antan.

Dans ce mythe, la plupart des éléments (la scission entre les êtres, la distinction des sexes, leur attirance irrésistible, l'amour comme manque et désir de combler ce manque) viennent de Platon.

Voyons quels sont ces éléments :

- la coupure originelle : elle apparaît comme un châtiment infligé aux hommes pour les punir de leur orgueil : tenter de rivaliser avec les dieux.
- L'amour naît du manque né de cette séparation. L'amour est donc d'abord marqué de négativité. L'amour est nostalgie, souffrance et manque. Mais, en même temps, quand les deux parties se retrouvent, quel désir de fusion ! L'homme est donc besoin de l'autre, de son autre, besoin insatiable et déraisonnable d'une fusion. Nous sommes condamnés à l'amour, à aspirer à ce que nous avons perdu, à ce qui nous a été arraché. Il est à noter que ce thème de l'unité perdue sera repris par les Romantiques allemands comme Hölderlin.

La naissance de l'amour : Éros, le dieu de l'Amour

Après cette évocation romantique des origines de l'amour, c'est au tour d'Agathon de proposer son discours sur l'amour. D'où vient donc l'Amour ? Qui l'a engendré ?

Éros est le fils de Poros (ressources) et de Pénia (manque, indigence, dénuement). Éros est celui qui sait toujours trouver le moyen d'obtenir ce qu'il cherche. C'est un chasseur, un conquérant. Donc, Éros a pour mère

Carence et Pénurie et, par son père, il est riche en ressources, il est inventif. Créatif, stimulant et tonique, il incite chacun de nous à se transcender, à se dépasser.

Le mythe de l'Atlantide

Platon, raconte l'histoire de l'Atlantide dans l'un de ses dialogues, *Critias (120e-121c)*. Selon son récit, il exista un jour une île au-delà des colonnes d'Hercule (l'ancien nom du détroit de Gibraltar), plus grande que la Libye et l'Asie prises ensemble, et patrie d'un puissant royaume peuplé par les fils de Poséidon. L'île tout entière fut engloutie par les eaux après un terrible séisme. Ce récit a donné lieu à un nombre considérable d'interprétations : où se situait cet immense empire disparu ? Toutes les suppositions ont été proposées… Or, chez Platon, il s'agit certainement d'un lieu imaginaire, d'une fiction, d'une hypothèse censée représenter un royaume parfait, qui, comme tel, n'a jamais existé et n'existera jamais.

Au Moyen Âge, les Européens oublièrent une grande partie de l'érudition des Grecs, mais pas le monde arabe. Le mythe de l'Atlantide revint en Europe à travers les écrits de géographes arabes. Les Européens qui apprirent cette histoire se demandèrent alors si l'Atlantide avait peut-être été en réalité les îles Canaries, ou une région de Scandinavie, ou même les Amériques. Une théorie moderne en vogue se réfère à l'île grecque de Théra (ou Santorin aujourd'hui), qui fut presque entièrement détruite par une explosion volcanique vers 1500 av. J.-C. Aujourd'hui, seule demeure une île en forme de croissant, le centre ayant complètement disparu. Certains estiment que cette catastrophe aurait pu être une conséquence de la disparition de l'Atlantide ou, plus simplement, que le souvenir du cataclysme qui eut lieu à Théra eut donné naissance au mythe rapporté par Platon.

Aussi, réalité ou fiction ? Étant donné que cette région du monde est connue pour être sensible aux tremblements de terre, il y a de fortes chances pour qu'il y ait effectivement eu un tremblement de terre dans l'Antiquité, un cataclysme tel qu'il marqua les esprits et infiltra la mémoire collective.

Pistes bibliographiques

Voici, pour approfondir et compléter les pages qui précèdent, quelques ouvrages de référence, presque tous en français, puisés dans l'immense océan bibliographique consacré aux mythes grecs et romains.

AA. VV., *Lexicon Iconographicum Mythologiae Classicae*, Artemis, Zurich et Munich, 1981-1997.

J.-C. BELFIORE, *Dictionnaire de mythologie grecque et romaine*, Larousse, 2003.

Y. BONNEFOY (éd.), *Dictionnaire des mythologies et des religions des sociétés traditionnelles et du monde antique*, 2 vol., Flammarion, Paris, 1981.

P. CHUVIN, *La Mythologie grecque*, Flammarion, coll. Champ Flammarion, 1998.

P. COMMELIN, *La Mythologie grecque et romaine*, Pocket, 1994.

C. CUSSET, *La Mythologie grecque*, Seuil, coll. Mémo Seuil, 1998.

J. DESAUTELS, *Dieux et mythes de la Grèce ancienne*, PUL, Québec, 1988.

G. DUMEZIL, *Mythe et épopée*, 3 vol., Gallimard, Paris, 1968-1973.

G. DUMEZIL, *la Religion romaine archaïque, avec un appendice sur la religion des Étrusques*, Payot, Paris, 1974.

P. GRIMAL, *Dictionnaire de la mythologie grecque et romaine*, PUF, Paris, 1951.

P. GRIMAL, *La Mythologie grecque*, Paris, PUF, coll. “Que sais-je ?”,1986.

E. HAMILTON, *La Mythologie*, Paris, Marabout, 1998.

J.-R. JANNOT, *Devins, dieux et démons. Regards sur la religion de l'Étrurie antique*, Picard, Paris, 1998.

M. MENIER, *La Légende dorée des dieux et des héros*, Albin Michel, Paris, 1980.

W.-H. ROSCHER (éd.), *Ausführliches Lexikon der griechischen und römischen Mythologie*, 10 vol., Teubner, Leipzig, 1884-1934.

J. SCHMIDT, *Dictionnaire de la mythologie grecque et romaine*, Larousse, 1998.

G. VAN HEEMS, *Dieux et héros de la mythologie grecque*, Librio, 2003.

J.-P. VERNANT, *L'Univers, les dieux, les hommes : récits grecs des origines*, Seuil, Paris, 2002.

Index alphabétique

H

J

M

N

O

P

R

S

T

U

V

Z

Disponibles dans la collection Pour les Nuls

Pour être informé en permanence sur notre catalogue et les dernières nouveautés publiées dans cette collection, consultez notre site Internet à www.efirst.com

Pour les Nuls **Business**

ISBN	Code Article	Titre	Auteur
2-87691-644-4	65 3210 5	CV pour les Nuls (Le)	J.-L. Kennedy, A. Dumesnil
2-87691-652-5	65 3261 8	Lettres d'accompagnement pour les Nuls (Les)	J.-L. Kennedy, A. Dumesnil
2-87691-651-7	65 3260 0	Entretiens de Recrutement pour les Nuls (Les)	J.-L. Kennedy, A. Dumesnil
2-87691-670-3	65 3280 8	Vente pour les Nuls (La)	T. Hopkins
2-87691-712-2	65 3439 0	Business Plans pour les Nuls	P. Tifany
2-87691-729-7	65 3486 1	Management pour les Nuls (Le)	B. Nelson
2-87691-770-X	65 3583 5	Le Marketing pour les Nuls	A. Hiam

Pour les Nuls **Pratique**

ISBN	Code Article	Titre	Auteur
2-87691-597-9	65 3059 6	Astrologie pour les Nuls (L')	R. Orion
2-87691-610-X	65 3104 0	Maigrir pour les Nuls	J. Kirby
2-87691-604-5	65 3066 1	Asthme et allergies pour les Nuls	W. E. Berger
2-87691-615-0	65 3116 4	Sexe pour les Nuls (Le)	Dr Ruth
2-87691-616-9	65 3117 2	Relancez votre couple pour les Nuls	Dr Ruth
2-87691-617-7	65 3118 0	Santé au féminin pour les Nuls (La)	Dr P. Maraldo
2-87691-618-5	65 3119 8	Se soigner par les plantes pour les Nuls	C. Hobbs
2-87691-640-1	65 3188 3	Français correct pour les Nuls (Le)	J.-J. Julaud
2-87691-634-7	65 3180 0	Astronomie pour les Nuls (L')	S. Maran
2-87691-637-1	65 3185 9	Vin pour les Nuls (Le)	Y.-P. Cassetari
2-87691-641-X	65 3189 1	Rêves pour les Nuls (Les)	P. Pierce
2-87691-661-4	65 3279 0	Gérez votre stress pour les Nuls	Dr A. Elking
2-87691-657-6	65 3267 5	Zen ! La méditation pour les Nuls	S. Bodian
2-87691-646-0	65 3226 1	Anglais correct pour les Nuls (L')	C. Raimond
2-87691-681-9	65 3348 3	Jardinage pour les Nuls (Le)	M. MacCaskey
2-87691-683-5	65 3364 0	Cuisine pour les Nuls (La)	B. Miller, A. Le Courtois
2-87691-687-8	65 3367 3	Feng Shui pour les Nuls (Le)	D. Kennedy
2-87691-702-5	65 3428 3	Bricolage pour les Nuls (Le)	G. Hamilton
2-87691-705-X	65 3431 7	Tricot pour les Nuls (Le)	P. Allen
2-87691-769-6	65 3582 7	Sagesse et Spiritualité pour les Nuls	S. Janis

Avec les Nuls,
apprenez à mieux vivre
au quotidien !

Disponibles dans la collection Pour les Nuls

Pour être informé en permanence sur notre catalogue et les dernières nouveautés publiées dans cette collection, consultez notre site Internet à www.efirst.com

Pour les Nuls **Poche**

ISBN	Code Article	Titre	Auteur
2-87691-873-0	65 3862 3	Management (Le) – Poche pour les Nuls	Bob Nelson
2-87691-872-2	65 3861 5	Cuisine (La) – Poche pour les Nuls	B.Miller, A. Le Courtois
2-87691-871-4	65 3860 7	Feng Shui (Le) – Poche pour les Nuls	D. Kennedy
2-87691-870-6	65 3859 9	Maigrir – Poche pour les Nuls	J. Kirby
2-87691-923-0	65 3881 3	Anglais correct (L') – Poche pour les Nuls	C. Raimond
2-87691-924-9	65 3882 1	Français correct (Le) – Poche pour les Nuls	J.-J. Julaud
2-87691-950-8	65 3894 6	Vente (La) – Poche pour les Nuls	T. Hopkins
2-87691-949-4	65 3893 8	Bureau Feng Shui (Un) – Poche pour les Nuls	H. Ziegler, J. Lawler
2-75400-001-1	65 0963 2	CV (Le) – Poche pour les Nuls	J.-L. Kennedy, A. Dumesnil
2-75400-000-3	65 0962 4	Zen ! la méditation – Poche pour les Nuls	S. Bodian
2-87691-999-0	65 0961 6	Astrologie (L') – Poche pour les Nuls	R. Orion
2-75400-015-1	65 0975 6	Jardinage (Le) – Poche pour les Nuls	M. Mac Caskey
2-75400-014-3	65 0974 9	Jardin Feng Shui (Le) – Poche pour les Nuls	M. Ziegler et J. Lawler